FALKEN & PITMAN MANAGEMENT

David M. Martin

Erfolgreiche Verhandlungstaktiken

Schwierige Situationen perfekt meistern

Übersetzung:
Dr. Waltraud Kolb (Wien)

Fachliche Beratung:
Prof. Dr. Franz Giesel (Wiesbaden)

 *the Institute of Management*

Inhalt

4

Einleitung

D er Erfolg eines Unternehmens hängt im Grunde von zwischen-
menschlichen Beziehungen ab – von den Beziehungen, die die
Mitarbeiter des Unternehmens untereinander haben, aber auch von ihrem
Verhältnis zu Lieferanten, Kunden und Behörden, zu den Medien und zur
Öffentlichkeit. Zumeist gestalten sich diese Beziehungen harmonisch,
dennoch kommt es immer wieder zu Reibereien; das ist ganz unvermeidlich.
Solche Reibereien können die verschiedensten Ursachen haben: Es kann sich um
ernstzunehmende Differenzen handeln oder aber um lächerliche Kleinigkeiten
(dabei darf man nicht vergessen, daß ein Problem, das einem Außenstehenden
vielleicht lächerlich erscheint, für den Betroffenen sehr ernst sein kann).
Wodurch das gute Einvernehmen auch immer erschüttert wurde – ein Mißverständnis, Widerstand gegen Veränderungen, eine bestimmte Haltung oder was
auch immer –, es muß eine für alle Beteiligten zufriedenstellende Lösung
gefunden werden, wenn das Unternehmen längerfristig bestehen will. Da Fortschritt unmöglich ist, solange es Konflikte gibt oder Uneinigkeit herrscht, ist
es sehr kostspielig, anstehende Probleme nicht zu lösen.

In jedem Unternehmen kommt es praktisch täglich zu Konflikten, die
Ressourcen verschlingen und Kosten verursachen, und doch setzt man sich nur
in seltenen Fällen objektiv mit möglichen Vermittlungsprozessen auseinander.
Theoretisch sollten wir solche Situationen desto besser beherrschen können, je
öfter wir damit konfrontiert werden. Genau die gleichen Umstände treten aber
nur selten auf, weshalb einmal gefundene Lösungen nicht unbedingt Erfolgs-
rezepte für nachfolgende Konflikte darstellen.

Mein Ziel war, in diesem Buch Möglichkeiten aufzuzeigen, wie man mit
den verschiedensten Konfliktsituationen in positivem oder negativem Sinne
umgehen kann. Aus den praktischen Fallbeispielen, die zum Teil auf meine
persönlichen Erfahrungen in einer Reihe von Branchen und Unternehmen
zurückgehen, können Sie ersehen, welche Strategien zum Erfolg führten und
welche nicht, und auch, warum das so war.

Wir alle treffen Fehlentscheidungen, aber wir sollten daraus lernen, um in
Zukunft die richtigen Entscheidungen treffen zu können. Bei den vielen Fallbeispielen handelt es sich zwar sozusagen um Erfahrungen aus der Konserve,
doch werden sie Ihnen bis zu einem gewissen Grad als Ersatz für reale Erfahrungen dienen und helfen können, ähnliche Fehler zu vermeiden. Die ange-

führten Prinzipien und Vorgehensweisen, Strategien und Taktiken, Ratschläge und Warnungen können als Richtlinien dafür herangezogen werden, was für eine erfolgreiche Bewältigung schwieriger Gesprächssituationen am wichtigsten ist. Dabei sind diese Beispiele allerdings nur als Hilfestellung und grundlegende Richtungsweisung zu verstehen, nicht als Allheilmittel. Dieselben oder ähnliche Strategien werden nicht unbedingt in allen Fällen greifen, da jede Problemstellung anders ist und die spezifische Sachlage, die jeweiligen Hintergründe und beteiligten Personen miteinbezogen werden müssen.

Eine Voraussetzung, um zu einem für alle zufriedenstellenden Ergebnis zu kommen, ist, daß die Gesprächspartner einander mit einem gewissen Maß an Wertschätzung gegenüberstehen – und es bedarf guter Umgangsformen, etwas, was in unserer modernen Gesellschaft oft nicht hoch im Kurs zu stehen scheint. Natürlich wird diese Wertschätzung nicht immer vorhanden sein, aber auch wenn es die andere Seite daran fehlen läßt, sollten Sie sich selbst immer darum bemühen. Ebenso ist jede Form von Diskriminierung (ob unterschwellig oder direkt) kontraproduktiv und daher zu vermeiden. Ganz gleich, ob es sich dabei um Bevormundung (nämlich Herabsetzung der Intelligenz des Gesprächspartners) oder um die Diskriminierung aufgrund seines Geschlechts, seiner Rasse oder Hautfarbe handelt. Als Verhandlungsführer darf man auch nicht davon ausgehen, daß jeder so denkt wie man selbst oder derselben Logik folgt. Herauszufinden und zu verstehen, wie die andere Seite denkt, wird es in vielen Fällen leichter machen, geeignete Lösungsansätze zu finden.

Die meisten Konfliktsituationen sind eine Folge mangelhafter Kommunikation; eine funktionierende Kommunikation geht in beide Richtungen und beruht auf Feedback. Es gilt daher, die Standpunkte, Motive und Sichtweisen der anderen Seite zu verstehen, zuzuhören anstatt nur hinzuhören und auf die jeweilige Situation zugeschnittene Lösungen auszuarbeiten. Dabei dürfen Sie weder den Wissensstand der Gegenseite überschätzen noch deren Intelligenz unterschätzen. Seien Sie, kurz gesagt, aufgeschlossen, nehmen Sie die Interessen der anderen Seite wahr und gestehen Sie ihr und ihren Ansichten den nötigen Respekt zu, während Sie auf eine für alle annehmbare Lösung hinarbeiten. Und verlieren Sie das angepeilte Ziel – nämlich zu einer Lösung zu gelangen – dabei nie aus den Augen.

David M. Martin

Erfolgreiche Gesprächs-
führung leichtgemacht

DARAUF SOLLTEN SIE ACHTEN:

1 **Viele Konfliktgespräche sind mit ein wenig Vorausdenken und Vorausplanung (Strategien, Richtlinien, Vorgehensweisen) vermeidbar.**

2 **Bei einer echten, d.h. in beide Richtungen gehenden Kommunikation, bei der Sie einfache und direkte Botschaften übermitteln, wird man nicht nur leichter erfassen können, was Sie zu sagen haben. Es werden sich auch viele Probleme gar nicht stellen; sollten sie doch auftreten, werden sie sich rasch lösen lassen.**

3 **Probleme bedürfen einer raschen Lösung, damit sie keinen Schaden anrichten.**

4 **Um Problemsituationen zu lösen, sind Flexibilität und innovatives Denken wichtig, und man muß ernsthaft an einer Lösung interessiert sein.**

In der Antike ließen Römer und Griechen ihre Kriegsschiffe von Sklaven antreiben, die an die Ruderbänke gekettet waren und mit Peitschenhieben zur Geschwindigkeit angehalten wurden. Diese Unglücklichen ruderten sozusagen um ihr Leben, denn sie hatten nur die Wahl, entweder gute Leistung zu bringen oder ausgepeitscht oder gar über Bord geworfen zu werden. Die Sklaven verstanden die Botschaft ihrer Herren vollkommen; sie war einfach, unkompliziert und unzweideutig.

Dieses Beispiel – so extrem es sein mag – verdeutlicht eins: In jeder Kommunikation, auch bei den später erörterten Problemstellungen, sollten Sie sich nach Kenntnis aller Fakten an folgende Regeln halten:

◆ Drücken Sie sich einfach aus.
◆ Drücken Sie sich klar aus.
◆ Vermeiden Sie Zweideutigkeit.

Dadurch erreichen Sie, daß Ihr Gegenüber Sie versteht, die Zusammenhänge begreift und sich für Ihre Belange einsetzt.

*D*DRÜCKEN SIE SICH EINFACH AUS

Die kleinen Schilder in Parks, auf denen steht *Bitte Rasen nicht betreten*, ärgern zwar viele Parkbesucher, die der gepflegte Rasen anlockt, aber sie transportieren ihre Botschaft mit unschlagbarer Einfachheit. So funktioniert es aber leider nicht immer.

FALLBEISPIEL 1.1 **GAR NICHT SO EINFACH**

Am Eingang eines Sportzentrums in Essex werden die Besucher mit folgendem Hinweisschild begrüßt: *„Bitte nehmen Sie zur Kenntnis, daß Sie nun einen Bereich betreten, in dem das Rauchen – bis auf den Bereich der Bar – nicht erlaubt ist."* Nun könnte man mit viel Wohlwollen vermuten, daß der Schilderhersteller pro Wort bezahlt wurde und seine Auftragslage gerade nicht sehr rosig war, da *„Rauchen nur in der Bar gestattet"* eine viel einfachere und leichter zu verstehende Botschaft wäre. Umgekehrt hätte *„Bitte Rasen nicht betreten"* in diesem Sportzentrum vermutlich gelautet: *„Bitte nehmen Sie zur Kenntnis, daß dieser gepflegte Rasen von den Besuchern dieses öffentlichen Erholungsbereichs nicht dazu benutzt werden darf, betreten zu werden."*

Schlüsselerkenntnis

Wenn die Botschaft einfach und kurz ist, wird sie leicht verstanden, und Mißverständnisse werden weitgehend ausgeschlossen.

Solche Hinweisschilder stellen die einfachste Form von Kommunikation dar. Die Botschaft muß verständlich und klar sein. Wenn die Vorschriften nicht befolgt werden, haben sie ihr Ziel nicht erreicht. Was nun Kommunikationsfehler angeht, die häufig die Ursache von Konfliktsituationen sind, so lassen sich diese in gleicher Weise vermeiden, wenn die Kommunikation geradlinig und unkompliziert gehalten wird. Obwohl das so wichtig ist und auch augenfällig sein sollte, wird diesem Ziel allzuoft durch unklare und umständliche Botschaften entgegengearbeitet, die eher verwirren als aufklären und Probleme eher noch verschlimmern, als sie zu lösen.

*D*RÜCKEN SIE SICH KLAR AUS

11

Die Kompliziertheit vieler Botschaften wird durch die scheinbar ständig wachsende Zahl von Hierarchieebenen zwischen den Entscheidungsträgern und denen, die sich am unteren Ende der Leiter befinden, noch verschärft (daß einige Unternehmen inzwischen ganze Managementebenen abgeschafft haben, ist in dieser Hinsicht zu begrüßen). Mitteilungen, das kennen wir alle vom „Stille-Post"-Spiel, werden immer unklarer, je öfter sie weitergegeben werden – ein Paradebeispiel ist die „Posthalterei", die zur Meldung „Bestellt ein Ei" wird. Wenn nur 10 Prozent einer Nachricht bei der Weitergabe von einer Person zur nächsten verlorengehen und die Nachricht die fünf Ebenen einer durchschnittlichen Firma passieren muß, können zwischen dem ursprünglichen Auftrag der Geschäftsleitung und seiner Entgegennahme durch einen Mitarbeiter in der Fertigungshalle über 50 Prozent der ursprünglichen Botschaft verlorengehen.

VERMEIDEN SIE ZWEIDEUTIGKEIT

Nehmen Sie das Fallbeispiel 8.4 auf Seite 118: Hier geht das Problem zum Teil auf die unterschiedliche Auslegung der Geschäftsbedingungen der Zeitschrift zurück. Eine Bedingung lautete: „Storno bis höchstens 6 Wochen vor Erscheinen". Der Kunde glaubte, damit sei der Zeitpunkt gemeint, an dem die Zeitschrift in den Verkauf kommt, der Werbeleiter der Zeitschrift hingegen verstand darunter den Zeitpunkt, zu dem er den Text dem Setzer abzuliefern hatte. Die besonderen Umstände dieses Falls einmal außer acht gelassen, hätte man dieser widersprüchlichen Interpretation durch die Verwendung eines eindeutigen Begriffs vorbeugen können.

Zweideutigkeiten führen oft zu Verzögerungen, weil erst Positionen geklärt werden müssen. Außerdem begünstigen sie Menschen, die sich vor ihrer Verantwortung drücken wollen (sie können die Zweideutigkeit dazu benutzen, ihre Handlungsweise etwa so zu verteidigen: „Ich wußte ja nicht, daß das damit gemeint war.") Außerdem dienen Zweideutigkeiten oft als Ausrede dafür, eine Handlung aufzuschieben.

MOTIVIEREN SIE IHRE MITARBEITER

Jedes Unternehmen muß, will es seine Produkte verkaufen, ständig Kontakt mit allen möglichen Personen oder Personengruppen halten, ob mit Mitarbeitern, Kunden, Lieferanten, Eigentümern, Medien oder der Öffentlichkeit. Es muß allen diesen Menschen positiv begegnen, egal, wie die Umstände sind, damit sie alle zur Erreichung der Unternehmensziele beitragen und das Unternehmen kontinuierlich und ohne Störungen auf diese Ziele hinarbeiten kann. Oft werden solche Kontakte auch in schwierigen Situationen stattfinden, und gerade dann ist große Umsicht gefragt. Besonderes Fingerspitzengefühl ist im Umgang mit den Mitarbeitern eines Unternehmens geboten, da vermutlich mehr als die Hälfte solcher Kontakte mit ihnen stattfinden. Unsere Mitarbeiter sind unser größtes Kapital, wird oft von Unternehmern behauptet, doch ist das selten mehr als ein Lippenbekenntnis. Dabei sind die Mitarbeiter in der Tat das

größte Kapital jedes Unternehmens, da ohne ihren Einsatz und ihre Arbeitsleistung nichts erreicht werden kann. Hochqualifizierte, effiziente, engagierte
Mitarbeiter tragen in jeder Hinsicht viel zur Leistung und zum Ansehen eines
Unternehmens bei, während umgekehrt schlecht arbeitende und nur schwach
motivierte Mitarbeiter der Effizienz und dem Image des Unternehmens
schaden. Nur wenn man bei Mitarbeitern ein gewisses Engagement erzeugen
kann, werden sie verstehen,

◆ was ihr Arbeitgeber zu tun versucht;
◆ wie ihr Einsatz und ihre Leistungen zum Erfolg des Unternehmens
  beitragen;
◆ wie und warum Entscheidungen getroffen werden müssen und warum sie
  in einer bestimmten Form getroffen werden.

Will man bei Mitarbeitern Engagement erzeugen, müssen ihre Ziele und
Vorstellungen an die ihres Arbeitgebers herangeführt werden, obwohl sie sehr
wahrscheinlich aus ganz verschiedenen Bereichen kommen, über ganz unterschiedliche Fertigkeiten verfügen und unterschiedliche Vorstellungen und
Präferenzen haben. Das stellt das Unternehmen vor zwei Herausforderungen.
Erstens müssen die Unternehmensziele festgelegt und den Beschäftigten
vermittelt werden. Zweitens muß man Mittel und Wege finden, die Interessen
der Mitarbeiter so zu steuern, daß diese Ziele erfüllt werden können. Die Unternehmensführung muß in der Lage sein, die Mitarbeiter zu leiten, zu motivieren
und ihren Beitrag in bestimmte, vorher festgelegte Bahnen zu lenken.

„WER KOMMUNIZIERT, DER FÜHRT"

Erfolgreiche Kommunikation ist keine Wissenschaft, die erlernt werden kann,
sondern eine Kunst, die man pflegen muß. Alle Menschen haben das Bedürfnis
zu kommunizieren und müssen kommunizieren – das fängt beim Weinen des
Baby an, das damit seiner Mutter sagt: „Füttere mich", und geht bis hin zum
Kauf eines bestimmten Autos anstelle eines anderen. In allen Lebenslagen
kommunizieren wir, um unsere Ziele zu erreichen und Bedürfnisse zu befriedigen. Die Menschen gehören zu den geselligsten Lebewesen der Erde, und da
wir von Natur aus kommunikativ sind, haben wir für die Kommunikation hoch-
spezialisierte Methoden entwickelt. Heute lassen wir uns manchmal leider vom

13

Glanz der verfügbaren Technologie blenden und übersehen dabei ganz, daß das einfachste und oft erfolgreichste Kommunikationsmittel das persönliche Gespräch und, viel wichtiger noch, das Zuhören ist. Tatsächlich sind häufig die ausgeklügeltsten Kommunikationsmittel die effizientesten, wenn es darum geht, die grundlegende Botschaft zu übermitteln und eine Antwort darauf zu erhalten. Erfolgreiche Kommunikation ist der Schlüssel zum Fortschritt und der Schlüssel zur Lösung aller Problemsituationen – betriebsinterner wie -externer. Anders gesagt: ineffiziente Kommunikation blockiert jeden Fortschritt.

*I*NFORMATION UND KOMMUNIKATION

Ein bedeutender europäischer Unternehmerverband erklärte Ende der 80er Jahre, daß „... erfolgreiche Kommunikation mit Mitarbeitern eine der großen Managementaufgaben des nächsten Jahrzehnts" sein werde. Der Verband verstand darunter nicht einfach die Verbreitung von Informationen, sondern echte, in beide Richtungen gehende Kommunikation. Wenn A gegenüber B erklärt, das Produktionsziel für die kommende Woche sei 1 000 Stück, dann ist das reine Information. Auch wenn es eine sehr wichtige Information ist, wird B sich dadurch in keiner Weise veranlaßt fühlen, aktiv zu werden. Wenn sich A jedoch mit B hinsetzt und ihn fragt, wie viele Arbeitskräfte verfügbar sind, ob Rohstoffe und Energie in ausreichenden Mengen vorhanden sind und ob mit Schwierigkeiten zu rechnen sei, das Produktionsziel zu erreichen, wenn er aktiv (nicht passiv – siehe unten) zuhört, was B dazu zu sagen hat, dann entscheiden A und B *gemeinsam* über das Vorgehen, und *das* ist *Kommunikation,* denn Bs Antworten können auf Probleme hinweisen, die gelöst werden müssen.

Kommunikation kann man beschreiben als den Gedankenaustausch zweier Menschen mit dem Ziel, einen Konsens zu finden. Es ist ein in beide Richtungen gehender Dialog, der einschließt, daß man die Sichtweise, die Bedenken und Prioritäten des Gesprächspartners versteht, und der nur zustande kommt, wenn ein *Austausch* von Informationen und Feedback stattfindet (siehe Abbildung 1). Es ist ein dynamischer Prozeß, der dazu beiträgt, daß Problemsituationen erst gar nicht entstehen.

Abb. 1	Information/Kommunikation

Sender					
Daten verschlüsseln	I		F		K
Übertragen	N		E		O
Empfangen	F		E		M
Entschlüsseln	O		D		M
	R		B		U
	M		A		N
	A		C		I
	T		K		K
Empfänger	I				A
Empfangen	O				T
Entschlüsseln	N				I
Verständnis					O
Klarstellung					N

KOMMUNIKATIONSSTRATEGIEN

Auch wenn die meisten Problemsituationen erfolgreich gelöst werden können, werden jedesmal Ressourcen verbraucht. Das Ziel sollte deshalb sein, solche Verluste zu minimieren, indem man solche Situationen von vornherein vermeidet. In diesem Sinne empfiehlt es sich, für die Bereiche des Unternehmens, die besonders problemträchtig sind, Strategien zu entwickeln, diese an die Mitarbeiter weiterzugeben und stets auf dem neuesten Stand zu halten. Solche Strategien sowie die dazugehörigen Checklisten und Maßnahmenkataloge legen fest, wie in den verschiedenen Unternehmensbereichen Informationsvermittlung und Kommunikation gehandhabt werden, und zwar gegenüber bzw. mit:

◆ Mitarbeitern
◆ Kunden
◆ Aktionären/Eigentümern
◆ Lieferanten
◆ Medien, Öffentlichkeit und Gesellschaft

Diese Strategien (siehe Kapitel 15), die auch die Ziele des Unternehmens widerspiegeln, können als Kriterien zur Leistungsbeurteilung herangezogen werden; sie bilden die Rahmenbedingungen für eine offene und freie Kommunikation und können denen als Richtlinien dienen, die mit Problemsituationen umgehen müssen. Alle Maßnahmen im Unternehmen sollten in Absprache mit den Mitarbeitern getroffen werden, denn nur so sind diese wirksam zu motivieren.

Durch effektive Kommunikation ist es möglich,

◆ Anforderungen zu erklären;
◆ sich auf ein Vorgehen zu einigen;
◆ über Leistungen zu sprechen;
◆ Fortschritte und die Erreichung von Zielen zu fördern;
◆ Probleme, Vorschläge, Beschwerden usw. zu diskutieren;
◆ sich auf Lösungen zu einigen;
◆ Ergebnisse zu überprüfen und neue Vorgehensweisen zu etablieren.

Die Formulierung von Strategien ist natürlich nur der Anfang, und ihr Erfolg wird davon abhängen, wie sie umgesetzt und befolgt werden. Dabei spielen verschiedene Faktoren eine Rolle, auf die im folgenden eingegangen wird.

■ Umsetzung der Strategien

Es geht nicht nur darum, wie das *Management* die Kommunikation handhabt und mit den Problemen umgeht, die mit Mitarbeitern, Lieferanten, Kunden usw. bestehen, sondern auch darum, wie die verschiedenen Hierarchieebenen in den Prozeß eingebunden werden. So muß die Geschäftsführung dafür sorgen, daß alle Beteiligten über die grundsätzliche Vorgehensweise im Bilde sind und außerdem wissen, welches Verhalten von ihnen erwartet wird (z. B. Diskriminierung vermeiden, Wertschätzung beweisen, nicht gegen das Unternehmensethos handeln usw.).

■ Zuverlässigkeit

Funktioniert die Kommunikation nicht zuverlässig und kontinuierlich, verliert sie an Glaubwürdigkeit. Kurze, aber regelmäßige Beratungen sind besser als lange Gespräche, die nur hin und wieder stattfinden. Denn nur so wird der

Meinungsaustausch für beide Seiten zur Gewohnheit, und jeder kann sich darauf verlassen. „Lobe mich, schelte mich, aber ignoriere mich nicht" ist ein Ausspruch, den vielleicht nur wenige kennen, aber die Einstellung wird vielen vertraut sein. Menschen wollen beachtet, geachtet und als reife Individuen behandelt werden – und sie erwarten, daß auf ihre Probleme und Bedenken ernsthaft und konstruktiv eingegangen wird. Tut man das nicht, schafft man eine unüberbrückbare Kluft, und ein Fortschritt wird unmöglich.

Offenheit

Ebensowenig ist Kommunikation glaubwürdig, wenn ein Unternehmen und die, die in seinem Namen handeln, sich nicht vertrauensvoll und aufrichtig daran beteiligen. Wenn ein Unternehmen behauptet, offen und konstruktiv an Probleme herangehen zu wollen (sich also diesem Ethos verpflichtet fühlt), dann *muß* es sich zu jeder Zeit und in jeder Situation auch dieser Verpflichtung entsprechend verhalten.

Angemessenheit

Eine Botschaft muß so gestaltet sein, daß sie den Anforderungen des Zielpublikums angemessen ist. Bevor ein Hersteller ein neues Produkt herausbringt, wird er normalerweise den Markt analysieren. Aufgrund von Marktforschungsergebnissen wird er das Produkt solange verändern, bis es den Erwartungen des Marktes entspricht. Was die Kommunikation angeht, ist der „Markt" des Unternehmens möglicherweise sehr begrenzt – Mitarbeiter, Lieferanten oder Kunden, die aber hinsichtlich ihrer Reaktionen nicht als homogene Masse betrachtet werden können. Menschen verfügen über verschiedene Fertigkeiten und Kenntnisse, haben unterschiedliche Vorlieben und Vorurteile, Erfahrungen und Schwächen. Die Fähigkeiten einer durchschnittlichen Zielgruppe, bestimmte Informationen aufzunehmen und zu bewerten, können zumindest teilweise eingeschränkt sein, unabhängig davon, wie nützlich die Informationen im übrigen sind. Das darf man nicht aus den Augen verlieren.

◼ Einfachheit

Wie jemand in Diskussionen reagiert oder auf Fragen antwortet, hängt besonders in Konfliktgesprächen davon ab, wie gut er die Botschaften erfaßt und versteht. Informationen müssen so dargestellt werden, daß sie von den Zuhörern leicht aufgenommen und verstanden werden können (allerdings ohne ihnen das Gefühl zu geben, daß man sie bevormundet). „Unterschätzen Sie niemals die Intelligenz und überschätzen Sie niemals das Wissen des anderen" ist eine brauchbare Maxime, da die meisten Menschen sehr wohl auch die komplizierteste Information verstehen können, wenn diese so präsentiert wird, daß sie damit etwas anfangen können. Bei jeder Kommunikation sollte man Fachjargon vermeiden und sich statt dessen einer schlichten, unkomplizierten Sprache bedienen. Informationen in Schriftform sind so zu präsentieren, daß sie einen durchschnittlichen Leser unmittelbar ansprechen und seine Aufmerksamkeit für längere Zeit zu fesseln vermögen, das heißt, sie müssen so strukturiert sein, daß sie leicht aufgenommen und verstanden werden können. Ist eine Botschaft unnötig kompliziert, wird sie nur Verwirrung stiften und auf Ablehnung stoßen und damit einer harmonischen Beziehung im Wege stehen.

◼ Wahrnehmungsbereitschaft

Ein altes Sprichwort sagt: „Wir haben einen Mund und zwei Ohren, damit wir doppelt soviel hören wie sprechen." Leider ist es meist umgekehrt. Außerdem wird allzuoft passives *Hören* mit *aktivem Zuhören* verwechselt. Manager, die stolz verkünden, regelmäßig mit ihren Mitarbeitern zu sprechen, verdienen zwar mehr Lob als die, die das nicht tun, aber mit jemandem zu *sprechen* (wobei es oft ein Zu-jemandem-Sprechen ist), ist nicht das gleiche, wie mit jemandem zu *kommunizieren*. Damit eine *wirkliche* Kommunikation stattfindet und auf diese Weise Schwierigkeiten gelöst und Fortschritte erzielt werden können, müssen *alle* Beteiligten bereit sein, *zuzuhören,* das heißt, nicht nur die Worte, sondern auch die dahinterstehende Botschaft des Gesprächspartners aufzunehmen – also einen *kontinuierlichen Dialog* zu führen. Wenn ein Gespräch nur aus zwei oder drei Sätzen besteht, lassen sich Gedanken und Gefühle leichter verbergen, bei längeren Gesprächen ist das sehr viel schwieriger. Dabei liegt der Schlüssel zur erfolgreichen Problemlösung darin, zu wissen, was die Gegenseite wirklich denkt oder fühlt. Das wird nur allzuoft übersehen oder bewußt ignoriert und das gewünschte Resultat deshalb auch nicht erreicht. Oft wird man den Standpunkt oder die Motivation der anderen Seite intuitiv erfassen, und manche mögen in dieser Hinsicht feinfühliger sein als andere. Sicherer als ein trügerisches Gefühl ist aber allemal, seinem Gegenüber konzentriert zuzuhören, Fragen zu stellen und den möglichen Beweggründen nachzuspüren.

Unterschiedliche Reaktionen

Die Bedeutung des Wahrnehmungsvermögens sollte nicht unterschätzt werden. In bestimmten Situationen reagieren Menschen verschiedenen Gesprächspartnern gegenüber auf unterschiedliche Weise, wobei ihre Reaktion von der Wahrnehmungsbereitschaft des Gesprächspartners abhängig ist.

FALLBEISPIEL 1.2 | UNTERSCHIEDLICHE REAKTIONEN

Auf seinem Rundgang traf der Vorgesetzte auf Herrn Jobst, einen leitenden Mitarbeiter der Produktionsplanungsabteilung. Im Vorbeigehen rief er: „Na, Herr Jobst, alles in Ordnung?" Herr Jobst gab eine der Situation entsprechende Antwort. Sein Vorgesetzter war offensichtlich in Eile und vermittelte den Eindruck, daß er nicht vorhatte, stehenzubleiben, um irgendwelche Probleme zu diskutieren. Herr Jobst hatte das Gefühl, daß sein Chef eine positive Antwort erwartete. Daher antwortete er: „Ja, Chef, alles in Ordnung."

Fünf Minuten später gab Herr Jobst jemand anderem auf dieselbe Frage eine andere Antwort. Als der Verkaufsleiter ihn fragte, ob alles in Ordnung sei, antwortete er: „Nein, es ist das fünfte Mal in dieser Woche, daß Sie mich im Stich gelassen haben – ich brauche die Bestellungen *sofort.*"

Etwas später traf Herr Jobst einen seiner Mitarbeiter aus der Abteilung, der ihm dieselbe Frage stellte, und sagte darauf: „Nein, es ist wieder ein Chaos – wir bekommen die Sachen von den Schlafmützen im Verkauf nicht vor morgen, also fangen Sie statt dessen schon mal mit XYZ an."

Seiner Frau zu Hause, die auch wissen wollte, ob alles in Ordnung war, antwortete er: „Noch so ein Tag wie heute, und ich schmeiße alles hin."

Wir haben hier also vier verschiedene Reaktionen bzw. sogar fünf, wenn wir annehmen, daß Herr Jobst insgeheim wieder etwas anderes denkt – und wer weiß, was!

Der Vorgesetzte, dem Herr Jobst versichert hatte, daß alles in Ordnung sei, fiel aus allen Wolken, als er die Woche darauf dessen Kündigung in Händen hielt. Herr Jobst hatte wieder „so einen Tag" erlebt und gefunden, daß das einer zuviel war.

Schlüsselerkenntnis

Nur durch kontinuierliche Kommunikation – sprechen *und* zuhören – kann man die wahren Gefühle anderer Menschen in Erfahrung bringen.

■ Zeit für Kommunikation

Für Herrn Jobsts Vorgesetzten kam die Kündigung überraschend, dabei hatte er seinen Teil dazu beigetragen: er hörte wohl, was Herr Jobst sagte, aber er war nicht bereit, ihm zuzuhören. „Seinen Rundgang machen" gehört zwar auch zu einem aktiven Kommunikationsprozeß, doch besteht dieser aus weit mehr als einer schnellen Runde durch den Betrieb. Aktives (nicht passives) Zuhören ist ein sehr wichtiger Teil dieses Prozesses, der nicht in einem Drei-Sekunden-Gespräch abgehandelt werden kann. Allerdings kann ein Vorgesetzter manchmal selbst bei einem kurzen Wortwechsel, wenn er nur oft genug stattfindet und die beiden sich dadurch besser kennenlernen, schon allein dem Tonfall entnehmen, was der Mitarbeiter in Wahrheit denkt. Im Normalfall ist es jedoch für einen aufmerksamen Zuhörer um so leichter, die wahren Ansichten des Gesprächspartners herauszufinden, je länger die Unterhaltung dauert und je präziser die Fragen sind.

Kein Konflikt wird einer dauerhaften Lösung zugeführt, wenn man dem Kontrahenten nicht zuhört, also seine wahren Ansichten nicht in Erfahrung bringt und folglich auch nicht zu einer gemeinsamen Gesprächsgrundlage findet.

Zum aktiven Zuhören muß man sich Zeit nehmen, will man Standpunkte und Ziele der anderen Seite nachvollziehen. Andernfalls wird man Entscheidungen treffen, die auf unvollständiger Kenntnis und Fehleinschätzungen beruhen, und die Situation ist alles andere als bereinigt. Das ist zwar sehr zeitraubend, aber der Einsatz lohnt sich für das Unternehmen in vielfacher Hinsicht: Klärung der Positionen, Motivation der Mitarbeiter, weniger Reibung im Arbeitsablauf und leichterer Zugang zu künftigen Problemlösungen.

Feedback

In jeder Unterhaltung geben und erhalten wir Feedback, meist unbewußt, und deshalb entwickelt sich eine Unterhaltung oft in eine andere Richtung, als wir vielleicht erwartet haben. Indem wir auf die Äußerungen der anderen Seite reagieren und dem Gespräch eine andere Wendung geben als ursprünglich geplant, schaffen wir nicht nur die Voraussetzungen für gegenseitiges Verstehen und ein harmonisches Verhältnis, sondern auch für ein positives Ergebnis. Das sollte für alle Gespräche gelten, ob es darum geht, einen Mitarbeiter zurechtzuweisen oder ein Produkt zu verkaufen, um die Reklamation eines Kunden oder um ein formloses Informationsgespräch. Geht man an eine Besprechung nicht aufgeschlossen heran, sondern beharrt auf seinem zurechtgelegten Plan, wird das Gespräch mit großer Wahrscheinlichkeit scheitern, ehe man einer Problemlösung auch nur einen Schritt nähergekommen ist.

Wer auf seinen Ansichten, Vorurteilen oder Fehleinschätzungen beharrt, obwohl sich diese in der Diskussion zumindest als überdenkenswert herausgestellt haben, wird keine Einigung erzielen können und die Situation wahrscheinlich nur verschlimmern. Feedback bzw. der Umgang mit Feedback – mit anderen Worten: Flexibilität – ist der Schlüssel zur Lösung von Problemsituationen, besonders wenn die Ansichten sehr weit auseinandergehen.

Das Unmögliche versuchen

Flexibilität erleichtert meist den Konsens, doch werden Sie manchmal trotz aller Bemühungen scheitern. Sie können sich entsprechend vorbereitet haben, können sich mit den Bedürfnissen, Standpunkten usw. der anderen Seite auseinandergesetzt haben, logisch und einfühlsam argumentieren, und trotzdem kommen Sie zu keiner Einigung. Jüngste Studien in den USA haben ergeben, daß 94 Prozent der durchschnittlichen Bevölkerung „mit anderen einfach nur auskommen möchten" und daher auf plausible Erklärungen und Argumentationen normalerweise positiv reagieren. Bei den restlichen 6 Prozent muß man allerdings damit rechnen, daß trotz größten Entgegenkommens kein Einvernehmen zu erzielen ist. Bei solch schwierigen Gesprächspartnern wird oft die einzige Lösung darin bestehen, daß man sich darauf einigt, unterschiedlicher Meinung zu sein und seiner Wege zu gehen. Allerdings strecken manchmal sogar diese Menschen die Waffen, wenn sie mit einer klugen Argumentation konfrontiert werden. Ein Versuch lohnt sich also.

KAPITEL 2

Schlüsseltechniken für jede Gesprächssituation

DARAUF SOLLTEN SIE ACHTEN:

1 Für den erfolgreichen Abschluß einer Verhandlung sind bestimmte Prinzipien zu befolgen (Fakten zusammentragen, sich vorweg die Reaktionen und Zielsetzungen der anderen Seite überlegen, das Gespräch logisch vorantreiben, zuhören, aufgeschlossen sein und ähnliches).

2 Bevor Veränderungen durchgesetzt werden, sollte man sich über deren Folgen klar sein und entsprechende Maßnahmen treffen.

3 Um zu einer annehmbaren Lösung zu gelangen, muß man sich vorweg über die Reaktionen der anderen Seite sowie über deren Zielsetzungen klar werden.

4 Gibt man der Gegenseite das Gefühl, das Verhandlungsergebnis mitbestimmen zu können, läßt sich das angepeilte Ziel leichter durchsetzen.

Jeder, der die Lösung für eine Konfliktsituation finden muß, ist gezwungen, zu verhandeln; deshalb wird in der Folge von „Verhandlungsführern" die Rede sein. Zu Verhandlungen kommt es dann, wenn ein bestimmtes Ergebnis, eine bestimmte Veränderung oder ein Fortschritt herbeigeführt werden soll. Das wird in vielen Fällen Kompromisse notwendig machen, die aber nicht ein Zeichen von Schwäche sind, sondern die der Tatsache Rechnung tragen, daß ein ungelöster Konflikt eine langfristige Beziehung, die es zu erhalten gilt, unweigerlich in Gefahr bringt.

MANAGEMENT VON VERÄNDERUNGEN

Als erstes muß der Verhandlungsführer sich bemühen, eine Veränderung des Status quo herbeizuführen, nachdem dieser ja belastet ist und zur Konfliktsituation geführt hat. Menschen sind „Gewohnheitstiere", deshalb sind Veränderungen oft schwer durchzusetzen. Dabei wird der instinktive Widerstand gegen Veränderungen oft noch durch den Stolz eines Menschen verstärkt. Vielen fällt es sehr schwer, einen Irrtum zuzugeben, für manche ist es sogar unmöglich.

Wer es als Verhandlungsführer mit sehr unflexiblen Menschen zu tun hat, muß alle seine Überredungskünste einsetzen, selbst wenn ihm die Situation aussichtslos erscheint. Immerhin gibt es nur einen einzigen Grund, sich überhaupt mit einer Problemsituation auseinanderzusetzen – nämlich, daß man ein bestimmtes Ziel erreichen will. Der Verhandlungsführer muß deshalb vor der Verhandlung genau festlegen, worin dieses Ziel bestehen soll. Die Zielformulierung ist nicht immer so einfach, wie es auf den ersten Blick scheinen mag, und wenn klare Vorstellungen fehlen, läßt sich nur schwer ein erfolgreicher Abschluß erzielen. So wird zum Beispiel bei Streitigkeiten zwischen Arbeitgebern und Arbeitnehmern manchmal gleichsam mit der Peitsche vorgegangen und ein Disziplinar- oder Abmahnungsverfahren eingeleitet, um Sanktionen durchzusetzen oder Beweise zu sichern oder auch als Vorstufe zu einer Entlassung. Diese Vorgehensweise ist zwar nicht unbedingt zu befürworten, kann aber im Einzelfall den Vorteil haben, daß alle Fakten festgehalten werden, falls es zu gerichtlichen Schritten kommt. Doch ist es fraglich, ob man damit auch das Ziel erreicht, das man eigentlich verfolgt. Bei einer kleinen Minderheit von Mitarbeitern, den echten Problemfällen, ist eine Entlassung vielleicht wirklich die einzige Lösung, und je schneller man dahin kommt, desto besser. Bei den allermeisten Mitarbeitern wird jedoch eine positive Vorgehensweise wesentlich vorteilhafter sein. Zum Beispiel kann man einen Mitarbeiter statt mit der Peitsche mit Zuckerbrot behandeln und ihm aus gegebenem Anlaß beibringen,

„wie das normalerweise hier gemacht wird" und welches Verhalten von ihm erwartet (bzw. gerade nicht erwartet) wird. Auf diese Art kann man Arbeitnehmer dazu bringen, daß sie sich einfügen, und die Investition in sie (die ganz beträchtlich sein kann und oft unterschätzt wird) ist dann nicht vergeblich.

REAKTIONEN VORAUSSEHEN

Als Verhandlungsführer muß man die Reaktionen der Gegenseite im voraus einschätzen können. Das ist von erheblicher Bedeutung, denn diese Reaktionen beeinflußt man selbst ganz wesentlich durch die Haltung, mit der man in die Verhandlung geht, und mit den ersten Handlungen, die man unternimmt. Man muß sich klar darüber sein, wie sehr man durch die eigene Haltung den Gang der Gespräche mitbestimmen kann. Auch wenn Sie im Verlauf des Gesprächs durch die Gegenseite veranlaßt werden sollten, Ihre Haltung zu ändern: am Beginn bestimmen Sie das Gesprächsklima. Gehen Sie mit einer negativen und kritischen Einstellung in die Verhandlung, wird Ihr Gegenüber sehr wahrscheinlich instinktiv in Verteidigungsstellung gehen und mit Unmut reagieren, und es wird sich kein positives Klima erzeugen lassen – eine negative Haltung löst *negative* Reaktionen aus. Wenn das Gespräch umgekehrt in einer aufgeschlossenen Atmosphäre beginnt – in der man der Gegenseite das Gefühl vermittelt, daß man um ein gutes Gesprächsklima bemüht ist und ihre Ansichten und Probleme verstehen möchte –, ist eine positive Reaktion, und damit die Erreichung des angestrebten Ziels, viel wahrscheinlicher.

> Wenn wir von Kritik umgeben sind, lernen wir zu verurteilen.
> Wenn wir von Feindseligkeit umgeben sind, lernen wir zu kämpfen.
> Wenn wir von Angst umgeben sind, lernen wir ängstlich zu sein.
> Aber
> wenn wir von Ermunterung umgeben sind, lernen wir Selbstvertrauen.
> Wenn wir von Lob umgeben sind, lernen wir andere zu schätzen.
> Wenn wir von Akzeptanz umgeben sind, lernen wir auf andere einzugehen.
>
> *(Anonym)*

24

Lee Iacocca, der den Chrysler-Konzern vor dem Untergang bewahrte, sagte einmal: „Es ist wichtig, Menschen in ihrer eigenen Sprache anzusprechen. Wenn einem das gut gelingt, werden sie sagen: ‚Hm, er hat genau gesagt, was ich dachte.‘ Und wenn sie beginnen, einen zu respektieren, dann werden sie einem bis in den Tod folgen. Sie folgen einem nicht, weil man irgendwelche geheimnisvollen Führungsqualitäten besitzt, sondern, weil man *ihnen* folgt.

So verfährt auch der amerikanische Komiker Bob Hope, wenn er vor der Vorstellung einen Mitarbeiter ins Publikum schickt, um die Stimmung ausforschen zu lassen, damit er Witze machen kann, die mit den Leuten und ihrer Situation zu tun haben." (Aus: Iacocca/Novak: Iacocca – Eine amerikanische Karriere. Düsseldorf, Wien 1985.)

Genauso müssen Sie als Verhandlungsführer die Lage sondieren, Fakten zusammentragen, sich Alternativen überlegen, Reaktionen voraussehen und auf dieser Basis die Verhandlung planen.

DIE ZIELSETZUNG

25

Als Verhandlungsführer müssen Sie in erster Linie die Initiative ergreifen und dürfen die Zügel nicht wieder aus der Hand geben, damit sich das Gespräch kontinuierlich auf ein Ziel zubewegt. Das gilt auch dann, wenn die andere Seite um das Gespräch gebeten hat. Dabei gibt es natürlich immer mehr als nur einen Weg zum Ziel, und als Verhandlungsführer müssen Sie hinsichtlich der Mittel, die Sie einsetzen, um dieses zu erreichen, ein hohes Maß an Flexibilität beweisen. Einige Beispiele:

◆ Wenn ein Mitarbeiter eine Störung des Arbeitsklimas oder des Betriebs verursacht, wird es das Ziel sein, dieser Störung ein Ende zu setzen, damit alle anderen wieder ungestört ihre Arbeit tun können. Dies erreicht man, indem man entweder den Arbeitnehmer veranlaßt, sich entsprechend zu verhalten, oder indem man ihn entläßt.

◆ Liegt das Problem darin, daß man hinsichtlich der Lieferbedingungen anderer Meinung ist als ein Lieferant, wird das Ziel sein, die Produkte zu annehmbaren Bedingungen, in annehmbarer Qualität und Zeit zu erhalten. Das bedeutet, daß man sie entweder anderswoher bezieht (mit allen möglicherweise damit verbundenen Nachteilen) oder daß man mit dem ursprünglichen Lieferanten einen für beide Seiten annehmbaren Kompromiß findet.

◆ Im Falle einer ernstzunehmenden Reklamation sollte das Ziel sein, den Kunden für einen eventuellen Schaden zu entschädigen und den guten Namen des Unternehmens zu schützen. Es kann Jahre dauern, bis man sich einen guten Ruf *aufgebaut* hat, aber es reichen oft nur wenige Minuten, daß man ihn wieder *verliert*.

Verhandeln ist nicht ein Ausdruck von Schwäche, sondern eine pragmatische Methode, um unterschiedliche Sichtweisen, die alle ihre Berechtigung haben können, miteinander in Einklang zu bringen. Auch wenn man als Verhandlungsführer das angestrebte Ziel nie aus den Augen verlieren darf, ist es oft notwendig, daß eine oder auch beide Seiten von ihren ursprünglichen Erwartungen abgehen, was soviel heißt, wie sich auf einen Kompromiß zuzubewegen.

■ Vorbereitung des Terrains

Das Verhandlungsziel läßt sich nur dann erreichen, wenn das Gespräch im großen und ganzen in den Bahnen verläuft (und hier kann es mehrere Möglichkeiten geben), die man als Verhandlungsführer im vorhinein festgesetzt hat. Das bedarf einer entsprechenden Planung, man muß im Besitz aller Fakten und Informationen sein, die gegnerischen Standpunkte beurteilen können, und, was ganz besonders wichtig ist, in jedem Fall Flexibilität bewahren. Die folgende Checkliste kann als grober Leitfaden dienen:

Vor dem Gespräch

1. Verschaffen Sie sich Klarheit darüber, welche Punkte genau geklärt werden müssen.
2. Beziehen Sie *alle* Aspekte der Fragestellung ein, um zwischen Fakten und Meinungen unterscheiden zu können.
3. Machen Sie eine Liste aller Fakten, die Ihnen bekannt sind, und legen Sie getrennt davon eine Liste der „stillschweigenden Übereinkommen" an. Es empfiehlt sich aber unter allen Umständen, diese von der anderen Seite erst bestätigen zu lassen, sonst ist Ihre Faktensammlung als Gesprächsgrundlage wertlos.

4. Lernen Sie Ihre Gegenspieler kennen, versuchen Sie herauszufinden, welches Ziel sie anstreben und was ihre Einstellungen und Standpunkte sind.
5. Gibt es, wenn die jeweiligen Ziele beider Seiten nicht vereinbar sind, eine für beide annehmbare Alternative?

Wenn überraschend ein Problem zur Sprache kommt

1. Klären Sie, worauf genau sich der Einwand bezieht.
2. Erklären Sie Ihrem Gegenüber, daß Sie eine gewisse Zeit brauchen, um sich gründlich mit dieser Frage auseinanderzusetzen.
3. Setzen Sie einen Termin fest, zu dem darüber gesprochen werden soll.
4. Achten Sie darauf, daß das Gespräch zum festgesetzten Termin oder noch vorher auch *tatsächlich* stattfindet, bzw. vereinbaren Sie spätestens dann, wenn möglich aber schon früher, eine Terminverschiebung, und begründen Sie diese Verschiebung.

Während des Gesprächs

1. Veranlassen Sie, daß jemand Protokoll führt.
2. Stellen Sie die Anwesenden vor.
3. Halten Sie fest, daß Sie zu einer für alle annehmbaren Lösung gelangen wollen.
4. Fordern Sie den Gesprächspartner auf, seinen Standpunkt darzulegen oder gegebenenfalls die Fakten so darzulegen, wie er sie sieht, und bitten Sie die anderen, deren Richtigkeit zu bestätigen.
5. Gestehen Sie dem anderen vollkommene Redefreiheit und ausreichend Redezeit zu.
6. Notieren Sie sich alle unklaren Punkte oder Fragen, und bitten Sie die Gegenseite um Aufklärung, sobald sie mit ihrer Darstellung zu Ende ist. Unterbrechen Sie sie nicht.
7. Denken Sie unvoreingenommen über das Vorgebrachte nach, um möglichst Objektivität zu gewährleisten.
8. Vermeiden Sie vorgefaßte Meinungen – gründen Sie Ihr Urteil ausschließlich auf Fakten, die von beiden Seiten anerkannt sind.
9. Wird keine Einigung erzielt, verzichten Sie darauf, weiterzuverhandeln. Schlagen Sie vielmehr vor, die Diskussion zu vertagen, und vereinbaren Sie einen neuen Termin.

Zusammenfassung

1. Berücksichtigen Sie die Nachteile für die Gegenseite – oder, anders gesagt, betrachten Sie die Sache vom Standpunkt der Gegenseite aus.
2. Überlegen Sie sich positive Alternativen, die das Problem zumindest mildern oder ganz lösen oder aus der Welt schaffen könnten.
3. Unterbreiten Sie Lösungsvorschläge und warten Sie auf das Feedback.
4. Überlegen Sie, Regeln, Richtlinien, Vorschriften, Verfahrensweisen oder ähnliches zu ändern, wenn sie sich bei dieser Gelegenheit als mangelhaft erwiesen haben.

Man muß bei Verhandlungen unbedingt die Standpunkte der Gegenseite kennen sowie sich über deren etwaige Einbußen und die Reaktionen darauf im klaren sein. Wie bereits erwähnt, ist es sehr wichtig, daß man all dem aufgeschlossen gegenübersteht. Zu einer zutreffenden Einschätzung der Gegenseite gelangt man nur, wenn man über ein bestimmtes Maß an Verständnis und Wahrnehmungsvermögen verfügt, was allerdings erfahrungsgemäß nicht sehr viele Menschen besitzen.

28

FALLBEISPIEL 2.1 **URLAUB MIT HINDERNISSEN**

Ein Ehepaar war der Ansicht, sein zehntägiger Urlaub sei die reinste Katastrophe gewesen: Im gebuchten Hotel war kein Zimmer mehr frei, und sie mußten vier Tage lang in einer Frühstückspension aus den Koffern leben, bis der Reiseleiter schließlich für sie ein Zimmer in einem Hotel fand, das eine Kategorie besser war als das ursprünglich gebuchte. Nach der Rückkehr verlangte das Ehepaar vom Reiseveranstalter Schadenersatz. Dieser versuchte, sie davon zu überzeugen, daß sie, da das Ersatzhotel eine Kategorie besser war als das ursprünglich gebuchte (was nicht bestritten wurde), für die Unannehmlichkeiten der ersten vier Urlaubstage bereits „entschädigt" worden seien.

Schlüsselerkenntnis

Nur wenn man die tatsächlichen Ansichten und Gefühle der Gegenseite akzeptiert, wird man eine Lösung finden.

Dieses Beispiel zeigt ein Verhalten, das in der Tourismusbranche – wenngleich nicht nur dort – häufig anzutreffen ist. Viele Reiseveranstalter sind anscheinend nicht in der Lage (oder nicht bereit) zu verstehen, daß eine noch so hohe Kostenerstattung einen mißglückten Urlaub nicht ersetzen kann. Die tatsächlichen Unannehmlichkeiten werden unterschätzt, und es wird nicht erkannt, daß der zu leistende Schadenersatz über die rein finanziellen Einbußen hinausgehen muß – eine Fehleinschätzung, für die es bisher keine zutreffende Bezeichnung gibt.

Man begegnet oft der Auffassung, ein mißglückter Urlaub sei nichts anderes als ein fehlerhaftes Gerät. Während man aber ein *Gerät* durch ein neues ersetzen kann, und das meist ohne größeren Verlust, nimmt ein Urlaub *Zeit* in Anspruch, und Zeit läßt sich nicht ersetzen. Ist man nicht bereit, derartige Reklamationen – im vorliegenden Fall waren die ersten vier Urlaubstage „verloren" bzw. „nicht wie gebucht" – vom Standpunkt der Gegenseite aus zu betrachten, verteidigt vielmehr energisch die eigene fragwürdige Position, so werden die Beschwerdeführer dies als noch größere Ungerechtigkeit empfinden und um so entschlossener um Schadenersatz kämpfen. Eine defensive Reaktion – aus Angst, mit diesem Fall einen Präzedenzfall zu schaffen – macht die Angelegenheit nur schlimmer. Die Gegenseite muß annehmen, das gelieferte Produkt an sich sei fehlerhaft, wenn damit argumentiert wird, man wolle Nachfolgereklamationen vermeiden. Das wird sie unter Umständen nur in ihrer Überzeugung bestärken, auf dem Schadenersatz zu bestehen, was kaum das angestrebte Ziel sein kann. Wir sollten uns deshalb vor solchen Fehleinschätzungen und defensiven Reaktionen in acht nehmen.

Es gibt Unternehmen, die in solchen Fällen positiv reagieren. Zum Beispiel verdankt ein renommiertes Kaufhaus seinen guten Ruf, hochwertige Qualität zu verkaufen, einer kundenfreundlichen Politik: Waren, die unbenutzt von Kunden zurückgebracht werden, tauscht man ohne weitere Fragen um, oder man erstattet den Kaufpreis zurück.

„Ich weiß, was Sie meinen, aber Sie irren sich"

Das heißt nun aber nicht, daß man alles, was die Gegenseite vorbringt, akzeptieren muß. Manchmal kommt man nicht umhin, den Standpunkt und die Haltung der anderen Seite abzulehnen, auch wenn man sie versteht. In solchen

Fällen sind die Ziele beider Seiten eben nicht miteinander vereinbar. Das gilt auch – und manchmal ganz besonders – für Kunden. Wie Alan Sugar, der Gründer von Amstrad Computers, es 1992 formulierte: „Kunden haben nicht immer recht, und ich habe keine Hemmungen, sie das von Zeit zu Zeit auch merken zu lassen." Als Verhandlungsführer werden Ihnen auch solche Situationen nicht erspart bleiben. Dabei dürfen Sie allerdings, auch wenn Sie Forderungen, Anregungen oder Behauptungen zurückweisen müssen, das Ziel, das Sie letztlich anstreben, nicht aus den Augen verlieren. „Nein" kann man auf vielerlei Weise sagen. Wenn Sie die gute Beziehung zur Gegenseite erhalten wollen, müssen Sie Argumente so zurückweisen, daß niemand dabei das Gesicht verliert und es weiterhin gemeinsame Ziele gibt. Das wird oft schwierig sein, ist aber wichtig, da andernfalls all die Zeit, die Sie in den Verhandlungsprozeß investiert haben, vergebens war.

Trotz negativer Entscheidungen positive Reaktionen hervorzurufen, ist schwierig und erfordert Flexibilität und innovatives Agieren. Doch besteht gerade darin die Kunst des Verhandelns – am Ende beiden Seiten das Gefühl zu geben, daß ihnen die Verhandlung einen Nutzen gebracht hat. Nicht alle verfolgen diese Unternehmensphilosophie, viele sind im Gegenteil der Ansicht, daß man als Verhandlungsführer der Gegenseite immer „an die Gurgel gehen" und in jedem Fall soviel wie nur irgend möglich herausschlagen sollte. Das kann auf kurze Sicht funktionieren, doch wird dabei übersehen, daß sich die Rahmenbedingungen für Verhandlungen sehr oft zyklisch verändern. Das nächste Mal liegt der Vorteil vielleicht bei der Gegenseite, die den Spieß dann umdrehen kann.

■ Durchführung der Verhandlung

Als Verhandlungsführer will man Konfrontationen möglichst vermeiden, deshalb wird man versuchen, konstruktiv an die Verhandlung heranzugehen und ein positives Klima zu schaffen, das Sachlichkeit und Einigungswillen signalisiert. Das erreicht man, indem man etwa die Räumlichkeiten entsprechend wählt und mit kleinen Annehmlichkeiten aufwartet:

1. Für die Zusammenkunft sollte ein ruhiger Raum gewählt werden, damit sie ohne Störungen stattfinden kann. Läßt man sich durch Telefonanrufe unterbrechen oder durch Mitarbeiter, die hereinkommen, etwa die Sekretärin mit Briefen zur Unterschrift, signalisiert man damit der Gegenseite, daß man

der Sache, die es zu besprechen gilt, weniger Bedeutung beimißt als der Unterbrechung. Der anderen Seite das Gefühl zu geben, sie sei nicht so wichtig, wird einem guten Gesprächsklima kaum zuträglich sein.

2. Bieten Sie den Teilnehmern etwas zu trinken an, am besten Kaffee oder Tee. Das wirkt beruhigend, wenn man angespannt ist, und wird den einen oder anderen Teilnehmer beschwichtigen. Außerdem braucht man Zeit, um etwas zu trinken, und die können alle Seiten nutzen, um ihre Gedanken zu ordnen und sich eine Strategie zurechtzulegen.

3. Planen Sie genügend Zeit ein, um über das anstehende Thema zu sprechen. Ihrem Gesprächspartner anzudeuten, Sie hätten nur wenig Zeit, läßt den Eindruck entstehen, als sei Ihnen die Sache nicht so wichtig, und wirkt sich nachteilig auf das Gesprächsklima aus.

4. Machen Sie sich Notizen während des Gesprächs. Damit vermitteln Sie Ihrem Gegenüber das Gefühl, daß die Verhandlungen für Sie von Bedeutung sind.

5. Halten Sie in einer schriftlichen Zusammenfassung, der beide Parteien zustimmen, die Ergebnisse des Gesprächs fest.

Wie schon weiter oben angedeutet, führt ein erstes Zusammentreffen nicht immer zu einem Ergebnis, und die Angelegenheit muß unter Umständen vertagt werden. Dadurch kann jeder Partei, gemeinsam oder getrennt, die Möglichkeit gegeben werden, sich eingehender mit einem Punkt zu befassen. In diesem Fall gelten für die Wiederaufnahme der Gespräche ähnliche Richtlinien wie für das erste Gespräch.

Natürlich wird es nicht immer möglich sein, ein Gespräch unter idealen Rahmenbedingungen zu führen. Oft wird man Fragen in größeren Versammlungen diskutieren müssen, in Gegenwart anderer Personen, ohne Vorankündigung und so weiter. In jedem Fall sollte man aber versuchen, für ein emotionsfreies Klima zu sorgen, allen Zeit zum Nachdenken zu geben und spannungsgeladene Situationen zu entschärfen. Müssen Sie sich in größeren Versammlungen verteidigen, wird Ihnen die eine oder andere der folgenden Strategien helfen:

1. Bitten Sie die Gegenseite, ihren Einwand zu wiederholen, um sich zu versichern, daß Sie richtig gehört haben. Das erleichtert nicht nur Ihnen das Verständnis der Ausführungen, sondern gibt der Gegenseite Gelegenheit, diese nochmals zu durchdenken, und in vielen Fällen wird sie dann dasselbe überlegter und logischer darstellen können. Umgekehrt kann man auf diese Weise jemanden, der schon verärgert ist, noch weiter gegen sich aufbringen. Auf manche wirkt allein die Tatsache, daß jemand ruhig und beherrscht spricht, aufreizend anstatt beschwichtigend. Deshalb darf die Gegenseite nicht den Eindruck gewinnen, von oben herab behandelt zu werden.

2. Schlagen Sie vor, die Frage nach der Versammlung unter vier Augen zu besprechen. Das wird allerdings nicht immer funktionieren, denn oft stellt jemand eine Frage bewußt in größerer Runde, um sich die Rückendeckung der anderen zu sichern und Sie in Verlegenheit zu bringen.

3. Fragen Sie die anderen Anwesenden, ob sie derselben Ansicht sind wie der Fragesteller. Wenn dem so ist, werden Sie sich mit der Sache befassen müssen. Halten Sie sich dabei an das, was auf Seite 24 in Versform ausgeführt wurde. Bekommt man keine Unterstützung, sollte man vorschlagen, daß am Ende der Zusammenkunft darüber gesprochen wird.

4. Wenn eine Frage oder ein Einwurf in direktem Zusammenhang mit dem Thema der Versammlung steht, wird es sich nicht vermeiden lassen, darüber zu sprechen, aber in diesem Fall ist es ratsam, die Diskussion darüber bis zum Ende der Zusammenkunft aufzuschieben, um zunächst alle anderen Punkte der Tagesordnung abzuhandeln.

5. Achten Sie darauf, daß Fragen, die Sie ans Ende der Besprechung verlegt haben, dann auch tatsächlich diskutiert werden, und begründen Sie es, wenn die Diskussion darüber nochmals verschoben werden muß.

HÄRTERE BANDAGEN

Wenn man sich vor dem Gespräch umfassend über die Sachlage informiert und sich ein Bild von der Persönlichkeit und den Erwartungen der Gegenseite gemacht hat, zudem das Gespräch mit Fingerspitzengefühl und in einer konstruktiven Atmosphäre abwickelt, wird man erfahrungsgemäß in den meisten Fällen in der Auseinandersetzung überlegen sein. Das heißt, man wird das Ziel, das man sich gesteckt hat, erreichen. Zweifellos gibt es aber Fälle, in denen man auf diese Weise nichts ausrichten kann; dann wird man sich aggressiverer Methoden bedienen müssen – was so weit gehen kann, daß man in Gegenwart anderer die Beherrschung verliert oder in Wut gerät.

Mit einer solchen Reaktion zeigen Sie der Gegenseite nicht nur Ihr starkes Engagement für die Sache, sondern Sie geben zu erkennen, daß sie sich bei derart hochgehenden Emotionen möglicherweise eine alternative Strategie überlegen oder sogar ganz von ihren Forderungen abgehen wird müssen.

| **FALLBEISPIEL 2.2** | **EINE WIRKUNGSVOLLE REAKTION** |

Ein beliebter Rundfunkmoderator war dafür bekannt, daß er auch auf die deftigsten Fragen und Einwürfe stets höflich, verständnisvoll und ruhig reagierte. In einer Sendung attackierte einmal ein Zuhörer die geladenen Gäste auf eine Art, die er für besonders grob und ungerechtfertigt hielt. Anstatt einen der Angesprochenen zu bitten, darauf zu antworten, verwies er den Fragesteller scharf in die Schranken und erklärte ihm, daß das, was er gesagt hatte, beleidigend, unkonstruktiv und inakzeptabel sei und er nicht die Absicht habe, darauf einzugehen.

Schlüsselerkenntnis

Ungehalten auf etwas zu reagieren (ob ehrlich oder gespielt) oder mit Absicht die Beherrschung zu verlieren, kann manchmal eine sehr wirkungsvolle Verhandlungstaktik sein.

■ Irritation als Waffe

Indem man „kontrolliert die Beherrschung verliert" oder mit Absicht etwas mißversteht, kann man die Gegenseite so irritieren, daß sie ihrerseits aus der Fassung gerät und man ihr die Zügel aus der Hand nehmen kann. Wenn die Atmosphäre gereizt ist, Logik und Überredungskunst nichts mehr ausrichten und jede Menge wilde Behauptungen aufgestellt werden, ist es für den Verhandlungsführer manchmal gar nicht so schwer, die Auseinandersetzung in seinem Sinne zu beenden.

33

FALLBEISPIEL 2.3 „UND?"

Einer berühmten Schauspielerin wurden einmal von einem verärgerten Fan heftige Vorwürfe gemacht wegen ihrer Einstellung zu ihrer Familie, ihrem Beruf und ihren Fans. Sie hörte ihm eine Zeitlang geduldig zu, und als er eine Pause machte, fragte sie sanft: „Und?"
Der Fan begann von neuem mit seinen Vorhaltungen, und als er langsam keine Worte mehr fand, bekam er wieder das sanfte „Und?" zu hören. Darauf wußte er nichts zu sagen – ihm war die Luft ausgegangen. Indem die Schauspielerin sich weigerte, sich auf seine Ebene zu begeben und auf seine Vorwürfe einzugehen, und auch nicht die Beherrschung verlor, entzog sie einer weiteren Auseinandersetzung jede Basis.

Schlüsselerkenntnis

Indem man auf eine Provokation nicht reagiert, lassen sich auch die heftigsten Konfrontationen entschärfen.

Eine solche Strategie könnte man als „die Gegenseite ins Leere laufen lassen" beschreiben, da Aggressionen nicht lange bestehen können, wenn sie kein Gegenüber haben und keine Rückmeldung erfahren. Eine ähnliche Wirkung läßt sich auch durch Schweigen erzielen (siehe Kapitel 14, Seite 206).

■ Enthüllungen herauslocken

Die Beherrschung verlieren, über Argumente hinweggehen, den Gegner ins Leere laufen lassen oder seine Anliegen nicht ernst nehmen – das alles kann nicht nur eine wirkungsvolle Strategie zum Erhalt der Führung sein, sondern ist auch dazu geeignet, den Gegner schon zu einem sehr frühen Zeitpunkt zur Offenbarung weiterer Einzelheiten zu bewegen. Wenn er, um wieder die Oberhand zu gewinnen, Fakten oder Behauptungen auf den Tisch legen muß (das heißt also: neue Munition liefern), die er bis dahin zurückgehalten hat, gewinnt man als Verhandlungsführer möglicherweise ein klareres Bild von seinen Problemen oder seinen Forderungen. Mit dieser Methode läßt sich auch feststellen, wie wichtig die Sache für die Gegenseite tatsächlich ist. Will diese zum

Beispiel zwar das Thema erörtern, sich aber nicht weitergehend darauf einlassen, dann genügt möglicherweise eine einmalige heftige Reaktion – sozusagen präventiv –, um die Gegenseite zur Aufgabe ihrer Forderung zu bewegen. Andererseits wird man mit einer harten Reaktion normalerweise eine ebensolche Gegenreaktion hervorrufen, wenn dem Kontrahenten die Sache tatsächlich sehr am Herzen liegt. Kennt man erst einmal das Ausmaß des Engagements, kann man als Verhandlungsführer eventuell zu einer anderen Strategie übergehen. Es schadet auch nicht, wenn man im Ruf eines harten Verhandlers steht – solange man gleichzeitig dafür bekannt ist, fair zu sein.

| **FALLBEISPIEL 2.4** | **SICH AUF DEN RICHTIGEN PREIS EINIGEN** |

Ein Hersteller wollte für einen bestimmten Abnehmer den Preis seines Produkts von 2 DM auf 2,50 DM pro Stück erhöhen. Er suchte den Kunden auf, der dasselbe Produkt nicht so leicht anderweitig würde beziehen können, und teilte ihm mit, daß er aufgrund der steigenden Produktions- und Materialkosten 3 DM in Rechnung stellen müßte. Der Kunde war empört und verärgert, und es kam zu einer heftigen Auseinandersetzung. Am Ende war der Hersteller damit einverstanden, den Preis (der in Wirklichkeit noch gar nicht verrechnet worden war) auf 2,50 DM zu „senken", auf die Höhe also, die er ursprünglich vorgesehen hatte.

Schlüsselerkenntnis

Wenn der Gegner das Gefühl hat, das Verhandlungsergebnis mitbestimmen zu können, läßt sich das angestrebte Ziel oft leichter erreichen.

Im Fallbeispiel 2.4 konnte der Hersteller den Eindruck erwecken, der Input der Gegenseite hätte das Ergebnis der Auseinandersetzung beeinflußt. Diese Strategie dürfte in rund 70 Prozent der Fälle zum Erfolg führen. Hat die Gegenseite das Gefühl, *keinerlei* Einfluß auf das Ergebnis gehabt zu haben, wird das mit großer Wahrscheinlichkeit das gute Einvernehmen erschüttern und vielleicht sogar zum Bruch führen. Haben dagegen beide Seiten das Gefühl, gewonnen zu haben, so ist allen gedient.

Meetings steuern

DARAUF SOLLTEN SIE ACHTEN:

1 Indem man eine echte und kontinuierliche Kommunikation mit
   den Mitarbeitern sicherstellt, die den jeweiligen Bedürfnissen
   entspricht, lassen sich Problemsituationen auf ein absolutes
   Minimum reduzieren.

2 In größeren Meetings müssen Sie als Gesprächsleiter im Umgang
   mit den Teilnehmern Fingerspitzengefühl, aber auch Bestimmtheit an den Tag legen. Sie müssen einschätzen, welche Folgen
   Wortmeldungen haben können, und Fangfragen erkennen.

3 Wenn Sie auf Ihre Präsentation gründlich vorbereitet sind,
   werden Sie auf der Grundlage einer soliden Sachkenntnis
   sprechen, leichter einen Dialog in Gang bringen und hoffentlich
   ein Gesprächsklima schaffen können, in dem Konflikte erst gar
   nicht entstehen.

4 Die Zuhörer sollte man sich möglichst nicht zu Gegnern machen.
   Indem man ihren Standpunkt gelten läßt, kann man Konflikte
   weitgehend vermeiden.

DER DIALOG MIT DEN MITARBEITERN

Problemsituationen mit Mitarbeitern lassen sich vermeiden oder sind zumindest leichter zu lösen, wenn ein regelmäßiger Dialog, das heißt Kommunikation in beide Richtungen, stattfindet. Um ein harmonisches Verhältnis zwischen Unternehmensführung und Mitarbeitern zu schaffen und sicherzustellen, daß alle am selben Strang ziehen, sollte man seitens der Unternehmensführung regelmäßig Briefings, also Informationsgespräche, und Gesprächsrunden organisieren. Diese dienen dazu, Informationen an die Mitarbeiter weiterzugeben, aber auch dazu, das ist ebenso wichtig, Rückmeldung zu bekommen, Fragen zu beantworten und Bedenken auszuräumen. Das kann auf unterschiedliche Weise geschehen:

◆ durch Briefings und Präsentationen seitens der Geschäftsführung;
◆ durch Briefings seitens leitender Mitarbeiter, die ihrerseits von der Unternehmensführung unterrichtet wurden (Kaskadenprinzip);
◆ durch die Abhaltung von informellen Diskussionsrunden mit den Beschäftigten.

Herkömmliche formelle Versammlungen, Merkblätter und Mitteilungen geben oft nur Informationen weiter, ohne einen Dialog in Gang zu bringen.

Bei Briefings und informellen Diskussionsrunden dagegen haben die Mitarbeiter Gelegenheit, Fragen zu stellen. Viele Fragen sind sicher ehrlich gemeint, weil jemand mehr erfahren oder etwas besser verstehen will. Manche aber wollen zum Beispiel nur die Zusammenkunft stören, den Sprecher in Verlegenheit bringen oder sich selbst ins Rampenlicht stellen. Gruppen entwickeln ein Eigenleben und verhalten sich oft anders, als der einzelne es tun würde, der ihnen angehört. Von sich aus wären sicher wenige, die an der Französischen Revolution teilnahmen, je auf den Gedanken gekommen, einen Menschen umzubringen, unter dem Einfluß einiger weniger Fanatiker verhielten sie sich aber wie ein Mob, und es kam zur sogenannten „Schreckensherrschaft", in deren Verlauf über 8 000 Menschen, die meisten vollkommen unschuldig, hingerichtet wurden.

Auch wenn die Teilnehmer einer Versammlung nicht als Mob bezeichnet werden können, gibt es zweifellos Menschen, die in derartigen Situationen aggressiver sind, als sie es sonst wären, während sich umgekehrt andere einschüchtern lassen und nichts zu sagen wagen. Auch wenn beides einer guten Kommunikation abträglich ist, sollte man beides verstehen und gelten lassen. Die folgende Checkliste und die Fallbeispiele sollen Ihnen die Vorbereitung auf solche Gesprächsrunden erleichtern.

1. Bereiten Sie Ihre Notizen für den Vortrag gründlich vor, und sorgen Sie auch für Anschauungsmaterial. In den meisten Fällen ist der Einsatz von visuellen Hilfsmitteln äußerst nützlich, die Monotonie des Vortrags kann durchbrochen und der Konzentration des Publikums nachgeholfen werden: Visuell präsentierte Informationen sind für viele leichter zu behalten, und es lassen sich wichtige Punkte hervorheben oder illustrieren.

2. Bereiten Sie für die Zuhörer schriftliche Unterlagen vor, die leicht verständlich und nicht zu trocken formuliert sind. Dabei empfiehlt es sich, an den Seiten breite Ränder zu lassen und die Zuhörer aufzufordern, dort ihre Notizen einzutragen. Das vermittelt ihnen den Eindruck, ihre eigenen Gedanken seien nicht weniger wichtig als die, die man ihnen präsentiert, und daß sie sozusagen gemeinsam mit dem Vortragenden ein Papier erarbeiten, auf das man zu einem späteren Zeitpunkt zurückgreifen kann.

3. Vergewissern Sie sich, daß alle Teilnehmer sowohl Sie wie auch die Projektionswand gut sehen und daß Sie auch alle Teilnehmer im Blick haben. Sie können Aufmerksamkeit und Aufnahmefähigkeit besser einschätzen, wenn Sie in die Gesichter (und vor allem in die Augen) Ihrer Zuhörer blicken.

4. Stellen Sie sicher, daß für alle, die ihr Kommen zugesagt haben, Sitzplätze vorhanden sind und es auch noch ein paar zusätzliche Plätze gibt. Wenn damit zu rechnen ist, daß das Publikum nicht den ganzen Raum füllen wird, sollten die Teilnehmer möglichst in den vorderen Reihen Platz nehmen. Das erreicht man zum Beispiel dadurch, daß man an den Sitzen der hinteren Reihen „Reserviert"-Schilder anbringt. Die Sitzreihen sollten möglichst dicht aufgefüllt sein, da große Lücken dem Zusammenhalt des Publikums abträglich sind und das Feedback erschweren.

5. Beginnen Sie pünktlich, und kommen Sie auch pünktlich zu Ende. Wenn es kein offizielles Programm gibt (das strikt eingehalten werden sollte), halten Sie, bevor Sie mit Ihrer Darstellung beginnen, den zeitlichen Rahmen und den Programmablauf fest.

6. Tragen Sie dazu bei, potentielle und echte Barrieren zwischen Ihnen als Vortragendem und den Zuhörern abzubauen, indem Sie ein paar lockere einleitende Worte sagen und so versuchen, den Kontakt zum Publikum herzustellen. Das hängt natürlich von der Zahl der Zuhörer ab und wird bei mehr als 50 Personen kaum zu erreichen sein. In einem kleineren Kreis ist das Eis aber schnell gebrochen, wenn man die Teilnehmer zum Beispiel auffordert, sich vorzustellen und zu erzählen, woher sie kommen. Viele werden dadurch gelöster, und es fällt ihnen leichter, sich an der Diskussion zu beteiligen.

7. Sagen Sie gleich zu Anfang, wann Fragen gestellt werden können – ob im Verlaufe Ihrer Präsentation oder erst danach. Bei informellen Präsentationen und einem relativ kleinen Publikum ist es meist günstiger, auf Fragen einzugehen, sobald sie auftauchen. Bei einem größeren Publikum wird man dagegen Fragen eher am Ende entgegennehmen.

8. Auch bei informellen Zusammenkünften werden sich manche Teilnehmer nicht trauen, Fragen zu stellen. Kündigen Sie an, daß Sie bzw. auch die anderen Vortragenden während der Pausen in der Nähe des Podiums bleiben und gerne persönlich Rede und Antwort stehen. Teilnehmern, die fürchten, alle anderen wüßten die Antwort auf ihre Fragen schon, fällt es dann leichter, sich Auskunft zu holen. Wenn man glaubt, daß die Frage auch für die anderen Teilnehmer von Interesse sein könnte, kann man sie nach der Pause im Plenum aufgreifen, ohne den Namen des Fragestellers zu nennen.

9. Alle Fragen sollten ernst genommen und entsprechend beantwortet werden, auch wenn sie noch so lächerlich sind. Beantwortet man eine Frage nicht, weil sie einem als zu banal erscheint, stellt man damit den Betreffenden bloß; das kann nur die anderen Zuhörer abschrecken und das Verhältnis zwischen Vortragendem und Publikum belasten.

FALLBEISPIEL 3.1   **SICH DAS PUBLIKUM ZUM FEIND MACHEN**

Ein Vortragender, der über firmeninterne Kommunikation sprach, hielt die Titelseite der Firmenzeitung hoch und bat um Kommentare. Ein Zuhörer meldete sich zu Wort und sagte, daß auf der Seite zu viel Text und die Schrift zu klein sei. „Das sind technische Details, über die Schriftgröße brauchen Sie sich nicht den Kopf zu zerbrechen", erklärte der Vortragende barsch. Es ging ein hörbares Raunen durch die Zuhörerreihen, war doch der Teilnehmer nur der Aufforderung des Vortragenden nachgekommen.

Im weiteren Verlauf der Zusammenkunft kam wenig Reaktion von den Zuhörern, die sich verständlicherweise scheuten, das zu tun, wozu sie anfangs aufgefordert worden waren – nämlich zu sagen, was sie an der Titelseite zu bemängeln hätten. Man kam danach überein, daß die verwendete Schriftgröße tatsächlich zu klein war, aber da war der Schaden schon angerichtet – das Verhältnis zwischen Vortragendem und Publikum war angespannt, und die Zuhörer gaben ihre Zurückhaltung während der ganzen Veranstaltung nicht mehr auf.

Schlüsselerkenntnis

Stellen Sie niemanden (auch nicht unabsichtlich) vor anderen bloß; das hemmt auch alle anderen und schafft eine Kluft zwischen Ihnen und Ihren Zuhörern.

10 Wenn eine Frage unklar formuliert ist, wiederholen Sie sie als Gesprächsleiter nochmals mit anderen Worten, und fragen Sie den Fragesteller, ob Sie sie richtig verstanden haben. Wenn sich nicht klären läßt, was der Fragesteller genau gemeint hat, reagiert man darauf am besten mit einer Wendung wie: „Lassen wir diese Frage für den Moment beiseite und sprechen wir in der Pause (oder nach der Veranstaltung) in Ruhe darüber."

11 Wenn man eine Frage nicht beantworten kann, sagt man das am besten offen und fügt hinzu, daß man versuchen wird, sie später zu klären. Dem Betreffenden verspricht man, daß man ihm die Antwort mitteilen wird, und notiert sich seinen Namen. Die Wahrheit zu sagen ist ehrlicher und in den meisten Fällen ratsamer, als sich um eine Antwort zu drücken. Dem Publikum wird das in der Regel nicht entgehen, und man würde nur an Glaubwürdigkeit und Achtung verlieren.

12 Einwände oder Fragen, aus denen eine gewisse Unzufriedenheit herauszuhören ist, sollten so offen wie möglich behandelt werden. Am besten schlägt man vor, in der Pause oder nach der Versammlung in Ruhe darüber zu sprechen, um vorher noch die anderen Tagesordnungspunkte erledigen zu können. Ist allerdings anzunehmen, daß ein großer Teil des Publikums hinter der Frage steht, ist Vorsicht geboten, und es empfiehlt sich zu fragen, wie viele der Zuhörer diesen Punkt diskutieren möchten. Sofern es nur einige wenige sind, wird man die Sache getrost auf die Pause verschieben können; sind es aber mehr als nur ein paar, sollte man sich lieber sofort und so offen wie möglich damit auseinandersetzen. Handelt es sich um eine strittige Angelegenheit, die zudem weit über die vorgegebene Thematik hinausgeht, empfiehlt es sich, die Frage mit der Zusage zu notieren, sie bei einem anderen Treffen gesondert zu behandeln.

FALLBEISPIEL 3.2 | **OFFENE KONFRONTATION VERMEIDEN**

Bei einer Mitarbeiterversammlung wurde der Bericht über das abgelaufene Geschäftsjahr präsentiert. Mehrere Mitarbeiter kritisierten, daß darin sowohl Ausgaben für neue Maschinen als auch für Mitarbeiter als Investitionsposten erschienen, die Anträge einiger Mitarbeiter für den Besuch von Weiterbildungskursen jedoch von der Geschäftsleitung abgelehnt worden waren. Da einige Vertreter der Geschäftsleitung anwesend waren, mußte der Diskussionsleiter eine offene Konfrontation verhindern, die nur Schaden angerichtet hätte. Er notierte sich die Frage (was von den Zuhörern auch registriert wurde) und erklärte dann, er habe sich die Frage aufgeschrieben und schlage vor, die Sache nach der Präsentation zu besprechen. Er rief dann die zwei oder drei Mitarbeiter zu sich, die die Kritik vorgebracht hatten, und ließ sich von ihnen die Sachlage erklären. Sodann erörterte er den Sachverhalt mit dem zuständigen Mitglied der Unternehmensleitung. Innerhalb weniger Tage wurde ein entsprechendes Grundsatzpapier ausgearbeitet und den Mitarbeitern übermittelt. Es wäre sehr schwierig gewesen, während der Mitarbeiterversammlung zu einer gütlichen Einigung zu kommen, und eine offene Diskussion der Frage hätte unter Umständen der Autorität des Managements geschadet.

Schlüsselerkenntnis

Wenn man offen ist und nicht versucht, irgend etwas zu verbergen, wird man auf allgemeine Unterstützung zählen können.

13. Manchmal kann das Verhalten eines Teilnehmers sehr störend sein – sowohl für die übrigen Zuhörer, deren Aufmerksamkeit dadurch abgelenkt wird, als auch für den Vortragenden, der vielleicht den Faden verliert, so daß seine Präsentation darunter leidet. Ein solches rücksichtsloses Verhalten wäre zum Beispiel, mit dem Sitznachbarn zu sprechen, vor sich hin zu summen oder mit dem Bleistift auf die Armlehne zu klopfen. Das Problem dabei: Dem Betreffenden ist oft nicht bewußt, wie sehr sein Verhalten stört – vor allem, wenn die Situation neu für ihn ist. Dauert es nicht mehr lange bis zur Pause, kann man bis dahin warten und dem Betreffenden unter vier Augen taktvoll beibringen, daß sein Verhalten stört und die anderen Teilnehmer ihm dankbar wären, wenn er damit aufhören könnte. In vielen Fällen wird es sich aber nicht vermeiden lassen, den Betreffenden an Ort und Stelle darauf aufmerksam zu machen.

FALLBEISPIEL 3.3	ABLENKUNGEN VERMEIDEN

Bei einem Seminar mit rund 40 Teilnehmern saßen zwei aus dem gleichen Unternehmen in der ersten Reihe und sprachen dauernd leise miteinander. Der Seminarleiter fühlte sich persönlich nicht gestört, doch bemerkte er, daß die Konzentration einiger anderer darunter litt. Er forderte die Zuhörer auf, Fragen zu stellen, und placierte sich so, daß die beiden direkt zwischen ihm und einem Teilnehmer saßen, der sich zu Wort gemeldet hatte. Damit hatte er Gelegenheit, dem Fragesteller zu sagen: „Es tut mir leid, aber ich verstehe Sie nicht", und zu den beiden in der ersten Reihe: „Könnten Sie bitte Ihre Unterhaltung auf später verschieben, ich kann die Frage nicht verstehen, und vielleicht bezieht sie sich ja auf das, worüber Sie sich eben unterhalten haben." In der nächsten Pause machte der Seminarleiter die beiden nochmals taktvoll auf ihr Verhalten aufmerksam. Diesen war das Ganze sehr peinlich, und sie entschuldigten sich wortreich.

Schlüsselerkenntnis

Als Gesprächsleiter muß man Zusammenkünfte mit Bestimmtheit, Takt und Humor steuern (und das Gefühl vermitteln, daß man die Zügel in der Hand hat).

14. Es ist kaum zu vermeiden, daß irgendwann in einer Versammlung gerade die Frage gestellt wird, auf die man in keinem Fall antworten möchte. So wichtig Ehrlichkeit und Offenheit sind, es gibt Dinge, die man aus guten Gründen nicht öffentlich diskutieren kann. Mit „kein Kommentar" darauf zu reagieren, ist zwar am einfachsten, als Antwort aber nicht ausreichend. Es würde in den meisten Fällen als stillschweigende Bestätigung des Gerüchts verstanden werden, auf dem die Frage basiert. Manchmal kann man solchen Fragen zuvorkommen, indem man zu Beginn deutlich sagt, welche Punkte behandelt werden können. Zwar kann damit auch der Eindruck entstehen, es dürfe nicht über alles gesprochen werden, doch sind die Mitarbeiter zumeist sowieso nicht so naiv zu glauben, daß es nicht auch Punkte gibt, in denen die Geschäftsführung nicht so offen sein kann, wie sie es vielleicht gerne wäre.

| FALLBEISPIEL 3.4 | GERÜCHTEN ZUVORKOMMEN |

In der Betriebsversammlung eines Produktionsbetriebs fragte ein gewählter Mitarbeitervertreter, ob an dem Gerücht etwas wahr sei, daß ein anderes Werk des Konzerns geschlossen werden solle. Der Vorsitzende wußte, daß es keine diesbezügliche Entscheidung gab, obwohl das Thema diskutiert worden war. Er stellte ausdrücklich fest, daß man grundsätzlich auf Gerüchte nichts geben dürfe, daß die Konzernleitung ständig die Leistungsfähigkeit aller Bereiche überprüfe und außerdem eine Politik der offenen Kommunikation verfolge. Dies allerdings mit der Einschränkung, daß in jedem Fall die Betroffenen als erste von einer solchen Entscheidung in Kenntnis gesetzt würden. Wenn die Entscheidung also getroffen worden wäre, was aber gar nicht der Fall sei, sei es unzulässig, in der Betriebsversammlung eines anderen Betriebes darüber zu diskutieren.

Schlüsselerkenntnis

Werden Fragen gestellt, die zu beantworten man nicht bereit ist, sollte man das den Mitarbeitern vorher mitteilen. Dabei muß man auch auf Fangfragen vorbereitet sein, um das Schlimmste zu vermeiden. Auch wenn man grundsätzlich für eine aufrichtige Kommunikation ist, kann es manchmal notwendig sein, die Wahrheit zurückzuhalten.

UNWILLIGE TEILNEHMER

Nicht immer kommen alle Teilnehmer gern zu einer Veranstaltung – selbst dann nicht, wenn das einladende Unternehmen die Kosten übernimmt. Mitunter schickt man Mitarbeiter zu Seminaren und Weiterbildungsveranstaltungen, die nicht einsehen, weshalb gerade sie ausgewählt wurden, oder die von der Materie keine Ahnung haben. Oft machen solche Teilnehmer, was bisweilen ganz verständlich ist, ihrem Unmut Luft, indem sie sich während der Veranstaltung den anderen gegenüber ziemlich rücksichtslos verhalten. Zwar liegt es nicht am Seminarleiter, daß sie unzufrieden sind, doch es ist seine Aufgabe, im Interesse der anderen Teilnehmer eine Lösung zu finden. Im günstigsten Fall läßt sich das Problem in einer Pause unter vier Augen klären. Es kann aber auch passieren, daß der unwillige Teilnehmer während eines Vortrags das Faß zum Überlaufen bringt, und dann muß man vor Publikum taktvoll, aber bestimmt die Situation unter Kontrolle bringen.

FALLBEISPIEL 3.5   DER UNWILLIGE TEILNEHMER

Während des ganzen ersten Teils seiner Präsentation fiel dem Vortragenden die zunehmende Unruhe eines Teilnehmers auf. Als sich das auf die anderen Anwesenden (und auch auf seinen Vortrag) auszuwirken begann, wollte er nicht mehr bis zur Pause warten, den Teilnehmer darauf hinzuweisen. Es kam zu folgendem Gespräch:

1   *„Herr Berger, ich habe den Eindruck, Sie haben irgendein Problem. Stimmt das?"*

„Ja, ich verstehe kein Wort von dem, was Sie da sagen, und ich glaube, Sie verstehen es selbst auch nicht – es ist einfach Unsinn."

„Es tut mir leid, wenn ich mich nicht klar genug ausgedrückt habe. Wenn Sie mir sagen, was genau Sie nicht verstanden haben, kann ich versuchen, es nochmals besser zu erklären."

„Es ist alles ziemlich unverständlich."

„Nun, vielleicht ist es am besten, daß wir dann unter vier Augen darüber sprechen, damit wir die anderen Teilnehmer nicht stören. Ich schlage vor, wir machen eine kurze Pause von drei Minuten, und ich werde in der Zeit versuchen, mit Herrn Berger seine Fragen zu klären."

2 Unter vier Augen.

„Sehen Sie, Herr Berger, ich habe weniger den Eindruck, daß Sie nicht verstehen, worüber gesprochen wird, sondern daß Sie eigentlich keine Lust haben, hier zu sitzen. Sie sind schon von Anfang an nicht bei der Sache. Für die anderen Teilnehmer ist das sehr irritierend, wissen Sie. Ich verstehe nicht, weshalb Sie überhaupt gekommen sind."

„Mein Chef hat mich hergeschickt."

„Das ist nun aber ein Problem, das Sie mit Ihrem Chef klären müssen. Was mich angeht, so habe ich noch 23 andere Teilnehmer, die freiwillig hier sind, und mit Ihrer Unruhe stören Sie die ganze Runde – das ist den anderen gegenüber nicht fair, finden Sie nicht auch?"

3   „Mir gegenüber ist es auch nicht fair."

„Zur Entscheidung Ihres Chefs kann ich nichts sagen, aber er hat immerhin über 700 DM ausgegeben, damit Sie hier sein können, also wird er wohl einen Grund dafür haben. Ich glaube, wir sind einer Meinung, daß es an uns liegt, jetzt das beste daraus zu machen, nicht wahr?"

4   „Ich sage Ihnen, was wir machen – Sie versuchen mitzukommen, und wenn Sie etwas nicht verstehen, notieren Sie sich das, und ich werde versuchen, Ihnen in den Pausen oder nach dem Seminar diese Punkte genauer zu erklären. Die einzige andere Möglichkeit wäre, daß Sie nicht mehr teilnehmen, aber das wäre, nachdem Sie ja nun schon einmal hier sind, für uns alle Zeitverschwendung, und Sie müßten das dann auch irgendwie Ihrem Chef erklären."

Schlüsselerkenntnisse

1 Indem Sie Herrn Berger gegenüber feststellen, daß das Problem seine Sache ist, liegt es an ihm, sein Verhalten zu rechtfertigen.

2 Diese Argumentation ist vernünftig und logisch, und Sie werfen damit wieder Herrn Berger den Ball zu, der seine Position noch einmal verteidigen muß.

3 Auch diese Erklärung ist fair, und es liegt wieder am Teilnehmer, dem etwas entgegenzuhalten oder zuzustimmen.

4 Die stillschweigende Drohung, daß „der Chef etwas davon erfahren könnte", gibt Herrn Berger nochmals zu verstehen, daß die Situation ernst ist.

*I*N KONFLIKTEN VERMITTELN

Bei innerbetrieblichen Versammlungen wird es natürlich seltener zu Szenen wie der oben beschriebenen kommen, da die Anwesenheit von Vertretern der Unternehmensleitung meist abschreckend wirkt. Manchmal verhalten sich Mitarbeiter aber selbst in einem solchen Rahmen unkollegial.

| FALLBEISPIEL 3.6 | OFFENE MEINUNGS-VERSCHIEDENHEITEN |

Es war bekannt, daß der Schulungsleiter und der Betriebsleiter grundverschiedene Auffassungen hatten, und während einer Versammlung kam es zu einem Ausbruch der aufgestauten Emotionen. Der Schulungsleiter behauptete, der Betriebsleiter wisse nicht, wovon er rede. Es waren etwa ein Dutzend leitende Mitarbeiter sowie auch der Vorstandsvorsitzende anwesend. Der Vorstandsvorsitzende klopfte mit einem Lineal auf den Tisch, und es kam zu folgendem Gespräch: *„Meine Herren, ich glaube nicht, daß uns persönliche Feindseligkeiten in dieser Frage weiterbringen."*

Schulungsleiter: *„Er ist vernünftigen Argumenten einfach unzugänglich."*

Betriebsleiter: *„Das ist keine Frage der Vernunft. Das sind Fakten."*

Schulungsleiter: *„Sie würden Fakten nicht mal erkennen, wenn Sie drüber stolpern."*

Vorstandsvorsitzender: *„Das ist jetzt genug."*

Schulungsleiter: *„Das ist einfach lächerlich."*

Vorstandsvorsitzender: *„Sie können nicht immer das letzte Wort haben. Jetzt hören Sie mir beide zu. Wir sind hier, um Produktionsziele für die nächsten sechs Monate festzulegen, und ich bin fest entschlossen, das auch zu tun. Entweder Sie beteiligen sich beide konstruktiv an diesem Gespräch, oder Sie verlassen den Raum, und ich werde mich dann mit jedem von Ihnen unter vier Augen unterhalten, wenn wir hier fertig sind – wofür haben Sie sich entschieden?"*

Schlüsselerkenntnis

Der Vorstandsvorsitzende, der die Kontrahenten zur Vernunft bringen möchte, bringt sie durch seine Bemerkung beide in Verlegenheit. Sie müssen entweder ihren Stolz unterdrücken und bleiben oder die Versammlung verlassen, wobei ihre Kollegen dann wissen, daß sie zu einem Disziplinargespräch mit dem Vorstandsvorsitzenden zitiert werden.

VERÄNDERUNGEN

Sehr oft wird man weniger formelle Versammlungen einberufen müssen, um eine Reihe von Fragen zu diskutieren, von der Einführung eines neuen Computersystems bis zur Einführung neuer Produkte (und vielleicht der Eliminierung alter Produkte). Menschen sind Gewohnheitstiere, und viele sind Veränderungen und neuen Ideen gegenüber abgeneigt, weil diese mit mehr Arbeit, dem Erlernen neuer Fertigkeiten oder mit Umlernen verbunden sind, oder weil man erprobte Methoden, an bestimmte Aufgaben heranzugehen, aufgeben muß. Nicht umsonst wird das „Management von Veränderungen" oft als die einzige wirkliche Managementfunktion bezeichnet, denn wenn alles unverändert bliebe, gäbe es wenig Bedarf an Managementfähigkeiten. Ein erfolgreiches Management von Veränderungen spielt in allen Unternehmen eine bedeutende Rolle, weil Unternehmen niemals stillstehen – entweder sie wachsen (und überleben) oder sie schrumpfen (und schließen irgendwann ihre Pforten). Viele Konflikte entstehen nur deshalb, weil Menschen auf Veränderungen negativ reagieren.

Die hier vorgeschlagenen Strategien werden Ihnen bei einer positiven Lösungsfindung helfen, doch sollten Sie sich dessen bewußt sein, daß es vielleicht gar nicht soweit gekommen wäre, hätte man sich im vorhinein über die Auswirkungen von Veränderungen Gedanken gemacht. Um Konflikten vorzubeugen, müssen alle Personen, die von eventuellen Veränderungen betroffen sind, in den Prozeß eingebunden werden. Ebenso wie eine funktionierende Kommunikation dazu beiträgt, daß sich Probleme erst gar nicht stellen, lassen sich viele Schwierigkeiten vermeiden, wenn man im vorhinein überlegt, welche Folgen geplante Veränderungen haben können.

47

FALLBEISPIEL 3.7   VERÄNDERUNGEN

Ein Unternehmen wollte sein größtes Werk auf ein neues, etwa vier Kilometer entferntes Gelände verlegen. Man wollte die Beschäftigten möglichst behalten und hielt deshalb regelmäßige Informationsveranstaltungen ab. Eine davon verlief folgendermaßen:

„Das ist der letzte Stand der Dinge. Sie sehen also, daß wir innerhalb der nächsten zwei Monate mit dem Umzug in das neue Gebäude beginnen werden."

„Wie wird das vor sich gehen?"

„Wir wollen es in Etappen machen, die sich nach dem Produktionsablauf richten. Das heißt, daß wir die Abteilungen Rohmaterialien und Lagerhaltung zuerst transferieren, dann die Produktion, die Montage, die Veredelung und die Auslieferung."

„Aber Sie sagten, Sie würden mit dem Transfer die Löhne erhöhen."

„Ja – für jede Abteilung gelten die neuen Löhne, sobald sie umgezogen ist."

„Das heißt also, es hängt davon ab, in welcher Abteilung man ist, wann man die Lohnerhöhung bekommt."

„Richtig. Das schien uns am fairsten – daß sich der Lohn ändert, wenn sich der Arbeitsort und die Arbeitszeiten ändern."

„Aber es wäre vielleicht einfacher, die Arbeitszeiten und Löhne zu belassen, wie sie jetzt sind, bis alle umgezogen sind, und erst wenn der Betrieb am neuen Standort voll anläuft, ändert sich alles für alle gleichzeitig."

„Das ist durchaus eine Möglichkeit. Wir werden sie prüfen und sehen, was die Betroffenen davon halten."

Schlüsselerkenntnisse

Man muß bereit sein, anzuerkennen, daß die Geschäftsführung nicht das Monopol auf gute Ideen besitzt. In diesem Fall wurde die Idee, die von einem Großteil der Beschäftigten unterstützt wurde, tatsächlich aufgegriffen. Sie ersparte dem Unternehmen nicht nur eine Menge Arbeit, sondern bewirkte auch, daß sich unter der Belegschaft Teamgeist und ein Gefühl der Zusammengehörigkeit entwickelten. Dazu kann es aber nur kommen, wenn man mit den Beschäftigten spricht und ihnen zuhört.

Personen, die von einer Veränderung betroffen sind, lediglich davon in Kenntnis zu setzen, ohne sie vorher um ihre Meinung gefragt zu haben, führt vielfach zu Unmut und negativen Reaktionen. Indem man sie in den Entscheidungsprozeß, von dem sie betroffen sind, einbezieht, erreicht man das Gegenteil.

Wie man den Gegner beeinflußt

DARAUF SOLLTEN SIE ACHTEN:

1 Indem man negative Reaktionen der Gegenseite voraussieht und sich bereits im Vorfeld alternative Vorgehensweisen überlegt, lassen sich viele Konfliktsituationen vermeiden.

2 Wenn man sich darüber klar ist, welche Ergebnisse die Gegenseite erzielen will, kann man leichter zufriedenstellende Kompromißlösungen ausarbeiten.

3 Es hat wenig Sinn, sich in einem Punkt der Verhandlung durchzusetzen, wenn das Ziel, das man eigentlich anstrebt, damit außer Reichweite rückt – Ultimaten und Drohungen haben oft verheerende Folgen.

4 Läßt man die Gegenseite das Gesicht wahren, wird es letztendlich leichter sein, ans Ziel zu kommen. Wenn man den Gegner jedoch in die Verliererrolle zwingt, erreicht man vor allem auf längere Sicht meistens nur das Gegenteil.

Außer den eher formellen Gesprächssituationen, wie in Kapitel 3 beschrieben, gibt es immer wieder Gelegenheiten, bei denen die Unternehmensleitung direkte Gespräche mit Mitarbeitern zu führen hat, um eine Veränderung des Status quo herbeizuführen, oder ein Mitarbeiter muß mit einem gleichrangigen Kollegen oder einem Vorgesetzten ein Problem erörtern. Da viele Menschen auf Neuerungen mit Ablehnung reagieren, wird man eine Veränderung manchmal regelrecht „verkaufen" müssen, um andere von den Vorteilen eines neuen Konzeptes zu überzeugen und dazu zu motivieren, es positiv umzusetzen.

Die Haltung einzelner Mitarbeiter kann, wenn man davon überrascht wird, ein großes Problem sein. Man sollte sich deshalb im vorhinein überlegen, wer möglicherweise Schwierigkeiten machen könnte, und, was noch wichtiger ist, rechtzeitig Antworten und eine geeignete Strategie überlegen. Dabei wird man am häufigsten den folgenden drei Typen begegnen:

◆ denen, die immer alten Zeiten nachtrauern, nach dem Motto: „Nichts ist mehr, wie es früher war",

◆ denen, die glauben, alles zu wissen: „Höchste Zeit, daß ihr endlich auf mich hört",

◆ den Skeptikern: „Das wird nie funktionieren."

| **FALLBEISPIEL 4.1** | **GEZIELTE BEEINFLUSSUNG DER GEGENSEITE** |

Ein Unternehmen entwickelte einen neuen Rasenmäher, der billiger war als das Modell, das er ersetzen sollte, aber dafür nicht so vielseitig. Als der Verkaufsleiter den Vertretern das neue Produkt präsentierte, rechnete er damit, daß ein bestimmter Mitarbeiter mit Ablehnung reagieren würde. Dieser Mitarbeiter, Herr Schmitt, war ein Vertreter der „alten Schule", ganz und gar nicht davon überzeugt, daß man den Fortschritt brauche, und schon gar nicht, wenn ein neues Produkt weniger konnte als das alte. Der Verkaufsleiter nahm Herrn Schmitts Einwände vorweg, indem er sie vor der ganzen Gruppe selbst äußerte. Er hoffte, daß die anderen durch ihre positive Reaktion Herrn Schmitts Ablehnung mildern würden und es für ihn dann leichter sein würde, diesem das Produkt zu „verkaufen". Dabei durfte Herr Schmitt nicht das Gefühl haben, in die Ecke gedrängt oder mit Gewalt gezwungen zu werden, sich mit dem Produkt anzufreunden. Denn schließlich würde er kaum in der Lage sein, das Produkt mit Überzeugung zu verkaufen, wenn er selbst nicht daran glaubte.

Das hatte der Verkaufsleiter zu berücksichtigen, und er eröffnete die Diskussion folgendermaßen:

1   *„Wir wissen nun also über die technischen Details Bescheid, wir haben gesehen, wie der neue Rasenmäher funktioniert, und wir haben gehört, mit welchen Argumenten er sich am besten verkaufen läßt. Ich hoffe, Sie sind wie ich der Meinung, daß das ein Produkt ist, das nicht nur für das Unternehmen wichtig ist, sondern für unser aller Zukunft. Möchte jemand dazu etwas sagen?"*

„Das war jetzt eine Menge Reklame für Ihr neues Ding da, aber in Wahrheit ist es doch so, daß es mit dem alten RM 5 gar nicht zu vergleichen ist."

„Nun, Herr Schmitt, schauen wir uns das genauer an. Erstens stimmt es natürlich, daß wir einiges Werbematerial dafür haben, wie für jedes andere neue Produkt auch. Jeder von Ihnen muß ja wissen, wo die Stärken des neuen Geräts liegen. Ich weiß nicht, wie die anderen darüber denken, aber meiner Meinung nach erfüllt das Material doch seinen Zweck. Wie lange sind Sie schon bei uns, Herr Schmitt?"

„Dreißig Jahre – hab' schon hier gelernt."

„Das ist ja fast ein Rekord. Erinnern Sie sich noch, wie Sie den alten RM 1 verkauft haben?"

„Ja, wir mußten alles lang und breit erklären, weil es nur ein paar schlecht kopierte technische Beschreibungen gab."

„Und Sie konnten pro Tag nicht mehr als vier oder fünf Kunden besuchen, weil es so lange dauerte, das Ding zu beschreiben und was es alles konnte, wissen Sie noch? Und weil Sie nicht mehr Kunden besuchen konnten, konnten Sie auch nicht mehr verdienen, nicht wahr?"

„Stimmt, man mußte noch abends zu Kunden gehen, um halbwegs Geld heimzubringen."

2   *„Genau. Gott sei Dank ist es heute anders. Jetzt haben Sie Pakete mit Informationsmaterial von der Marktforschung, wunderbare Abbildungen aller technischen Details des neuen Produkts und sogar Videokassetten, so daß die Kunden das Gerät in Betrieb sehen können. Und dazu kommt, daß wir heute nicht mehr die Probleme haben, die Herr Schmitt und seine Kollegen vor dreißig Jahren hatten, weil wir heute einen Namen haben, der für Qualität steht und an sich schon eine Empfehlung ist. Ich weiß, daß alle diese Verkaufshilfen schwer zu schleppen sind, aber sie sind eben genau das – Hilfen, die Ihnen beim Verkaufen helfen. Und das hilft Ihnen wieder dabei, Ihre Provision zu*

verdienen. Ich glaube, Herr Schmitt, Sie wären der erste, der mir zustimmen würde, daß diese Verkaufshilfen tatsächlich eine Hilfe sind."

3   „Ja, aber verkaufen müssen wir den Rasenmäher trotzdem, und
das machen Sie uns jetzt schwerer, weil das neue Modell nicht so gut
ist wie das alte."

„Dazu ist wieder einiges zu sagen. Erstens geben wir den RM 5
nicht gleich auf. Wir produzieren ihn weiter, zumindest für die nächsten
eineinhalb Jahre. Aber er ist ein altertümliches Modell, und, wie Sie ja
auch immer betonen, und zu Recht, die Leute wollen immer wieder
etwas Neues. Das heißt, wenn Sie den RM 5 weiterhin in annehmbaren Mengen verkaufen, werden wir ihn solange sicherlich im
Programm lassen. Wir glauben aber, daß er sich kaum mehr verkaufen
wird, sobald der RM 6 sich durchgesetzt hat. Die Konkurrenz ist sehr
stark, und wenn wir nicht immer wieder neue Produkte für neue Anforderungen auf den Markt bringen, werden wir uns nicht halten können.
Also, Herr Schmitt, machen Sie sich keine Sorgen wegen Ihres Lieb-
lingsmähers – es wird ihn noch ein Weilchen geben."

„Und die Leute werden ihn weiterhin lieber nehmen als den neuen –
der taugt nichts."

„Da kann ich Ihnen, glaube ich, nicht zustimmen. Sie kennen ja die
Marktstudie, die wir in Auftrag gegeben haben. Es stimmt, wir haben
die mittlere Schnitthöhe beim RM 6 weggelassen, aber nur deshalb,
weil die Befragten angaben, entweder die niedrige oder die hohe
Schnitthöhe zu verwenden und kaum einmal die mittlere. Indem wir
die mittlere Schnitthöhe und die anderen Extras weggelassen haben,
wird die Produktion um etwa 20 DM billiger, und mit Mehrwertsteuer
usw. heißt das, daß wir ihn im Einzelhandel für fast 33 DM weniger
verkaufen können. Damit sind wir billiger als das vergleichbare Modell
der Konkurrenz. Das heißt, daß nun wir sie unterbieten und nicht mehr
sie uns, und ich weiß, Herr Schmitt, daß Sie und Ihre Kollegen sich
darüber immer wieder beklagt haben.

Und da ist noch etwas anderes. Wir wissen alle, wie schwierig es
ist, zur Zeit überhaupt etwas zu verkaufen. Die Marktstudie hat
ergeben, daß die Konsumenten gegenwärtig in erster Linie ein billi-
geres Gerät wollen. Die meisten sind ohne Extras wie die mittlere
Schnitthöhe, den Kantentrimmer und ein längeres Stromkabel ganz
zufrieden, wenn das Ding dafür billiger ist. Wenn die Konsumenten das
wollen, müssen wir es ihnen anbieten, oder wir können dichtmachen.

Die Zeiten haben sich geändert, und wir müssen uns danach richten. Und vergessen Sie nicht, daß wir dafür gesorgt haben, daß Sie nicht draufzahlen – wir haben Ihre Provisionssätze hinaufgesetzt, um den niedrigeren Verkaufspreis wettzumachen. Sehen Sie das Ganze jetzt positiver, Herr Schmitt?"

Schlüsselerkenntnissse

1 Als der Verkaufsleiter eine der schlechten Seiten der „guten alten Zeit" zur Sprache bringt, muß Herr Schmitt zugeben, daß früher nicht alles besser war und Veränderungen etwas Positives sein können. Der Verkaufsleiter versucht auf diese Weise außerdem, eine persönliche Beziehung zu Herrn Schmitt herzustellen.

2 Der Hinweis auf Herrn Schmitts über dreißigjährige Zugehörigkeit zum Unternehmen ist für diesen eine Anerkennung und hebt sein Ansehen. Indem der Verkaufsleiter auf Mängel Bezug nimmt, die Herr Schmitt beanstandet hat, wird der erste Teil von dessen Argumentation entkräftet.

3 Der Verkaufsleiter geht auf Herrn Schmitts negative Haltung nicht ein (was zu der Auseinandersetzung geführt hätte, die Herr Schmitt vielleicht vom Zaun brechen wollte, die aber sinnlos gewesen wäre). Er macht sie sich im Gegenteil zunutze, um die Vorteile des neuen Produkts herauszustreichen.

FALLBEISPIEL 4.2 DER VERKAUFSLEITER LÄSST SICH NICHTS ANDREHEN

Ein Unternehmen galt als Einproduktbetrieb, und die Unternehmensleitung strebte eine Diversifikation an. Aus diesem Grund wurde eine Entwicklungsabteilung ins Leben gerufen, die neue Produkte für verwandte Märkte entwickeln sollte. Der Verkaufsleiter verkaufte sehr erfolgreich das bestehende Hauptprodukt, äußerte sich aber abfällig über neue oder verwandte Produkte. Außerdem war er verärgert, daß die neue Entwicklungsabteilung nicht ihm unterstellt worden war. Bei der dritten Sitzung der Geschäftsleitung innerhalb von vier Monaten wurden wieder neue Produkte vorgeschlagen. Schon bei den ersten beiden Sitzungen hatte er seinem Unmut freien Lauf gelassen und nicht mit Kritik gespart, und auch diesmal legte er es darauf an, sämtliche Ideen im Keim zu ersticken.

1 *„Ich sage Ihnen, ich bin schon länger im Verkauf, als die meisten hier überhaupt auf der Welt sind, und die verrückten Ideen, mit denen diese neue Abteilung daherkommt, werden nie funktionieren."*

„Herr Friedrich, niemand bezweifelt Ihre Fähigkeiten beim Verkauf unseres Hauptprodukts, und wir müssen in den nächsten Jahren auch so viel wie möglich davon verkaufen – Sie glauben doch immer noch, daß Sie in den nächsten 3 Jahren Umsatzsteigerungen von jeweils 5 Prozent werden erzielen können?"

2 *„Ja, ich habe es Ihnen schon x-mal gesagt, wir werden dieses Ziel mit Sicherheit erreichen – das schlägt sich auch in den letzten Zahlen schon nieder. Ich will nur nicht, daß wir Zeit und Geld für Ideen verschwenden, die nichts taugen."*

„Das heißt also, wir können uns auf die Umsatzsteigerung und die Einnahmen daraus verlassen, was uns ein wenig Rückendeckung bietet angesichts der Importe, die, das wissen wir alle, das gesamte Wachstum auf diesem Markt aufsaugen."

„Ja, ja, ja – das haben wir alles schon durchgekaut."

„Gut, Herr Friedrich. Das Problem ist nun aber, daß eine Umsatzsteigerung von 5 Prozent für das erste Jahr gut ist, für das zweite Jahr gerade noch annehmbar, für das dritte Jahr aber zu wenig, weil spätestens dann die steigenden Kosten unsere Spanne aufgefressen haben. Immerhin können wir von Ihnen nicht erwarten, daß Sie immer weiter Umsatzzuwächse für ein Produkt erzielen, das trotz des neuen Designs, das wir in Auftrag gegeben haben, und trotz der Neupositionierung langsam aus der Mode kommt. Wie Sie selbst gerne sagen, brauchen Verkäufer immer wieder etwas Neues, über das sie reden können, nicht wahr?

3 *Das heißt also, daß wir neue Produkte brauchen, und wenn wir sie nicht jetzt entwickeln, werden wir sie nicht rechtzeitig haben, um die alten zu ersetzen, wenn die das Ende ihrer Lebensdauer erreicht haben."*

„Aber diese Ideen sind Mist – sie werden nie funktionieren, auch nicht, wenn einen Monat lang jeden Tag Sonntag ist."

„Sie werden natürlich nie funktionieren, wenn wir nicht daran glauben und etwas dafür tun. Und natürlich werden einige auch

trotzdem nicht funktionieren, aber als Geschäftsleitung haben wir die Aufgabe, das Unternehmen gut zu führen. Das können wir nicht, wenn wir nicht für die Zukunft planen. In Anbetracht der projektierten Finanzlage steht außer Frage, daß wir mehrere neue Produkte brauchen – die sind dann vielleicht noch nicht perfekt, aber sie sind zumindest ein Anfang. Wir brauchen Ihre Ideen, um das, was gut ist, noch zu verbessern, und zu eliminieren, was schlecht ist. Es wäre deshalb vielleicht hilfreich, eine kleine Arbeitsgruppe einzusetzen, die diese Ideen verfolgt – hätten Sie Zeit, in dieser Arbeitsgruppe mitzuarbeiten, Herr Friedrich?"

4   „Ja, ich werde mir diese Ideen gerne genauer ansehen, bevor sie hierherkommen – zumindest verschwenden wir dann hier nicht so viel Zeit damit!"

„Danke, Herr Friedrich, ich werde die Arbeitsgruppe leiten, und wir sind natürlich für jeden konstruktiven Beitrag dankbar.

5   Ich möchte aber noch einmal betonen, daß wir dringend neue Produkte brauchen, die uns weiterbringen. Möglicherweise brauchen wir dafür auch neue Verkaufsmethoden und sollten uns überlegen, ob wir nicht einen eigenen Vertrieb einrichten, um nicht dem Potential unseres jetzigen Produkts zu schaden – denn natürlich wollen wir Herrn Friedrichs Team nicht in die Quere kommen."

Schlüsselerkenntnisse

1   Indem der Geschäftsführer sich nicht auf eine emotionale Argumentation einläßt, sondern statt dessen Fakten auf den Tisch legt (in diesem Fall finanzielle Zielvorgaben), bringt er das Gespräch einen Schritt weiter. Würde er auf die emotionalen Aussagen des Mitarbeiters eingehen, würde er nur eine unkonstruktive und sehr zeitintensive Auseinandersetzung heraufbeschwören.

2   Der Geschäftsführer betont besonders die finanzielle Seite der Problematik. Die kann Herr Friedrich nun nicht gut leugnen, ebensowenig wie die relativ kurze noch verbleibende Lebensdauer des alten Produkts sowie seine eigenen Worte, die der Geschäftsführer zitiert.

3 Auch hier läßt sich der Geschäftsführer nicht zu einer Auseinandersetzung verleiten, sondern treibt die Diskussion neuerlich voran.
Sein Angebot läßt Herrn Friedrich keine große Auswahl – entweder er
nimmt es an und versucht dann, die Ideen innerhalb der Arbeitsgruppe zu Fall zu bringen, oder er lehnt ab, was seinem Ansehen als
Verkaufsleiter jedoch sehr schaden würde.

4 Der Geschäftsführer unterstreicht dadurch, daß er die Leitung der
neuen Arbeitsgruppe übernimmt, deren Bedeutung und gibt Herrn
Friedrich gleichzeitig zu verstehen, daß er die anderen in der Arbeitsgruppe nicht so einfach würde überfahren können.

5 Wieder greift der Geschäftsführer zu einer List und verleiht seiner
Unterstützung der neuen Ideen noch insofern Nachdruck, als er eine
kleine Warnung anhängt – nämlich daß es in Herrn Friedrichs Bereich
zu weiteren Einschnitten kommen könnte, falls dieser reine Obstruk-
tionspolitik betreibt.

Es geht aber natürlich nicht bei *allen* Auseinandersetzungen um die
Einführung neuer Produkte, Verfahrensweisen oder ähnlicher Dinge. Oft geht
es um Kompetenzfragen, wobei viele Konflikte zustandekommen, weil unterschiedliche Persönlichkeiten aufeinandertreffen oder Mißverständnisse hinsichtlich der Aufgabenbereiche bestehen. Derartige Konflikte sind oft um
vieles komplizierter als die bisher beschriebenen Situationen, so etwa, wenn
die Unternehmensführung in die Lage kommt, daß sie zwar einem Mitarbeiter
recht geben möchte, es aber aus bestimmten Gründen nicht kann.

FALLBEISPIEL 4.3   ZU VIELE REDAKTEURE ...

Frau Peters wurde PR-Managerin in einer Wohltätigkeitsorganisation, ihr
Aufgabenbereich war bis dahin nicht von einer einzelnen Person wahrgenommen worden. Bevor sie sich entschied, bat sie um eine Stellenbeschreibung. Die bekam sie auch, und eine ihrer Aufgaben war dieser
Beschreibung zufolge die Erstellung des Jahresberichtes. Bevor die Stelle
besetzt wurde, waren alle Mitarbeiter und externen Berater davon in
Kenntnis gesetzt worden und auch davon, daß Frau Peters in Zukunft für
den gesamten PR-Bereich und die Außenkommunikation zuständig wäre.

Presseaussendungen und PR-Materialien waren auch weiter kein Problem, schwierig wurde es erst mit dem Bericht der Organisation für die Geldgeber. Frau Peters bat den Geschäftsführer um einen Gesprächstermin, und es kam zu folgendem Wortwechsel:

1   *„Nun, Frau Peters, was gibt's? Machen Sie es bitte kurz, ich habe um 3 Uhr eine Sitzung."*

„Ich habe ein größeres Problem. Ich glaube, wir brauchen mindestens eine halbe oder dreiviertel Stunde, um es zu besprechen – können wir einen Termin vereinbaren?"

„Ich bin die nächste Woche schon ziemlich ausgebucht."

„Ich glaube, so lange können wir nicht warten. Aber nachdem Sie so unter Zeitdruck sind, könnte ich das Problem und Lösungsvorschläge von meiner Seite kurz schriftlich zusammenfassen, Sie können es in Ruhe lesen, und vielleicht haben Sie dann für ein kurzes Gespräch Zeit, damit wir weitermachen können?"

„Ist das wirklich notwendig? Können wir das nicht jetzt schnell erledigen?"

„Nein, tut mir leid, es geht um etwas sehr Grundlegendes. Ich glaube, es wäre am besten, kurz darüber zu sprechen, wenn Sie meinen Bericht gelesen haben."

Frau Peters verfaßte einen kurzen Bericht, in dem sie die Problematik darlegte und festhielt, daß sich ihre gegenwärtige Arbeitssituation nicht mit ihrer Auffassung ihres Aufgabenbereiches deckte. Sie stellte ihre Sicht der Dinge emotionslos und logisch dar, und es ging aus dem Bericht nicht hervor, wie wichtig ihr die Sache eigentlich war. Das hätte zwar vielleicht ihre Argumentation gestärkt, zugleich aber hätte jede Schwarz-Weiß-Malerei auch leicht wie eine Drohung wirken und sich deshalb als kontraproduktiv erweisen können. Frau Peters hatte sich demnach offenbar das Ziel gesteckt, den Jahresbericht ihrem neuen Konzept entsprechend erstellen zu können.

Der Geschäftsführer war in einer schwierigen Lage. Er hatte die Stellenbeschreibung selbst verfaßt und alle Betroffenen von der Neuerung informiert, und gemeinsam mit dem Direktorium hatte er das neue Konzept für den Bericht genehmigt. Rückte er nun davon ab, würde das seiner Glaubwürdigkeit schaden. Wenn er andererseits darauf bestand, daß Frau Peters das neue Konzept durchziehen konnte, fühlten sich womöglich einige Geldgeber vor den Kopf gestoßen und zogen ihre Unterstützung zurück, was er unter allen Umständen vermeiden wollte. Er führte folgendes Gespräch mit Frau Peters:

2 *„Ich danke Ihnen für den Bericht – ich hatte keine Ahnung, wie ernst die Sache ist, als wir vor ein paar Tagen darüber sprachen. Es scheint hier eine ganze Reihe von Problemen zu geben, wie Ihnen sicherlich auch klar ist."*

„Ich bin mir dessen bewußt, daß die Sache nicht auf die leichte Schulter zu nehmen ist – und dazu kommt noch der zeitliche Druck. Wenn wir nicht innerhalb der nächsten 48 Stunden zu einer Entscheidung kommen, wie wir weitermachen, können wir, glaube ich, den Erscheinungstermin nicht halten."

3 *„Es ist Ihnen sicherlich klar, daß in diesem Ausschuß einige unserer wichtigsten Geldgeber vertreten sind, die wir unter allen Umständen behalten müssen."*

„Natürlich, aber das wird das Direktorium doch sicherlich bedacht haben, als es beschloß, Konzept und Erscheinungsweise des Berichtes zu verändern?"

4 *„Ich fürchte, das haben wir übersehen."*

„Wir müssen jetzt aber irgendeine Lösung finden."

„Was schlagen Sie vor?"

5 *„Offensichtlich hat das Direktorium entschieden, daß der Bericht in seiner jetzigen Form nicht mehr zeitgemäß ist und sich auf ein neues Konzept und eine neue Grundlinie geeinigt, gleichzeitig wollen Sie aber die Geldgeber nicht vergrämen. Mein Vorschlag wäre, daß Sie als Geschäftsführer allen Sponsoren eine Kopie der Korrekturabzüge schicken, die wir haben, zusammen mit einem Schreiben, in dem Sie ihnen mitteilen, daß erstens das Direktorium ein neues Konzept beschlossen hat; daß zweitens, da wir eine Wohltätigkeitsorganisation sind und sparen müssen, der Bericht in Zukunft kürzer sein und in kürzerer Zeit produziert werden wird; daß sie drittens gebeten werden, nur unbedingt notwendige Änderungsvorschläge zu machen, um Satzkosten zu sparen (nachdem es oft schon mehr als eine Mark kostet, ein einziges Komma zu ändern); und daß wir viertens, da wir sehr unter Zeitdruck stehen, ihre Vorschläge bis spätestens dann und dann brauchen (wobei wir eine Frist von nur 24 Stunden setzen könnten)."*

Schlüsselerkenntnisse

1 Aus dem ersten Wortwechsel wird sofort klar, daß Frau Peters' Anliegen und sogar sie selbst relativ unwichtig sind. Wenn sie das erkennt, hat sie zwei Möglichkeiten: Entweder sie versucht, ihr Problem in aller Kürze vorzutragen – wobei sie riskiert, mit einer schnellen und oberflächlichen Antwort abgespeist zu werden, die die Sache höchstens kosmetisch bereinigt, aber das zugrundeliegende Problem nicht löst –, oder sie stellt sich auf die Hinterbeine und besteht auf einem Termin mit dem Geschäftsführer, wenn auch zu einem späteren Zeitpunkt. Frau Peters' Reaktion ist sehr bestimmt, weil ihr die Sache so wichtig ist und sie nichts zu verlieren hat. Für den Geschäftsführer ist es schwer, ihr Angebot, einen Bericht zu verfassen, abzulehnen, da sie bereit ist, selbst die Initiative zu ergreifen.

Frau Peters' Problem war ihre Kompetenz hinsichtlich des Jahresberichts. Sie war der Meinung (wie es auch in der Stellenbeschreibung stand), daß es zu ihren Aufgaben gehören würde, den bisherigen Jahresbericht zu verbessern. Sie hatte geglaubt, sie sollte ein neues Konzept vorlegen und dann (wenn es genehmigt worden ist) den Bericht diesem neuen Konzept entsprechend verfassen und gestalten. Der neue Bericht würde damit insgesamt zeitgemäßer sein, sowohl vom Erscheinungsbild her als auch von der inhaltlichen Grundlinie. Der Inhalt würde nur vom Geschäftsführer und vom Direktorium abgesegnet werden müssen, bevor das Ganze in Druck ginge.

Der Geschäftsführer und das Direktorium hatten das Konzept gutgeheißen, aber als Frau Peters Text und Layout für den neuen Bericht fertig hatte, wurde sie vom Beratungsausschuß (in dem 12 Vertreter der Geldgeber saßen) informiert, daß der Ausschuß den Bericht inhaltlich und auch auf die Gestaltung hin überprüfen wollte. Dafür wollte man, wie bis dahin üblich, eine fünfstündige Sitzung einberufen, in der die Mitglieder des Ausschusses jedes Wort durchlesen und alle ihnen notwendig erscheinenden Korrekturen und Änderungen würden vornehmen können. Diese Sitzung sollte außerdem noch stattfinden, bevor es die Korrekturabzüge gab. Frau Peters stand vor einem vierfachen Problem:

1. Diese Vorgehensweise stand für sie in Widerspruch zu den ihr übertragenen Aufgaben und Kompetenzen.

2. Es war vorauszusehen, daß bei einer solchen Sitzung umfangreiche Änderungswünsche vorgebracht würden, obwohl das neue Konzept vom Direktorium genehmigt worden war.

3. Wenn es umfangreiche Änderungen gab, würden die Satzkosten dafür, nachdem es die Korrekturabzüge bereits gab, so hoch sein, daß sie das vom Direktorium für die Herausgabe des Berichts festgesetzte Budget würde überschreiten müssen.

4. Sie war sich nicht sicher, ob sie unter diesen veränderten Bedingungen, die nicht mit der ihr ursprünglich in Aussicht gestellten Position übereinstimmten, in Zukunft würde arbeiten können.

2 Indem der Geschäftsführer Frau Peters nicht einfach zu beruhigen versuchte, schuf er zumindest die Basis für eine echte Diskussion. Frau Peters ist in der Zwischenzeit nicht von ihrer ursprünglichen Position abgerückt – sondern hat sich im Gegenteil in gewisser Weise sogar noch stärker darauf festgelegt, indem sie auf eine Entscheidung dringt und den Geschäftsführer an den Erscheinungstermin erinnert.

3 Das ist der Kern des Problems, und Frau Peters nützt die Gelegenheit, den Geschäftsführer mit ihrer Frage in Verlegenheit zu bringen: Entweder er bejaht, daß das Direktorium das bedacht hat (und fordert damit die Frage heraus: „Was wurde eigentlich entschieden?"), oder er gibt zu, daß dieser Punkt übersehen wurde, was ein schlechtes Licht auf die Arbeit des Direktoriums wirft.

4 Daß der Geschäftsführer in diesem Punkt ehrlich ist, macht es für Frau Peters leichter, die Initiative zu ergreifen. Sie versucht, die Diskussion konstruktiv voranzutreiben. Wäre sie auf dem Fehler des Direktoriums herumgeritten, hätte der Geschäftsführer seine Position verteidigen müssen, was eine für beide Seiten annehmbare Lösung wohl unmöglich gemacht hätte. Indem sie aber eine für ihn akzeptable Lösung vorschlägt, können schließlich beide Seiten zufriedengestellt werden. Aus einem für ihn inakzeptablen Lösungsvorschlag hätte er schließen müssen, daß Frau Peters die Situation für irrepa-

rabel hält. Er hätte dann zwar immer noch das Problem gehabt, rechtzeitig mit dem Bericht herauszukommen, hätte aber den Status quo eine Zeitlang noch aufrechterhalten können und sich erst mittelfristig um eine Lösung bemühen müssen. Da Frau Peters eine dreimonatige Kündigungsfrist hatte, wäre sie wahrscheinlich nicht auf der Stelle gegangen, sondern hätte die Herausgabe des Berichts weiter betreut, auch wenn sie mit Inhalt/Konzept nicht einverstanden war. Allerdings hätte er ihr dafür wahrscheinlich irgendwelche Anreize bieten müssen.

Daraufhin bringt der Geschäftsführer seinerseits Frau Peters mit seiner Frage in eine schwierige Situation. Sie kann entweder darauf bestehen, daß der Bericht so gemacht werden muß, wie sie ursprünglich glaubte, daß er gemacht werden sollte (wobei sie riskiert, die Geldgeber zu verstimmen, die für eine Wohltätigkeitsorganisation noch wichtiger sind als die Kunden für ein Unternehmen), oder sie kann nachgeben und ihn nach dem alten Konzept machen, oder aber sie kann einen Kompromiß vorschlagen. Bleibt sie unnachgiebig, weiß sie, daß sie ihren Job riskiert. Gibt sie nach, handelt sie gegen ihr Gefühl und letzten Endes auch gegen die (wie ungenügend auch immer formulierten) Anweisungen des Direktoriums. Sie ist aber in einer etwas stärkeren Position als der Geschäftsführer, und auf dieser Basis läßt sich vielleicht tatsächlich ein Kompromiß finden.

5 Diese Vorgehensweise ist aus mehreren Gründen vorteilhaft:
- Sie ist konstruktiv und pragmatisch.
- Der Geschäftsführer wird daran erinnert, daß das Direktorium das neue Konzept bereits genehmigt hat und an Glaubwürdigkeit verlieren würde, wenn es sich jetzt davon distanziert.
- Alle bisher am Bericht Beteiligten haben weiter das Gefühl, beteiligt zu sein, auch wenn sie es vielleicht aus praktischen Überlegungen gar nicht sind.
- Die Notwendigkeit von Kosteneinsparungen wird betont, was alle an einer Wohltätigkeitsorganisation Beteiligten als großes Plus werten dürften.

- Die Geldgeber können es kaum als Beleidigung auffassen und ihre Unterstützung zurückziehen, nachdem sie weiterhin eingebunden bleiben.
- Frau Peters behält zum Großteil die Kompetenzen, die man ihr ihrer Meinung nach am Anfang übertragen hat, was eine gute Basis für die Zukunft ist.

Der Geschäftsführer wird, wenn er vernünftig ist, einen solchen Kompromiß nicht ablehnen. Entscheidet er aber dennoch, Frau Peters nicht zu unterstützen, und verlangt von ihr, das alte Konzept beizubehalten, dann darf er sich nicht wundern, wenn ihr erster Bericht für die Organisation gleichzeitig der letzte ist.

Gespräche unter vier Augen

DARAUF SOLLTEN SIE ACHTEN:

1 Um zu einer Lösung zu gelangen bzw. einen Konflikt aus dem
Weg zu schaffen, muß man den Standpunkt der Gegenseite
gelten lassen (auch wenn man nicht damit einverstanden ist).

2 Innovative Vorschläge und Diskussionsansätze führen eher zum gewünschten Ergebnis als das Beharren auf vorgefaßten Lösungen.

3 Konfliktgespräche sollten nicht dazu benutzt werden, Kritik zu
üben – das Ziel müssen objektive und konstruktive
Lösungsansätze sein.

Erfolgreiche Gesprächsführung in einer heiklen Situation, die eine bestimmte Person betrifft, heißt nicht nur, konstruktiv und objektiv mit dem anstehenden Problem umzugehen, sondern vor dem Hintergrund subjektiver psychologischer Bedingtheiten Mittel und Wege zu finden, die zum Ziel führen. Damit die Beteiligten dabei nicht das Gesicht verlieren und es für sie nicht zu einer sehr schmerzlichen Erfahrung wird, ist sehr viel Geschick erforderlich.

FALLBEISPIEL 5.1   **DEN LINKEN FUSS NACH VORNE**

Der Leiter der Transportabteilung war sehr erstaunt, als er das Fahrten-
buch des besten Vertreters der Firma für das abgelaufene Jahr prüfte.

Obwohl der Vertreter nur 38 000 km gefahren war, hatte der Firmenwagen einmal neue Reifen und zweimal neue Bremsbeläge gebraucht. Er teilte das dem Vorgesetzten des Vertreters mit, der versprach, sich der Sache anzunehmen.

Der Vorgesetzte begleitete daraufhin einmal den Vertreter auf einer Fahrt und stellte fest, daß dieser mit dem linken Fuß bremste und oft mit beiden Füßen gleichzeitig auf die Pedale stieg, das heißt also, bremste und zugleich beschleunigte. Es kam zu folgendem Gespräch:

1   *„Die Bremsen und die Reifen Ihres Autos scheinen sich ziemlich schnell abzunutzen, Herr Martin, stimmt etwas mit den Pedalen nicht?"*

„Ist mir nicht aufgefallen – ich dachte, es hängt vielleicht mit der Spur zusammen, aber das wurde beim letzten Service überprüft."

„Die Transportabteilung sagt, daß mit der Spur und den Rädern alles in Ordnung ist – das ist eigenartig. Haben Sie vielleicht eine ungewöhnliche Fahrtechnik?"

2 Später.

„Herr Martin, ich möchte mit Ihnen kurz über das Fahren reden. Die Geschäftsleitung hat beschlossen, daß alle Mitarbeiter einen Auffrischungskurs machen sollen."

„Aber meine Fahrtechnik ist in Ordnung – ich bin ein guter Autofahrer."

„Das glauben wir alle von uns, und doch kann man immer noch etwas dazulernen, finden Sie nicht?"

„Vielleicht, ja, aber das scheint mir hinausgeworfenes Geld zu sein."

„Unser Versicherungsmakler, der den Kurs anbietet, sagt, daß jedes Unternehmen, das von dem Angebot Gebrauch macht, bedeutend niedrigere Versicherungsprämien bezahlt, das heißt, es kostet uns eigentlich nichts, im Gegenteil, er rechnet damit, daß weniger Unfälle passieren, wenn nach und nach alle den Kurs machen, und wir infolgedessen sogar Geld sparen."

„Aber ich habe bisher noch nie einen Unfall gehabt."

„Das stimmt, und hoffen wir, daß es so bleibt, aber Sie haben sehr viele Reparaturen. Immerhin kann es jedem von uns passieren, daß wir heute abend ins Auto steigen und nie zu Hause ankommen."

„Vielleicht, ja – machen denn alle den Kurs?"

65

„Ja, denn nur dann können wir Kosten einsparen. Wenn alle den Kurs machen, dann können wir, schätzt der Versicherungsmakler, unsere Prämien um die Hälfte senken."

3 Im Fahrkurs.

„Herr Martin, welcher Fahrlehrer hat Ihnen beigebracht, mit dem linken Fuß zu bremsen?"

„Ich habe von meinem Vater Fahren gelernt, und er hat gesagt, ich sollte besser links bremsen, weil ich Linkshänder bin. Er sagte, ich hätte im linken Fuß mehr Kraft als im rechten und hätte dann mehr Kraft zum Bremsen."

„Aber Sie haben Servobremsen in Ihrem Auto, nicht wahr?"

„Ich glaube, ja."

„Nun, mit diesen Bremsen brauchen Sie nur ganz leicht aufs Pedal zu treten. Es überrascht mich, daß Ihre Bremsen sich nicht viel stärker als normal abgenützt haben."

„Die Firma hat wohl gesagt, die Reparaturkosten wären sehr hoch gewesen."

„Das kann ich mir vorstellen. Wir sollten sehen, was wir machen können, um diese jahrelange Gewohnheit zu ändern."

Schlüsselerkenntnisse

1 Die Frage fordert zu einer Antwort auf (ein konstruktiver Akt) und ist deshalb einer einfachen Feststellung vorzuziehen (die eine defensive und negative Reaktion hervorrufen könnte, vor allem, weil jemandes Fahrkünste immer ein heikles Thema sind). Herr Martin konnte so seine Fahrtechnik eingestehen.

2 Indem man den Fahrlehrer bittet, sich des Problems anzunehmen, wird jemand Professionelles und Außenstehendes damit betraut und nicht ein Vorgesetzter aus der Firma. Von einem Außenstehenden kann Herr Martin sicherlich leichter Fragen und Kritik entgegennehmen.

3 Selbst ein Fachmann wie der Fahrlehrer muß seine Kritik bzw. seinen Vorschlag, Herr Martin solle seine Fahrtechnik korrigieren, positiv formulieren, und zwar so, daß Herr Martin darauf anspricht.

KONSTRUKTIV KRITIK ÜBEN

Im Fallbeispiel 5.1 ging es darum, daß ein Mitarbeiter eine Gewohnheit ändern sollte. Das allein impliziert schon Kritik. Der alte Ausspruch „die Wahrheit tut weh" ist nur zu wahr, und doch können Unternehmen darauf oft keine Rücksicht nehmen, vielmehr *müssen* sie Kritik üben, um ein bestimmtes Ziel zu erreichen.

Dabei muß man sich sehr genau überlegen, wie man die Kritik am besten vorbringt. Denn nur *konstruktive* Kritik bewirkt etwas, und selbst die ist für viele Menschen sehr schmerzhaft oder gar unannehmbar. Die meisten Menschen reagieren auf Kritik mit einem der folgenden vier Verhalten:

◆ Annahme der Kritik;
◆ Weigerung, die Verantwortung für etwas zu übernehmen;
◆ Weigerung, Kritik grundsätzlich zu akzeptieren;
◆ Ablehnung der Kritik.

67

Annahme der Kritik

Nur Menschen, die emotional gefestigt sind, eine gewisse Reife besitzen und ernsthaft an ihrer Zukunft sowie der Zukunft des Unternehmens interessiert sind, werden normalerweise in der Lage sein, sich Kritik anzuhören und sie auch anzunehmen. Und auch nur solche Mitarbeiter werden sich selbst oder die Situation, für die sie verantwortlich sind, ändern können.

FALLBEISPIEL 5.2 **VERANTWORTUNGSGEFÜHL**

Der Geschäftsführer und ein leitender Mitarbeiter diskutieren einen Bericht, den letzterer verfaßt hatte.

1   *„Ich kann nur schwer dem folgen, was in dem Bericht steht."*
     „Ich dachte, ich hätte alle Aspekte behandelt."
     „Ich sage nicht, daß Sie das nicht getan haben – Sie haben sogar ein oder zwei Punkte angeschnitten, die bis jetzt kaum berücksichtigt

worden sind. Das Problem ist nur, daß ich den Bericht insgesamt sehr verwirrend finde."

„Meinen Sie damit, es ist eher ein Problem der Darstellung als ein inhaltliches?"

2 „Ich glaube, ja – Sie müssen den Bericht noch einmal auseinandernehmen und die einzelnen Punkte in eine logische Reihenfolge bringen. Es wäre vielleicht auch ratsam, einer bestimmten Struktur zu folgen, so daß jeder Abschnitt ähnlich aufgebaut ist und die Schlußfolgerungen alle in einem eigenen Teil zusammengefaßt sind, in dem auch Ihre Empfehlungen enthalten sind."

„Okay, ich verstehe, was Sie meinen."

Schlüsselerkenntnisse

1 Der Geschäftsführer hat das Gespräch so aufgebaut, daß der Mitarbeiter die Antwort scheinbar von sich aus liefert.

2 Indem er nach dem Motto „Wir haben hier ein Problem, das wir besprechen und lösen müssen" an die Sache herangeht, erhält er vom Mitarbeiter eine positive Rückmeldung.

■ Weigerung, die Verantwortung zu übernehmen

Wenn sich jemand weigert, die Verantwortung für etwas zu übernehmen, oder sie jemand anderem zuschiebt, wird es oft nicht möglich sein, denjenigen – zumindest dieses eine Mal – festzunageln.

FALLBEISPIEL 5.3   FEHLENDES VERANTWORTUNGS-GEFÜHL

Der Geschäftsführer und ein leitender Mitarbeiter besprachen einen Bericht.

„Ich kann nur schwer dem folgen, was in dem Bericht steht."

„Das habe ich meinen Leuten auch gesagt, aber sie haben die Daten verwendet, die uns die Verkaufsabteilung gegeben hat."

„Aber es ist doch Ihr Bericht?"

„Nein, eigentlich nicht, denn wir haben nur versucht, mit den Daten der anderen die Situation darzustellen."

„Aber hat man Sie nicht gebeten, diesen Bericht abzufassen?"

„Nein, ich habe gesagt, wir könnten herausfinden, was es intern gibt, und das dann zusammenstellen, damit man einmal einen Überblick hat."

„Okay, dann möchte ich, daß Sie jetzt als Leiter der Entwicklungsabteilung die volle Verantwortung für den gesamten Bericht übernehmen und ihn am (Datum) dem Vorstand übergeben; lassen Sie alle verwendeten Daten und Fakten überprüfen, und stellen Sie sicher, daß das auch wirklich geschieht; machen Sie einen Anhang mit Empfehlungen, aus denen hervorgeht, welche Maßnahmen Sie für die geeignetsten halten, und führen Sie auch die Gründe dafür an."

Schlüsselerkenntnis

Das Problem ist, daß der Mitarbeiter sich der Verantwortung für den Bericht entziehen will. Deshalb stellt der Geschäftsführer ausdrücklich fest, daß der Mitarbeiter in der Folge für das verantwortlich sein wird, was er ihm im Detail aufgetragen hat. Wenn der Mitarbeiter sich noch einmal herauswinden will, wird er damit nur schwer durchkommen.

■ Kritik wird ignoriert

In manchen Fällen kann man Kritik vorbringen, der andere hört einem auch zu und nimmt die Kritik scheinbar wahr, doch zeigt sie keine Wirkung – der andere ändert seine Einstellung, sein Verhalten usw. nicht. Die Kritik wurde also nicht wirklich angenommen, und alles bleibt beim alten.

FALLBEISPIEL 5.4 „ICH HABE GEHÖRT, WAS SIE GESAGT HABEN, ABER ..."

Der Geschäftsführer und ein leitender Mitarbeiter sprachen über einen Bericht, und es kam zu folgendem Wortwechsel:

„Ich kann nur schwer dem folgen, was in dem Bericht steht."

„Ich verstehe nicht, warum – ich habe die einzelnen Abschnitte numeriert."

„Die Numerierung ist auch in Ordnung, aber inhaltlich gehen die einzelnen Abschnitte durcheinander."

„Nein, jeder Abschnitt steht für sich."

„Ich weiß, daß die einzelnen Abschnitte für sich stehen, aber es geht in mehreren Abschnitten um dasselbe, oder die Inhalte überschneiden sich, die eigentlich in einem einzigen Abschnitt zusammengefaßt sein sollten."

„Aber der Bericht ist in Abschnitte unterteilt, damit man leichter folgen kann."

„Das kann man aber nicht – Sie behandeln Reklamationen in Abschnitt 5, 9, 10 und 19. Sie sollten aber in einem großen Abschnitt zusammengefaßt sein. Von Aktienproblemen ist in Abschnitt 6, 7, 10 und 15 die Rede – die müssen genauso in einem oder zwei großen Abschnitten zusammengefaßt werden, und so weiter."

„Aber das ist dann viel schwerer zu gliedern."

„Das sehe ich anders. Sie sollten diesen Bericht verfassen, damit der Vorstand Entscheidungen treffen kann. Sie müssen das so machen, daß der Vorstand etwas damit anfangen kann – Sie müssen sich überlegen, was Ihr Zielpublikum braucht. Als Teil dieses Zielpublikums sage ich Ihnen, daß ich diesen Bericht verwirrend finde. Ich möchte, daß jeder Aspekt als eigener Punkt behandelt wird und nicht ein Aspekt sich über den ganzen Bericht verstreut findet."

„Ich finde den Bericht aber klar und verständlich, wie er jetzt ist."

„Glauben Sie nicht, daß es besser wäre, inhaltsbezogene Überschriften zu haben wie Qualität, Aktien, Kundenwünsche, Reklamationen und so weiter, und die einzelnen Punkte entsprechend zuzuordnen?"

Schlüsselerkenntnis

Der Geschäftsführer kommt mit seiner Argumentation hier kaum weiter. Letzten Endes muß er vielleicht noch selbst eine Gliederung entwerfen, die der Mitarbeiter nur noch auszufüllen braucht, obwohl er ihm genau erklärt hatte, wie der Bericht aussehen soll.

Bei diesem Gespräch stellt sich auch die Frage, wie flexibel der Mitarbeiter eigentlich ist und inwiefern er in seiner beruflichen Entwicklung wird Fortschritte machen können. Wenn er mit konstruktiver Kritik nicht umgehen kann, ist er wahrscheinlich weder zu einer positiven Entwicklung seiner Persönlichkeit in der Lage noch dazu, sein Team gut zu führen.

■ Kritik wird abgelehnt

Viele Menschen weisen Kritik sofort zurück, oft selbst angesichts eindeutiger Beweise. Das läßt darauf schließen, daß diese Person dazu tendiert, Kritik zu filtern – um den Status quo zu erhalten. Solche Menschen sind der Meinung, nur sie wüßten, wie man etwas richtig macht, und implizieren damit natürlich, daß derjenige, der den Status quo verändern möchte, nicht versteht, worum es eigentlich geht. Solche Menschen sind meist Außenseiter und oft sehr destruktiv.

71

FALLBEISPIEL 5.5 | **VORSTRAFEN**

Ein Mitarbeiter wurde wegen mehrerer Sittlichkeitsdelikte im Zusammenhang mit jungen Mädchen verhaftet. Seine Leistungen am Arbeitsplatz waren einigermaßen gut, und er kam während der Arbeitszeit weder mit der Öffentlichkeit noch mit Kindern in Kontakt. Die Delikte wurden bei ihm zu Hause begangen, und die einzige Verbindung zwischen den Vergehen und dem Unternehmen war der Mitarbeiter selbst. Als er gegen Kaution freikam, erschien er wieder an seinem Arbeitsplatz, wurde aber zum Personaldirektor gerufen.

„Sie wollen also wieder bei uns arbeiten, Herr Meier?"

„Ja – ich bin bis zur Verhandlung in ungefähr einem Monat gegen Kaution frei."

„Ich verstehe. Halten Sie es denn für richtig, bis dahin wieder hier zu arbeiten?"

„Warum denn nicht – ich plädiere auf nicht schuldig."

„Ich glaube, Sie sollten wissen, daß viele Mitarbeiter dagegen sind, daß Sie wieder hier arbeiten."

„Was geht sie das an? Es ist mein Leben, ich habe ihnen nichts getan."

„Das mag ja sein, aber die Dinge, die sich in Ihrem Leben abspielen, sind für unser Unternehmen nicht gut. Angesichts der Art der Vergehen, die Ihnen vorgeworfen werden, ist es vielleicht für alle besser, wenn Sie erst zurückkommen, wenn das Gericht die Sache entschieden hat."

„Aber ich will arbeiten."

„Das verstehe ich ja. Aber ich sage Ihnen nochmals, daß es sehr unklug wäre, angesichts der Ablehnung, die im Betrieb herrscht, zurückzukommen."

„Aber ich bin noch nicht schuldig gesprochen."

„Das weiß ich, aber wir müssen uns über die Situation im klaren sein und über die Reaktionen der anderen Mitarbeiter. Wenn Sie zurückkämen, würde das sehr viel Feindseligkeiten hervorrufen, was wiederum Auswirkungen auf das ganze Unternehmen hätte und in niemandes Interesse liegt, was meinen Sie?"

„Wahrscheinlich nicht."

„Ich schlage vor, daß wir Sie bis zur Gerichtsverhandlung beurlauben und uns dann, wenn wir wissen, wie es aussieht, wieder zusammensetzen."

Herr Meier wurde tatsächlich schuldig gesprochen und zu einer Haftstrafe verurteilt. Schon von seiner Gefängniszelle aus verlangte er, trotz der zu erwartenden Probleme, nach seiner Entlassung in die Firma zurückkehren zu können. Die Firma antwortete ihm, daß durch die mehrjährige Haftstrafe die Geschäftsgrundlage seines Arbeitsvertrages entfalle und der Vertrag damit als beendet anzusehen sei.

Schlüsselerkenntnis

Der Personaldirektor stellt Herrn Meier gegenüber die Bedenken der Firma höflich dar, erläutert die Probleme, die für ihn unleugbar bestehen und wie diese sich auf sein weiteres Arbeitsverhältnis und auf die anderen Mitarbeiter auswirken. Dabei vermeidet er es strikt, Herrn Meier vorschnell zu verurteilen.

VERTRAGSÄNDERUNGEN

Oft lassen sich Konfliktsituationen nur dadurch lösen, daß die Arbeitsbedingungen eines Mitarbeiters geändert werden. Wie im Fallbeispiel 5.5 deutlich wurde, ist in solchen Situationen äußerste Vorsicht geboten, um nicht die Rechte eines Arbeitnehmers zu verletzen. Flexibilität und innovative Lösungsansätze sind auch hier wichtig.

73

FALLBEISPIEL 5.6   VERLUST DES FÜHRERSCHEINS

Der Verkaufsleiter war mit einem Problem konfrontiert, das eine Vertreterin und die Ausübung ihrer Tätigkeit betraf. Frau Schneider arbeitete seit mehreren Jahren in dem Unternehmen. Jetzt erwartete sie ein Kind, und man hatte ihr gerade für sechs Monate den Führerschein entzogen, weil sie unter Alkoholeinfluß Auto gefahren war. Der Verkaufsleiter führte in seinem Büro das folgende Gespräch mit ihr:

„Frau Schneider, das heißt, Sie können Ihrer bisherigen Tätigkeit nicht mehr nachkommen?"

„Der Meinung bin ich ganz und gar nicht, ich kann noch meine Kundenbesuche machen, bis ich in Mutterschaftsurlaub gehe."

„Aber Sie dürfen nicht mehr Auto fahren."

„Ich weiß, aber meine Mutter ist bereit, mich in den drei Monaten bis zum Mutterschaftsurlaub zu den Kunden zu fahren."

„Ich weiß nicht, ob mir diese Vorstellung behagt."

„Für die Firma macht das ja keinen Unterschied – wir müssen nur mit der Versicherung sprechen, damit meine Mutter auch versichert ist."

„Glauben Sie nicht, es wäre besser, wenn Sie Ihren Mutterschaftsurlaub schon jetzt antreten, so daß wir den Wagen zurückbekommen und einen Ersatz für Sie finden können?"

„Aber wir haben ja schon jemanden für die Zeit, wenn ich in Mutterschaftsurlaub bin, und außerdem möchte ich in dieser Zeit das Auto behalten."

„Aber Sie lassen doch das Auto in der Zeit in der Firma?"

„Nein, in meinem Vertrag steht, daß mir ein Firmenwagen zusteht, und auch wenn ich gerade nicht fahren kann, habe ich doch das Recht darauf, und meine Mutter kann mich ja fahren."

Schlüsselerkenntnis

Seien Sie immer gut vorbereitet; es ist offensichtlich, daß sich der Verkaufsleiter auf dieses Gespräch nicht vorbereitet hat, da er nicht so informiert war, wie es notwendig gewesen wäre. Frau Schneider ist eine gute Vertreterin, und das Ziel sollte sein, daß sie so bald wie möglich wieder normal arbeitet. Darüber hinaus hat der Verkaufsleiter die Mitarbeiterin auf eine Art bevormundet, die schon fast an Diskriminierung grenzte.

Es wäre besser gewesen, das Gespräch wie folgt zu führen:

1   *„Nun, Frau Schneider, wir befinden uns in einer schwierigen Situation. Ich muß Sie nochmals auf die Richtlinien unserer Firma aufmerksam machen, was Firmenwagen angeht, nämlich daß wir von allen unseren Mitarbeitern erwarten, daß sie verantwortungsbewußte Autofahrer sind. Ich hoffe, Sie sehen das auch so und sorgen dafür, daß das nicht wieder vorkommt – es wirft weder auf Sie noch auf die Firma ein gutes Licht. Ich hoffe, Sie sehen ein, daß ich das in Ihrer Personalakte vermerken muß."*

„Das verstehe ich natürlich. Und ich habe natürlich auch nicht die Absicht, es noch einmal dazu kommen zu lassen – abgesehen von allem anderen, kompliziert es nur alles."

„Sehen wir, was wir tun können. Sie treten Ihren Mutterschaftsurlaub in drei Monaten an, und wir brauchen jemanden, der Ihr Gebiet übernimmt, bis Ihre Vertretung kommt – haben Sie einen Vorschlag?"

2 „Ja, ich glaube, ich kann weitermachen, meine Mutter hat sich bereit erklärt, mich in der Zeit zu fahren."

„Verstehe. Nun, dann brauchen wir umgehend sämtliche Unterlagen Ihrer Mutter. Sie ist sich dessen bewußt, daß Ihr Zeitplan für die Kundenbesuche bleiben muß wie bisher und die Arbeitstage sehr lang sind? Ist sie denn körperlich fit genug?"

„Das glaube ich schon, und sie wird sich in der Zeit an das Auto gewöhnen. Sie kann mich dann ja auch während meines Mutterschaftsurlaubs fahren, nicht wahr?"

Schlüsselerkenntnisse

1 Der Verkaufsleiter schiebt Frau Schneider nicht den Schwarzen Peter zu, sondern bezieht sie in die Entscheidungsfindung mit ein und stellt so sicher, daß sie sich weiterhin engagiert.

2 Mit dieser positiven Reaktion bringt der Verkaufsleiter das Gespräch auf konstruktive Weise einen Schritt weiter und warnt Frau Schneider gleichzeitig davor, in ihrer Arbeitsleistung nachzulassen.

Innovative Ansätze führen nicht nur oftmals zu Lösungen, sondern sind auch insgesamt ein Fortschritt. Immer mehr Unternehmen haben Richtlinien für den Fall ausgearbeitet, daß einem Mitarbeiter der Führerschein entzogen wird, wobei es oft auch notwendig sein kann, den Firmenwagen einzuziehen (wenn kein Ersatzfahrer zur Verfügung steht). So wissen die Mitarbeiter, was sie erwartet, und werden sich bemühen, gar nicht erst in eine solche Situation zu geraten.

*D*IEBSTAHL

Wenn ein Arbeitgeber glaubt, daß einer seiner Beschäftigten einen Diebstahl begangen hat, ist er oft in einer äußerst unangenehmen Lage. Dazu kommt noch, daß solche Vergehen sich nur selten unmittelbar beweisen lassen und Anschuldigungen nur auf Indizien beruhen. Natürlich muß der Arbeitgeber so gut wie möglich über die Sachlage Bescheid wissen und sich überlegen, welches Ziel letztendlich anzustreben ist. Es wird zumeist darin liegen, weitere Diebstähle zu verhindern, denn erfahrungsgemäß vergreifen sich bald auch andere an fremdem Eigentum, in der Hoffnung, man werde auch dies dem „richtigen" Dieb anlasten.

FALLBEISPIEL 5.7   DIEBSTAHL

Die Leiterin eines Unternehmens war sehr beunruhigt, weil die Zahl kleinerer Diebstähle zuzunehmen schien, wobei sich die meisten in oder in unmittelbarer Nähe der sehr belebten Verkaufsabteilung zutrugen. Vor allem machte sie sich Sorgen, weil sie einem leitenden Mitarbeiter zuliebe, der nebenher Sozialarbeiter war, ein junges Mädchen, Tina, eingestellt hatte, die wegen mehrerer kleiner Diebstähle verurteilt worden und noch auf Bewährung war. Weil in der Verkaufsabteilung mehrere Mädchen in Tinas Alter arbeiteten, hatte sie sie in dieser Abteilung untergebracht, aber nun hatte sie den Verdacht, daß Tina für die Diebstähle verantwortlich war. Sie rief sie zu sich ins Büro:

„Danke, Tina, daß du gleich gekommen bist. Wie gefällt es dir in der Verkaufsabteilung?"

„Gut – die Arbeit ist interessant, und die anderen Mädchen sind nett."

„Schön. Kannst du dir vorstellen, hier zu bleiben?"

„Ich glaube schon – alles scheint hier sehr nett."

„Ja, wir bemühen uns sehr um eine gute Atmosphäre, deshalb machen mir ein paar Vorkommnisse in der Verkaufsabteilung Sorgen. Ist dir irgend etwas aufgefallen?"

„Was denn? Ich glaube nicht."

„Man hat mir gesagt, daß einigen der Mädchen im Verkauf und drei Mitarbeiterinnen in der Buchhaltung Geld oder andere Sachen aus der Handtasche gestohlen worden sind – es wundert mich, daß du davon nichts gehört hast."

„Sie werfen mir also vor ... "

„Ich werfe dir nichts vor, ich fragte dich nur, ob du etwas davon gehört hast, und ich frage dich jetzt noch einmal – hast du etwas gehört?"

„Also, ein oder zwei Mädchen haben nach Sachen gesucht und gedacht, sie hätten sie verloren. Aber sie haben kein Recht, zu sagen, ich wäre es gewesen."

„Tina, niemand hat etwas über dich gesagt. Niemand weiß etwas von deiner Vergangenheit außer Herrn John und mir. Wir machen uns nur Sorgen, weil es hier offenbar einen Dieb gibt, und wenn jemand etwas von deinen Vorstrafen erfährt, könnte das für dich sehr unangenehm werden, denn die Leute neigen dazu ... "

„Das heißt, wenn man einmal was gestohlen hat, muß man es wieder gewesen sein."

„Ich fürchte, so ist es. Vermißt du etwas?"

„Nein – das macht mich wohl auch verdächtig?"

„Aber nein. Aber vielleicht könntest du Augen und Ohren offenhalten und mir sagen, wenn dir etwas Ungewöhnliches auffällt. Wir werden alles tun, um weitere Diebstähle zu verhindern, und wie du weißt, zeigen wir jeden an, der bei uns etwas stiehlt."

Schlüsselerkenntnis

Die Diebstähle hörten bald nach diesem Gespräch auf, und kurz darauf kündigte Tina. Anschuldigungen waren unnötig und hätten auch nichts gebracht, nachdem es keine Beweise gab. Man kann jemandem auch, wie in diesem Fall, indirekt etwas zu verstehen geben.

ENTSCHLUSS ZUR KÜNDIGUNG

Tina bot ihre Kündigung nicht während des Gesprächs an, weil das in ihren Augen wahrscheinlich einem Schuldeingeständnis gleichgekommen wäre. Sie stand die Sache solange durch, bis sie woanders eine Stelle gefunden hatte. Es gibt aber auch Menschen, die derart von unbegründeten Schuldgefühlen gequält werden, daß sie auf der Stelle kündigen, sobald nur die leiseste Kritik an ihnen geübt wird – ob direkt oder indirekt, und oftmals ist ihre Kündigung gar nicht im Sinne des Unternehmens.

FALLBEISPIEL 5.8   UNBEDACHTE KÜNDIGUNG

Der Geschäftsführer war außer sich, als er draufkam, daß ein eingeschriebener und an ihn adressierter Brief entgegen seinen Anweisungen eine Woche lang in der Mappe liegen geblieben war, anstatt sofort an ihn weitergeleitet zu werden. Er war gerade dabei, den Brief zu beantworten, als der Mitarbeiter, der für die Post verantwortlich war, bat, mit ihm sprechen zu dürfen.

1   „Nun, Herr Bolz, was haben Sie auf dem Herzen? Setzen Sie sich und spucken Sie es aus."

2   „Ich bin gekommen, um Ihnen meine Kündigung zu überreichen."

3   „Warum denn das?"

„Wegen der Sache mit dem Brief."

„Verstehe. Nun, das war sehr unangenehm, aber das ist ja noch kein Grund, zu kündigen. Ich habe Sie gewarnt, daß es nicht noch einmal vorkommen darf, und damit ist es erledigt."

4   „Ich fühle mich aber verantwortlich und habe das Gefühl, daß ich deshalb gehen sollte."

„Hm. Nun, Sie sind natürlich dafür verantwortlich und müssen dafür sorgen, daß Ihre Mitarbeiter ihre Sache verantwortungsbewußt und effizient machen – es gibt bestimmte Richtlinien, und die müssen befolgt werden. Aber ich sehe keinen Grund, weshalb Sie kündigen sollten."

„Ich glaube aber, das wäre das beste."

„Das beste für wen – für Sie? In Ihrem Alter werden Sie nicht so leicht wieder Arbeit finden, und für uns ist es auch nicht das beste, weil wir dann jemand anderen als Ersatz für Sie finden müssen, den wir erst in unser System einschulen müssen, das Sie durch und durch kennen, und für Ihre Abteilung ist es auch nicht das beste. Sie sollten die Gelegenheit nutzen, Ihren Mitarbeitern klar zu machen, wie wichtig es ist, die Richtlinien genau zu befolgen, und sie darauf trainieren."

5   *„Ich glaube aber trotzdem, daß ich gehen sollte."*

„Ich nicht – ich glaube, Sie laufen vor der Verantwortung davon. Ich glaube, es ist das beste für Sie und für uns, wenn Sie sich nicht der Verantwortung entziehen – waschen Sie Ihren Mitarbeitern den Kopf, sie haben Sie im Stich gelassen. Ich sage Ihnen etwas, ich komme morgen hinunter, wenn sich die Gemüter wieder beruhigt haben, und wir halten eine kurze Mitarbeiterbesprechung zu dieser Sache ab."

Schlüsselerkenntnisse

1 Herr Bolz ist ganz offensichtlich sehr erregt, und es besteht die Gefahr, daß er die Kontrolle über seine Gefühle verliert. Indem der Geschäftsführer ihn bittet, sich zu setzen, verliert Herr Bolz zwar den psychologischen Vorteil, den er dadurch hat, daß er steht, aber er wird die Situation so leichter bewältigen.

2 Durch eine beiläufige Reaktion hilft man Herrn Bolz vielleicht, sich etwas zu beruhigen.

3 Disziplinarangelegenheiten sollte man nicht übergehen, aber ein erfahrener Geschäftsführer wird es möglichst vermeiden, aus einem solchen Grund einen Mitarbeiter zu verlieren.

4 Wie passend eine solche Erwiderung ist, hängt von den Umständen ab. Wenn Herr Bolz noch immer sehr erregt ist, ist sie vielleicht zu hart. Andererseits wird ihm so aber deutlich zu verstehen gegeben, daß er eine Verantwortung trägt, der er sich in seiner Position nicht entziehen kann.

5 Der Geschäftsführer hat verhindert, daß Herr Bolz sich der Verantwortung entzieht. Indem er ihm anbietet, sie mit ihm zu teilen, hilft er ihm dabei, sie wahrzunehmen.

KAPITEL 6

Gespräche über Leistungsmängel

DARAUF SOLLTEN SIE ACHTEN:

1 Gespräche mit Mitarbeitern über ihre Leistung sollten
konstruktiv und objektiv geführt werden, wobei ein urteilender
Unterton vermieden und konkrete Ziele zur Beurteilung der
Leistung vorgegeben werden sollten.

2 Zufriedenstellende Lösungen sind leichter zu erreichen, wenn
man sich zuvor gründlich mit der Sachlage vertraut gemacht hat
und auf emotionsgeladene Kritik mit Ruhe, logischen
Argumenten und Erklärungen reagiert.

3 Haben Mitarbeiter verantwortungsvolle Positionen inne, ohne
entsprechend ausgebildet zu sein, wird es öfter zu
problematischen Situationen kommen; sie werden aber in der
Regel mit zunehmender Erfahrung des Mitarbeiters bedeutend
seltener auftreten.

4 Werden voreilige Schlußfolgerungen gezogen, ohne daß die
Faktenlage ausreichend geklärt wurde, gibt man der Gegenseite
möglicherweise Gelegenheit, von der Hauptsache abzulenken.

5 Unannehmbares und unkollegiales Verhalten seitens eines
Mitarbeiters muß auf die Dauer unterbunden werden, da es sich
sonst auf alle anderen nachteilig auswirkt.

Betrifft ein Problem einen einzelnen Mitarbeiter, wird man wohl am meisten erreichen mit einer Lösung, die speziell auf diesen Mitarbeiter zugeschnitten ist. Geht es allerdings um mehrere Personen, muß man sich der Gefahr bewußt sein, die mit der Schaffung von Präzedenzfällen verbunden ist. Das ist oft genauso wichtig wie eine Lösung zu finden. Oft entstehen Schwierigkeiten aufgrund der persönlichen Haltung eines Menschen oder aus Ängsten, die sich dahinter verbergen, und jeder Lösungsansatz sollte dem Rechnung tragen. Ein klassisches Beispiel wäre etwa, wenn ein Mitarbeiter den Anforderungen nicht genügt, der Grund dafür aber in seiner Persönlichkeit zu suchen ist und nicht etwa in unzulänglicher Ausbildung oder mangelnden Fähigkeiten.

Jeder Mensch ist anders, und jeder Mensch hat seine ganz besonderen persönlichen Eigenschaften – wovon sich einige durch eine entsprechende Schulung korrigieren lassen, andere hingegen nicht. Im Schnitt kämpfen bis zu einem Fünftel aller Mitarbeiter eines Unternehmens irgendwann mit einem persönlichen Problem, das in vielen Fällen ihre Arbeitsleistung beeinträchtigt. Bei einem weiteren Zehntel aller Beschäftigten muß man damit rechnen, daß sie sich gerade in einer schwierigen Lebenslage befinden, die ihre normalerweise vorhandene Urteilsfähigkeit sowie ihre Fähigkeit, in bestimmten Situationen richtig zu reagieren, stark in Mitleidenschaft ziehen kann. Deshalb darf man niemals Urteile fällen, bevor man nicht die ganze Geschichte kennt. Unterstützung und Einfühlungsvermögen sind hier viel mehr gefragt als harte Gesprächsführungstechniken.

MANAGER MIT MANGELNDER SELBSTKONTROLLE

Bemerkt man bei einem Mitarbeiter Eigenschaften, die – außer in Ausnahmefällen – nicht zu tolerieren sind, sollte man sich rasch damit auseinandersetzen, sowohl im Interesse des Unternehmens als auch im Interesse des Betroffenen. Das könnte zum Beispiel der Fall sein, wenn jemand keine Selbstdisziplin aufbringt und dazu neigt, die Erledigung von Aufgaben vor sich her zu schieben. Das erinnert mich an die Geschichte, die einem Ausschußmitglied passierte. Der Betreffende war zu der Einsicht gekommen, daß es besser wäre, seinen Posten niederzulegen, weil er Arbeiten, die er für den Ausschuß übernommen hatte, immer wieder verzögerte und damit seine Kollegen in Bedrängnis brachte. Er mußte nur der Sekretärin mitteilen, daß er das nächste Mal nicht mehr kandidieren würde; aber auch das schob er hinaus. Als er sich endlich aufraffte, war es zu spät: Man hatte ihn prompt wiedergewählt.

FALLBEISPIEL 6.1 | DIE „UNORGANISIERTE" MANAGERIN

Die Führungskraft eines Unternehmens war offenbar unfähig, ihren Tagesablauf zu organisieren, obwohl sie an verschiedenen einschlägigen Seminaren teilgenommen hatte. Dies bereitete ihrem Vorgesetzten große Sorgen, und er bat sie in sein Büro.

„Frau Mayer, ich möchte mit Ihnen die wichtigsten Dinge für die nächste Woche durchgehen."
„Okay, schießen Sie los."
„Wollen Sie sich nicht lieber Ihren Kalender holen?"

Später.

1 *„Es macht mir große Sorgen, daß wir anscheinend ständig Termine versäumen oder Fristen nicht einhalten können. Ich möchte, daß Sie einmal eine Liste von allen Dingen machen, die Sie nächste Woche erledigen müssen."*

„Was, jetzt?"

„Ja, jetzt. Sie müssen sich angewöhnen, vorauszuplanen, deshalb schreiben Sie am besten zuerst einmal alles auf. Dann ordnen Sie alle Punkte der Dringlichkeit nach – versuchen Sie zum Beispiel, das macht es leichter, jedem Punkt eine Zahl zuzuweisen. Sagen wir, 5 bedeutet, daß etwas sehr dringend ist, bis hinunter zu 1, das bedeutet, daß etwas nicht so dringend ist."

„Was ist, wenn ich mehr als 5 Punkte habe?"

„Das werden Sie wahrscheinlich auch. Aber es spricht ja nichts dagegen, mehr als einem Punkt dieselbe Zahl zuzuweisen. Wenn Sie das getan haben, tragen Sie alles unter dem jeweiligen Tag ein, den Sie dafür zur Verfügung haben, so daß Sie dann aus Ihrem Kalender genau ersehen können, was Sie nächste Woche erwartet. Wahrscheinlich werden dann andere Sachen dazwischenkommen, aber immerhin haben Sie etwas, was Sie daran erinnert, welche wichtigen Dinge noch zu erledigen sind. Streichen Sie jeden Tag durch, was Sie erledigt

haben, und was übrigbleibt, schreiben Sie zu den Punkten für den nächsten Tag."

2   „Ist das alles?"

„Nein. Ich möchte auch, daß Sie ab jetzt einen monatlichen Bericht darüber abliefern, was Sie und Ihre Abteilung in dem Monat getan haben. Am Schluß schreiben Sie die Prioritäten für den nächsten Monat dazu – der Wichtigkeit nach und mit einem Termin, bis zu dem sie erledigt sein müssen. Am Monatsende schauen wir uns dann die Punkte an, denen Sie Priorität eingeräumt haben, und können sehen, was Sie erreicht haben."

„Ist das jetzt alles?"

„Sie werden wahrscheinlich finden, daß es sehr viel ist, aber da ist noch etwas. Ich möchte, daß Sie jeden Abend Ihren Schreibtisch frei machen. Normalerweise werden Sie ja versuchen, das meiste, was Sie im Laufe des Tages auf den Schreibtisch bekommen, noch am selben Tag zu erledigen, aber natürlich bleibt immer etwas übrig, sagen wir, vielleicht ein Viertel. Wenn Sie das alles auf Ihrem Schreibtisch liegen lassen, wird der Berg immer größer, und es wird mit der Zeit immer öfter passieren, daß etwas verlorengeht oder übersehen wird."

„In Ordnung."

3   „Ich sollte vielleicht nochmals betonen, wie wichtig das ist. Sie machen Ihre Arbeit sehr gut, wenn Sie alles im Griff haben. Das Problem ist, daß das selten der Fall ist. Sie müssen diese Anregungen wirklich umsetzen, wenn Sie weiter in dieser Position arbeiten wollen. Ich werde kurz zusammenfassen, was wir besprochen haben, und Ihnen dann eine Kopie zukommen lassen."

Schlüsselerkenntnisse

1 Indem der Vorgesetzte die Mitarbeiterin die einzelnen Punkte aufschreiben läßt, zwingt er sie, ihre Prioritäten zu formulieren, und indem er sie alles in ihren Kalender eintragen läßt, schafft er (mit ihrer Hilfe) ein schriftliches Dokument, das zu einem späteren Zeitpunkt als Protokoll dienen kann.

2 Der Vorgesetzte befürchtet, daß seine Mitarbeiterin nur beiläufig akzeptiert, was gemacht werden soll. Deshalb betont er im letzten

Teil des Gesprächs noch einmal, wie wichtig die Sache ist, und verbindet es mit einer kleinen Warnung.

3 Indem er schriftlich festhält, was sie vereinbart haben, und seiner Mitarbeiterin davon eine Kopie zukommen läßt, wird es leichter sein, sie zur Verantwortung zu ziehen, falls es notwendig werden sollte.

SELBSTERNANNTE RICHTER

In fast jedem Unternehmen gibt es jemanden, der weiß, was „richtig" ist, welche „Rechte" mit dem Arbeitsverhältnis verbunden sind, und der darauf besteht, daß diese „Rechte" auch, unabhängig von der Gesetzeslage, eingehalten werden. Das heißt aber nicht, daß man seinen Verpflichtungen nicht nachzukommen braucht, sondern nur, daß man meistens keine Schwarz-Weiß-Entscheidungen treffen kann – und daß es zahlreiche Grautöne gibt. Jede Entscheidung hängt immer auch von den Umständen ab. Leider geht die Auffassung vieler selbsternannter Richter von dem, was richtig und angemessen ist, sehr oft Hand in Hand mit einem ihnen eigenen Sinn für Ungerechtigkeiten, der im schlimmsten Fall an Verfolgungswahn grenzt. Das kann so weit gehen, daß mit solchen Menschen nicht mehr vernünftig zu reden ist – wie das folgende Fallbeispiel zeigt.

FALLBEISPIEL 6.2 — DIE UNTERNEHMENSPOLITIK ERKLÄREN

Eine Firma besaß mehrere Geschäfte, von denen einige verkauft werden sollten. Die Unternehmenspolitik lautete, daß alle Mitarbeiter, die entlassen werden sollten, eine einmalige Entlassungsabfindung bekämen. Allerdings veräußerte die Firma nun einige der Geschäfte so, daß der Betrieb mit der Mehrzahl der Angestellten aufrechterhalten wurde, während einige andere als leere Räumlichkeiten verkauft wurden, so daß die Beschäftigten entlassen werden mußten. Als Ausgleich bekamen die Mitarbeiter, die nicht sofort in ein neues Arbeitsverhältnis übernommen wurden, eine zusätzliche Abfindungssumme.

Als ein leitender Direktor des Unternehmens einen der Läden in Neustadt besuchte, sprach ihn eine aufgebrachte Angestellte an, und es kam zu folgendem Wortwechsel:

1 *„Ich habe schon auf Sie gewartet, ich bin ziemlich wütend wegen dieser Abfindungszahlung."*

„Das tut mir aber leid, Frau ...? Sagen wir dem Geschäftsführer, daß Sie ein Problem haben, und setzen wir uns dann im Gemeinschaftsraum oder im Büro zusammen, um das auszudiskutieren, ja?"

2 Sie gingen in den Gemeinschaftsraum, und wenig später kam auch der Geschäftsführer.

„Setzen wir uns und hören wir uns an, wo das Problem liegt. Wir wissen, daß das für alle eine schwierige Zeit ist, und wir wollen Probleme vermeiden, so weit es nur geht."

3 *„Ich finde, diese Abfindungen sind überhaupt nicht fair – ich zahle dabei ziemlich drauf."*

„Nun, fangen wir ganz vorne an. Was ist passiert?"

Der Direktor erfuhr, daß Frau Blum wie auch die anderen Angestellten des Ladens ein Kündigungsschreiben bekommen hatte. Das Problem hätte nun zum Beispiel sein können, daß ihre Abfindung aufgrund eines Fehlers in ihrer Personalakte falsch berechnet worden war, oder daß sie anders als ihre Kollegen und Kolleginnen behandelt worden war. Man könnte entweder ein paar Minuten investieren und das klären, oder die Sache folgendermaßen abkürzen:

4 *„Hat es mit Ihrem Kündigungsschreiben zu tun, oder mit der Berechnung der Abfindung?"*

„Nein. Ich bekomme nicht so viel wie meine Zwillingsschwester, obwohl wir genau gleich eingestuft sind, wir haben zusammen hier angefangen – das ist nicht gerecht."

„Verstehe. Auf den ersten Blick scheint mir das tatsächlich nicht gerecht zu sein – was genau macht Ihre Schwester?"

5 *„Sie ist auch Verkäuferin, in Schönberg, aber sie bekommt doppelt so viel wie ich."*

6 *„Ah. Das hängt damit zusammen, daß Schönberg als leeres Geschäftslokal verkauft wird und die Beschäftigten dann arbeitslos sind, wohingegen Ihr Geschäft so verkauft wird, daß der Betrieb weiterläuft und Sie Ihren Job behalten."*

„Ich hätte aber lieber das Geld."

„Ich glaube, Ihnen ist nicht ganz klar, worum es bei Entlassungs-abfindungen in erster Linie geht. Wenn Ihre Zwillingsschwester aus unserer Firma ausscheidet, weil Schönberg verkauft wird, hat sie keinen Job mehr. Sie bekommt die doppelte Abfindungssumme, weil es einige Zeit dauern kann, bis sie wieder Arbeit findet. Sie hingegen verlassen zwar zur gleichen Zeit wie sie unsere Firma, aber Ihr Geschäft wird weitergeführt und Sie behalten Ihren Job. Glauben Sie nicht auch, daß in Zeiten wie diesen einen Job zu haben besser ist als keinen zu haben – vor allem, nachdem es in unserer Gegend nicht sehr viele Jobs gibt?"

„Aber ich hätte lieber das Geld – ich habe fünf Jahre hier gearbeitet und finde, ich habe eine kleine Anerkennung verdient."

7   *„Dazu sind zwei Dinge zu sagen. Erstens: Ich kann verstehen, daß die doppelte Abfindungszahlung auf den ersten Blick sehr verlockend ist, auch wenn sie nicht sehr lange vorhalten wird. Was nun eine Aner-kennung seitens der Firma angeht, so glaube ich, übersehen Sie dabei, daß Ihnen die Firma ja eine Abfindung zahlt, obwohl das Geschäft so verkauft werden konnte, daß es weiterläuft. Das ist auch eine Anerkennung seitens der Firma für das, was jeder hier beige-tragen hat. Aber Abfindungszahlungen haben schließlich den Sinn, die Zeit zwischen zwei Arbeitsstellen finanziell überbrücken zu helfen. Manche haben ja vielleicht Glück und finden sofort eine neue Stelle, andere werden aber weniger Glück haben und eine beträchtliche Zeit arbeitslos sein. Der Sinn der Abfindung ist, denen, die nur schwer wieder Arbeit finden, in der Zeit, in der sie arbeitslos sind, zu helfen. Dieses Problem betrifft Sie nun nicht, nachdem Sie eine einfache Abfindungszahlung bekommen, obwohl Sie Ihre Arbeitsstelle behalten. Ihre Schwester bekommt zwar doppelt so viel, aber sie hat keinen Job mehr und wird das Geld wahrscheinlich dringend brauchen, bis sie einen neuen gefunden hat.*

Ich verstehe, daß diese Situation für Sie nicht angenehm ist und Sie trotz allem lieber das Geld hätten, aber auf die meisten Beschäftigten dieser Branche trifft das nicht zu. Wir haben versucht, eine Lösung zu finden, bei der alle so fair wie möglich behandelt werden, und ich hoffe, Sie verstehen das?"

Schlüsselerkenntnisse

1 Da der Direktor von Frau Blum mitten im Laden angesprochen wird, schlägt er als erstes vor, sich in einen Raum zurückzuziehen, wo ihnen nicht Kunden oder andere Angestellte zuhören können. Vor Publikum wäre die ganze Sache möglicherweise unangenehmer und die Situation würde sich schwerer unter Kontrolle bringen lassen. Indem er Ausdrücke wie „das tut mir leid" und „sagen wir" verwendet, stellt er eine persönliche Beziehung zu Frau Blum her, so daß sie ihre anfängliche feindselige Haltung aufgibt. Er teilt ihr mit: „Okay, es gibt ein Problem, aber gemeinsam werden wir es lösen", gibt ihr zugleich aber auch durch die Formulierung „daß Sie ein Problem haben" indirekt zu verstehen, wo die Verantwortlichkeiten liegen. Es handelt sich um ein Problem einer *Angestellten,* bei dessen Lösung die *Firma* bereit ist zu helfen. Die indirekte Frage nach ihrem Namen ist ein weiterer Versuch, ein persönliches Verhältnis und ein angenehmes und informelles Gesprächsklima herzustellen.

Sie gehen darauf in den Gemeinschaftsraum, wo sie auf den Geschäftsführer warten. Der Geschäftsführer muß als Frau Blums direkter Vorgesetzter hinzugezogen werden, damit die Hierarchie gewahrt bleibt.

2 Sitzt man einmal, läßt die Anspannung oft nach. Interessanterweise ist das auch ein Grund, weshalb bei Fußballspielen ein Großteil der Plätze Sitzplätze sind, da es anscheinend leichter zu Ausschreitungen kommt, wenn Zuschauer stehen. Etwas zu trinken anzubieten, trägt weiter zu einer gelösteren Atmosphäre bei und empfiehlt sich vor allem, wenn einer der Beteiligten wirklich erregt ist. Die legendäre Tasse Tee der Briten hat tatsächlich oft eine wohltuende Wirkung:

- Sie lenkt die Aufmerksamkeit von der Konfrontation auf einen neutralen Akt der Gastfreundschaft.
- In der Zwischenzeit wird sich der anfängliche Ärger vielleicht etwas legen.
- Beide Seiten haben Zeit, ihre Gedanken zu ordnen.

3   Bevor man nach einer Lösung sucht, muß der Sachverhalt genau geklärt werden. Der erste Schritt in diese Richtung ist deshalb, herauszufinden, was genau der Angestellten mitgeteilt worden ist – immerhin kann es sich auch nur um ein Mißverständnis handeln.

4   Es liegt nun an der Mitarbeiterin, die angebliche Ungerechtigkeit zu begründen. Da die Zwillinge am selben Tag für die Firma zu arbeiten begonnen haben und sich auf derselben Gehaltsstufe befinden, scheint es auf den ersten Blick logisch, daß sie dieselbe Abfindungs-summe bekommen sollten.

5   Der Grund für die unterschiedliche Abfindungszahlung liegt nun auf der Hand. Der andere Laden wird als leeres Geschäftslokal verkauft und die Belegschaft nach dem Verkauf arbeitslos, während der Betrieb in Neustadt nach dem Verkauf aufrechterhalten bleibt und die Belegschaft weiterbeschäftigt wird.

6   Das ist der eigentliche Grund für die Beschwerde. Auch wenn die Argu-mente der Firma noch so stichhaltig sind, läßt sich die Mitarbeiterin vielleicht nicht von deren Schlüssigkeit überzeugen. In dem Fall wird man Frau Blum wohl nicht für die Firmenpolitik begeistern können – und wird deshalb versuchen, sie wenigstens davon zu überzeugen, daß dieses Vorgehen gerecht ist, auch wenn es ihr persönlich nicht zusagt.

7   Der Direktor hat Frau Blum geduldig den Sinn der Firmenpolitik erklärt. Sie wäre schon ein sehr eigenwilliger Mensch, würde sie dieser Argumentation nicht zustimmen. Findet sie sich aber trotz allem nicht damit ab, sollte man vielleicht erwägen, sie in eine andere Filiale zu versetzen.

*U*NERFAHRENE FÜHRUNGSKRÄFTE

Oft sind leitende Mitarbeiter nicht ausreichend geschult, um Situationen zu bewältigen, mit denen sie aufgrund ihrer Position konfrontiert werden. Sie rea-gieren impulsiv und unüberlegt, anstatt ruhig die Fakten abzuwägen und nach alternativen Lösungsansätzen zu suchen, um das angestrebte Ziel zu erreichen.

| **FALLBEISPIEL 6.3** | **VOREILIGE SCHLUSSFOLGE-RUNGEN ZIEHEN** |

Die Geschäftsführerin und zugleich auch Inhaberin eines Ladens war verständlicherweise verärgert, als sie von ihrer Mittagspause zurückkam und zum sechsten oder siebten Mal Schokoladenpapierchen auf dem Boden hinter dem Ladentisch fand. Zwar hatte sie ihrer Angestellten erlaubt, eine Tafel Schokolade aus dem Regal zu nehmen, wenn sie über Mittag die Stellung hielt, doch hatte sie nun das Gefühl, daß dieses Zugeständnis ausgenützt wurde, und stellte sie zur Rede.

„Haben Sie sich wieder mit mehr als einer Tafel bedient?" fragte sie gereizt.

„Was meinen Sie mit ‚wieder‘?" bekam sie zur Antwort, während sich vor dem Ladentisch gerade eine Schlange bildete.

„Das ist jetzt das vierte Mal in dieser Woche, daß ich leere Schokoladenpapierchen hinter dem Ladentisch finde, wenn ich von der Pause zurückkomme." Zum nächsten Kunden: „Das macht 1,50 DM, bitte."

1 *„Aber ich war diese Woche nur an zwei Tagen hier – wie können Sie mich vor allen Leuten beschuldigen zu stehlen?"*

2 *„Ich habe Sie nicht beschuldigt zu stehlen."*

3 *„Natürlich haben Sie das. Sie haben vor allen Leuten gesagt, ich hätte mich selbst bedient – das ist eine Verleumdung, dafür könnte ich Sie verklagen."*

Mit etwas mehr Erfahrung bzw. etwas weniger Gedankenlosigkeit hätte man dieses Gespräch viel besser führen können, etwa auf folgende Weise:

Als die Geschäftsführerin zurückkommt und am Boden die Schokoladenpapierchen findet, ist ihre Angestellte gerade damit beschäftigt, vier oder fünf Kunden zu bedienen. Sie ruft eine andere Verkäuferin, die dabei ist, Regale nachzufüllen.

4 *„Paula, könnten Sie bitte hier übernehmen – Frau Thomas, könnten Sie bitte kurz mit mir ins Büro kommen?"*

Im Büro.

„Frau Thomas, als ich zurückkam, lagen auf dem Boden hinter dem Ladentisch Schokoladenpapierchen. Wissen Sie, wie die dorthingekommen sind?"

„Nein."

„Verstehe. Es ist mir schon öfter aufgefallen, daß Papierchen auf dem Boden lagen, wenn ich von der Pause zurückkam und Sie inzwischen hier waren. Haben Sie dafür eine Erklärung?"

„Ich nehme an, die sind von der Schokolade für die Pause, die wir frei haben."

„Was die freie Schokolade angeht, so habe ich Ihnen gesagt, daß Sie pro Tag eine Tafel nehmen können – von den Papierchen her zu schließen, hat jemand mehr als eine Tafel genommen. Hat außer Ihnen jemand hinter dem Ladentisch bedient, während ich weg war?"

„Nein, ich war allein, aber die Papierchen könnte irgend jemand vor Ihrer Pause fallengelassen haben."

„Sie wissen, daß ich Wert darauf lege, daß der Boden sauber ist, und er war mit Sicherheit sauber, bevor ich ging. Daraus kann ich nur schließen, daß die Papierchen von Ihnen sind, wenn sonst niemand hier bedient hat, während ich weg war – ist das einzusehen?"

Schlüsselerkenntnisse

1 Jeder Versuch, einen Zwischenfall unbedacht und ohne Kenntnis der Fakten aufzuklären, muß zu Unstimmigkeiten führen. In dem Fall kam es zu einer Auseinandersetzung zwischen Angestellter und Chefin, zu allem Übel auch noch in Gegenwart von Kunden. Die Geschäftsführerin machte mehrere Fehler:

- Obwohl es sich möglicherweise um eine Disziplinarsache handelte, hat sie nicht gewartet, bis sie mit ihrer Angestellten unter vier Augen sprechen konnte. Der Ladentisch eines gut besuchten Geschäfts ist nicht der richtige Ort für solch ein Gespräch.
- Sie hat mehrfach Dinge nur angenommen, anstatt sich genau zu informieren.
- Ihre erste Aussage ist eine Feststellung und nicht so sehr eine Frage bzw. eigentlich sogar eine Diebstahlsbeschuldigung – „sich bedienen" ist ein sehr starker Ausdruck.
- Da die meisten der Anwesenden diese Feststellung als Anschuldigung verstanden haben dürften, könnte man mit Recht behaupten, daß der Ruf der Verkäuferin geschädigt wurde.

- Sie hat die Fakten, auf die es zur Beurteilung ankommt, nicht richtig dargestellt oder zumindest übertrieben. Wenn die Verkäuferin *tatsächlich* gestohlen hat, dann kann sie das in der Zeit, von der die Rede ist, nur *zweimal* getan haben. Von vier Malen zu sprechen, ist entweder unrichtig, eine krasse Übertreibung oder zumindest ein Hinweis darauf, daß sich noch eine weitere Person wenigstens teilweise im Unrecht befindet.

Selbst wenn die Verkäuferin völlig im Unrecht ist und tatsächlich gestohlen hat, hat die Geschäftsführerin das Gespräch sehr ungeschickt begonnen. Die Frage des Diebstahls tritt in den Hintergrund, und die Richtung, die das Gespräch nimmt, kann von der Verkäuferin genutzt werden, um die Zulässigkeit des ganzen Gesprächs in Frage zu stellen.

2   Mit voreiligen Behauptungen kann man dem Gegner die Initiative in die Hände spielen.

3   Der zweifache Fehler der Geschäftsführerin, nämlich sich erstens unbedacht und zweitens vor Publikum geäußert zu haben, kann sich rächen, insofern, als sie (auch wenn ihre Anschuldigung gerechtfertigt ist) unter Umständen mit einer Zivilklage zu rechnen hat.

4   In diesem alternativen Szenario, in dem die Geschäftsführerin mit Bedacht vorgeht, keine vorschnellen Schlüsse zieht, keine Anschuldigungen ausspricht und sich auf einen konkreten Vorfall beschränkt, in dem die Beweislage klar scheint, behält sie bis zum Schluß die Zügel in der Hand.

ABHÄNGIGKEIT

Arbeitnehmer sind sich, wie Menschen überhaupt, in zunehmendem Maße ihrer Persönlichkeitsrechte bewußt bzw. dessen, was man als „persönlichen Freiraum" bezeichnen könnte. Nirgends kommt es dabei allerdings so leicht zu Problemen wie im Falle von Mitarbeitern, die unter einer Abhängigkeit leiden. Dabei ist es gleichgültig, ob es sich um Nikotin, Alkohol oder andere Drogen handelt; die Auswirkungen auf andere Mitarbeiter können in jedem Fall beträchtlich sein. Weil diese Substanzen süchtig machen, ist es für viele leider außerordentlich schwierig, wenn nicht unmöglich, sich davon zu lösen, auch wenn sie es noch so sehr wollen.

FALLBEISPIEL 6.4 ALKOHOLPROBLEME

Ein Buchhalter hatte die Angewohnheit, sein Mittagessen in flüssiger Form in einem Lokal in der Nähe zu sich zu nehmen. Der Geschäftsführer machte sich Sorgen, wie sich das auf das Unternehmen auswirken könnte, und sprach mit dem Buchhalter.

„Herr Schwarz, ich wollte mit Ihnen kurz über Ihre Mittagspause sprechen. Ist es immer noch so, daß Sie immer in ein Lokal gehen?"

„Ja, ich trinke dort ein paar Bier und esse ein Brötchen."

„Wie kommen Sie dorthin, und wie viele sind ein paar?"

„Ich fahre mit dem Auto hinüber. Normalerweise trinke ich, glaube ich, zwei oder drei Bier. Ich komme nie zu spät zurück."

„Ja, ich weiß, daß Sie die Mittagspause nie überziehen – das macht mir auch keine Sorgen. Mich beunruhigt, daß Sie mit dem Firmenwagen fahren, nachdem Sie etwas getrunken haben, und schon einiges intus haben, wenn Sie dann den Nachmittag beginnen."

„Es beeinträchtigt aber nicht meine Arbeitsleistung."

„Es stimmt, Ihre Leistungen haben nicht nachgelassen, aber ich mache mir Gedanken darüber, was Ihre Leute dazu sagen."

„Warum, hat sich jemand beschwert?"

„Nein, es hat sich niemand beschwert – das ist gerade das Problem. Ich glaube, die meisten finden das ganz lustig – auch wenn andere Leute nichts Lustiges daran finden, mit ein paar Bier noch Auto zu fahren, und ich muß sagen, ich bin auch dieser Meinung."

„Verstehe."

„Ich weiß nicht, ob Sie es wirklich verstehen. Sehen Sie, Sie haben eine leitende Position inne und müssen sich die Achtung Ihrer Mitarbeiter sichern. Wenn Sie ein Verhalten an den Tag legen, das nicht sehr respektabel ist, ist Ihre Position in Gefahr. Aber Sie bringen nicht nur sich selbst in Mißkredit, denn es geht eigentlich noch insofern weiter, als es ganz allgemein dem Ruf der gesamten Unternehmensführung schadet, wenn wir ein solches Verhalten durchgehen lassen, ohne etwas dagegen zu unternehmen."

„Oh. Das habe ich nicht bedacht."

„Sollten Sie außerdem nach der Mittagspause einen Mitarbeiter zurechtweisen müssen, wird Ihr Atem nach Bier riechen, was meiner Meinung nach die Ernsthaftigkeit eines solchen Gesprächs sehr beeinträchtigt. Dadurch wird Ihre Autorität untergraben. Ich würde vorschlagen, Sie denken ein paar Tage darüber nach, und wir sprechen nächsten Montag noch einmal darüber."

Schlüsselerkenntnis

Der Geschäftsführer hat keine Disziplinarmaßnahmen ergriffen, sondern nur einige Fakten und Sichtweisen auf den Tisch gelegt, über die der Buchhalter nun nachdenken kann. Natürlich erwartet er bei der nächsten Unterredung eine positive Reaktion, und kommt diese Reaktion vom Buchhalter selbst, wird sie wahrscheinlich mehr bewirken als irgendwelche Disziplinarmaßnahmen es könnten. Wenn jemand von sich aus Einsicht zeigt, ist das wirkungsvoller als eine Forderung, die von außen kommt.

Viele Firmen haben das Alkoholverbot zur Unternehmensmaxime gemacht, und dann gestalten sich solche Gespräche etwas einfacher. Der Mitarbeiter kann einfach darauf hingewiesen werden, daß er sich an die Richtlinien des Unternehmens zu halten hat, und die Vorteile dieser Richtlinien können bei der Gelegenheit noch einmal besonders betont werden.

KAPITEL 7

Schwierige Situationen meistern

DARAUF SOLLTEN SIE ACHTEN:

1 Gegenseitige Wertschätzung ist Grundvoraussetzung – traut man der Gegenseite nicht zu, rational oder eigenständig denken zu können, vergibt man von vornherein die Chance, dem angestrebten Ziel näherzukommen.

2 Jemanden von einem anderen Standpunkt zu überzeugen, ist auf lange Sicht wirkungsvoller, als einen solchen Gesinnungswandel zu erzwingen.

3 Wer alternative Lösungsansätze parat hat, kann flexibler agieren, und Flexibilität kann einem sehr zustatten kommen, wenn man ein bestimmtes Ziel erreichen will.

Viele Konfliktsituationen entstehen, weil jemand seinen Anschauungen Ausdruck verleiht, ohne sich vorher über die mögliche Wirkung seiner Worte Gedanken gemacht zu haben. Es wurde bereits mehrfach betont, wie wichtig es ist, den Standpunkt der Gegenseite richtig einzuschätzen sowie sich über das Ziel, das man letztendlich erreichen will, Klarheit zu verschaffen. Wenn man nicht begreifen will oder tatsächlich nicht begreift, wo die Bedürfnisse und Sensibilitäten der Gegenseite liegen, wird man Widerstand heraufbeschwören, der so weit gehen kann, daß das anvisierte Ziel in jeder Hinsicht vereitelt wird.

*B*EVORMUNDUNG VERMEIDEN

Wie weiter oben (Seite 18) erläutert, sollte man als Verhandlungsführer (und natürlich auch als Mitarbeiter in leitender Funktion) niemals die Intelligenz der anderen unterschätzen und genausowenig ihr Wissen überschätzen. Die meisten Menschen sind sehr wohl in der Lage, auch komplizierte Sachverhalte zu verstehen, wenn diese in einfacher Sprache dargelegt werden. Wenn man andere nicht für intelligent genug hält, werden sie einem das übelnehmen, und der Weg zum anvisierten Ziel wird dadurch unnötigerweise blockiert. Fachjargon bietet faulen und unsicheren Menschen oftmals eine Zuflucht und sollte vermieden werden. Faule Menschen flüchten sich insofern gern in Fachjargon, als sie sich dann nicht die Mühe zu machen brauchen, etwas in klarer Sprache darzulegen. Unsichere Menschen verstecken sich wiederum oft dahinter in der Hoffnung, daß ihre Wichtigkeit und Kompetenz nicht in Frage gestellt wird, wenn sie Wörter verwenden, die nur Eingeweihte verstehen.

Führungskräften, die ihren Mitarbeitern nicht zutrauen, rational denken zu können, dürfte eigentlich keine Verantwortung übertragen werden. Sie werden in vielen Fällen nicht in der Lage sein, Probleme oder unangenehme Situationen zu bewältigen, und ihre schlechte Meinung von den Mitarbeitern wird noch ein zusätzliches Hindernis sein, wenn sie sich bis zu diesen herumspricht. Eine solche Einstellung zeugt von Unerfahrenheit und ist genauso dumm wie wenn man meint, immer zu wissen, was die Mitarbeiter denken – und nicht anerkennt, daß diese sehr wohl zu differenziertem Denken fähig sind. Beide Annahmen gehen auf den irrigen Standpunkt zurück, daß die Unternehmensführung alles besser weiß als die Mitarbeiter und deshalb alle Entscheidungen für sie treffen muß. Nicht selten legt die Geschäftsführung durch ein derart bevormundendes Verhalten den Grundstein zum eigenen Fall.

95

FALLBEISPIEL 7.1 | BEVORMUNDEN SIE NIE ANDERE

Der Geschäftsführer der Fabrik und der Buchhalter hatten darüber gesprochen, was im Rahmen der alljährlichen Lohnerhöhungen den 1 000 Mitarbeitern des Unternehmens diesmal angeboten werden könnte. Es wurde mit den Gewerkschaftsvertretern ein Gesprächstermin im Büro des Geschäftsführers vereinbart. Zur Eröffnung des Gesprächs teilte der

Geschäftsführer Kopien eines Berichts aus, den er verfaßt hatte, und las diesen dann Wort für Wort laut vor.

1   *„Das kann sich das Unternehmen also leisten. Wir sehen wenig Sinn in endlosen Debatten über diese Zahlen. Wir halten es für das beste, wenn Sie sie in Ruhe durchgehen und dann Ihren Mitgliedern vorlegen. Ich schlage vor, wir treffen uns in einer Woche wieder, und hoffe, daß wir dann zu einer Einigung kommen. Ich danke Ihnen für Ihr Kommen."*

Eine Woche später.

2   *„Wir haben Ihr Angebot von letzter Woche geprüft. In unseren Augen ist es jedoch unannehmbar, und deshalb können wir es unseren Mitgliedern auch nicht empfehlen."*

      „Verstehe. Aber sollten Ihre Mitglieder nicht selbst entscheiden, ob sie es annehmbar finden oder nicht?"

3   *„Nein, die Entscheidungsfindung ist an uns delegiert, und wir verhandeln im Namen unserer Mitglieder. Wir haben das Angebot diskutiert und sind der Ansicht, daß die Lohnerhöhungen zu niedrig sind."*

      „Aber mehr kann sich das Unternehmen nicht leisten."

      „Nun, wir sind der Meinung, das stimmt nicht ganz, und glauben außerdem, daß es auch noch einen anderen Weg geben muß."

      „Es gibt keinen anderen Weg – wir haben Ihnen erklärt, was das Unternehmen sich leisten kann, es ist für unsere Branche eine schwierige Zeit, und Ihre Mitglieder müssen das akzeptieren. Es liegt an uns zu entscheiden, wieviel wir zugestehen können."

4   *„Unsere Mitglieder wissen, daß es eine schwierige Zeit ist – die Umsätze gehen zurück, sie sehen, was auf Lager liegt, und sie wissen, daß sie zur Zeit keine Überstunden machen können. Die Leute müssen genauso mit ihrem wöchentlichen Budget über die Runden kommen wie das Unternehmen, nur haben sie nicht die Möglichkeit, die Gewinnspannen zu verringern, um auf diese Weise den Umsatz zu steigern, denn sie haben nur eine einzige Ware anzubieten – ihre Arbeitskraft für so und so viele Stunden pro Woche."*

      „Genau. Und wir können uns für diese Stunden nicht mehr als 13,60 DM leisten."

      „Das ist für uns inakzeptabel – für uns sind 14,30 DM pro Stunde das Minimum."

      „Aber das können wir uns unmöglich leisten."

5   *„Es gibt eine Möglichkeit, und wir sind bereit, unseren Mitgliedern das vorzulegen. Wenn wir annehmen, daß Sie 13,60 DM pro Stunde zahlen können, dann sind das insgesamt 13 600 DM für 1 000 Beschäftigte pro Stunde, plus die Lohnnebenkosten. Wir wollen 14,30 DM, und wenn Sie nur 13 600 DM bezahlen können, dann heißt das, daß Sie auf 50 der 1 000 Beschäftigten verzichten müssen. Um auf den von uns geforderten Lohn zu kommen, sind wir bereit, mit Ihnen zusammen zu überlegen, wie wir diese Zahl an Beschäftigten einsparen können. Wir glauben, daß der Ausstoß insgesamt deshalb nicht zurückgehen würde, also haben Sie noch eine Produktivitätssteigerung."*

„Wollen Sie damit sagen, Sie sind bereit, Ihre eigenen Mitglieder auf die Straße zu setzen, nur um den Lohn zu bekommen, den Sie haben wollen?"

Schlüsselerkenntnisse

1 Das Gespräch hätte besser an einem neutralen Ort stattfinden sollen – das Büro des Geschäftsführers ist kein neutraler Ort. Einen Bericht vorzulesen, der zuvor ausgeteilt worden ist, ist fast so, als befürchte man, daß jemand nicht lesen könnte! Es zeugt von Arroganz und ist ein großer Fehler, den Standpunkt der Gegenseite zu ignorieren und zu unterstellen, sie lege keinen Wert darauf, diesen darzulegen (in diesem Fall wollten die Gewerkschaftsvertreter beweisen, daß sie überzeugt waren, durch Verhandlungen etwas erreichen zu können).

2 Dieser Einwand ist bevormundend und sinnlos. Der Gewerkschaft muß zugestanden werden, ihre Interessen nach eigenem Ermessen wahrzunehmen. Dieses Recht in Frage zu stellen, löst nur Unmut aus, ohne daß damit irgend etwas erreicht werden könnte.

3 Wenn man mit so wenig Offenheit an eine Sache herangeht, wie der Geschäftsführer es hier tut, bricht das Gespräch zwar nicht ab, aber ein Fortschritt wird mit Sicherheit nicht erzielt. Festzustellen, daß es nur eine Lösung gibt, ist eine Mißachtung der Gegenseite, die diesbezüglich sehr wohl eigene Vorstellungen haben kann.

4 Der Geschäftsführer gab die Initiative an die Gegenseite ab, weil er keine Ahnung hatte, welchen Standpunkt diese einnimmt.

5 Die Gewerkschaftsvertreter sind ihrem Ziel sehr viel näher gekommen, indem sie es klar definierten und durch Informationen und Fakten stützen konnten. Der Geschäftsführer half ihnen noch insofern dabei, als er durch seine herablassende Art und durch mangelhafte Vorbereitung die Initiative aus der Hand gab.

FALLBEISPIEL 7.2 — SETZEN SIE NICHT EINFACH ETWAS VORAUS

In der jüngsten Vergangenheit war eine Reihe von Zahlstellen überfallen worden. Deshalb war das Unternehmen mit dem Vorschlag der Polizei einverstanden, an den beiden Tagen, an denen das Weihnachtsgeld und die Jahresprämie ausgezahlt werden sollten, einen bewaffneten Polizisten im Lohnbüro Stellung beziehen zu lassen.

Die Maßnahme war mit den Beschäftigten nicht diskutiert worden und wurde ihnen gegenüber nun damit begründet, daß man sie zu ihrem wie auch zum Schutz ihres Geldes getroffen habe.

Da die Geschäftsführung dies für eine gute Idee hielt, war der zuständige Geschäftsführer einigermaßen erstaunt, als eine Mitarbeiterin ihn deshalb sprechen wollte.

„Was gibt es, Frau Beier?"

„Im Lohnbüro sind wir alle ziemlich unglücklich über diesen zusätzlichen Schutz während der Auszahlung des Weihnachtsgeldes."

„Aber warum denn – so sind Sie doch nur noch besser geschützt als sonst."

„Ah ja, außer wenn es wirklich einen Überfall gibt und wir ins Kreuzfeuer geraten!"

Schlüsselerkenntnis

Wenn die Geschäftsführung ihre Vorschläge gut durchdacht und mögliche Reaktionen der Mitarbeiter erwogen hätte, oder, noch besser, im Rahmen eines Gesprächs ihre Zustimmung eingeholt hätte, wäre es wahrscheinlich nicht zu dieser Diskussion gekommen. Viele Menschen ärgert es, wenn sie vor vollendete Tatsachen gestellt werden. Wenn sie bis zu einem gewissen Grad über ihr Schicksal selbst entscheiden können, läßt sich eher ein harmonisches Verhältnis aufbauen.

ENTSCHEIDUNGEN ERLÄUTERN

Viele Bestimmungen, die Arbeitgeber ihren Beschäftigten gegenüber durchsetzen müssen, sind von staatlicher Seite festgelegt. Zwar ermittelt der Staat – inzwischen mit verbesserten Methoden – vor dem Erlaß neuer gesetzlicher Bestimmungen die Reaktionen darauf; aber den Unternehmen bleibt doch in vielen Fällen nichts anderes übrig, als sie umzusetzen, so gut sie können. Deshalb ist es vielleicht verständlich, wenn auch nicht unbedingt ratsam, wenn ein Unternehmen einfach zu seinen Beschäftigten sagt: „Wir wollen das zwar nicht, ihr wollt es vielleicht auch nicht, aber wir müssen es trotzdem tun." So verlockend es auch sein mag, die Sache so abzukürzen, so entpuppt sich dieser Weg letzten Endes als langwierige Umleitung, und es bedarf dann einiger Führungsstärke, um die Dinge wieder in die richtige Bahn zu lenken.

FALLBEISPIEL 7.3 **KRANKENSTÄNDE**

In Großbritannien wurde ein neues System zur Auszahlung des Krankengeldes eingeführt. Demnach wird das gesetzliche Krankengeld vom Arbeitgeber ausbezahlt, und der Arbeitnehmer muß die ersten sieben Tage seines Krankenstandes selbst bestätigen. Der Arbeitgeber kann sich das Geld über die Sozialversicherungsbeiträge zurückholen. Allerdings stellte das Sozialministerium klar, daß das nur für Krankengeldzahlungen gelte, die an berechtigte Empfänger gingen. Damit wälzte man es auf die Arbeitgeber ab, die Rechtmäßigkeit von Krankenständen zu überprüfen, eine Aufgabe, die die jeweiligen Abteilungsleiter wahrnehmen sollten. In einem Unternehmen hatten die Abteilungsleiter diesbezüglich Bedenken, und einige von ihnen führten deshalb ein Gespräch mit dem Personalchef.

„Sie sind also mit dem neuen System der Aufzeichnung von Krankenständen und der Auszahlung des gesetzlichen Krankengeldes, das wir Ihnen letzte Woche erklärt haben, nicht sehr glücklich?"

„Nein, vor allem sind wir mit den neuen Formularen nicht glücklich, auf denen man angeben muß, ob jemand wirklich krank war oder nicht."

„Warum nicht?"

„Weil wir keine Ärzte sind und das nicht genau beurteilen können. Wir sind der Ansicht, daß das die Aufgabe des jeweiligen Hausarztes wäre."

„Hm. Schauen wir uns einmal die Fakten an. Wie lange, glauben Sie, befaßt sich durchschnittlich ein Hausarzt pro Jahr mit einem Patienten?"

„Ich weiß nicht, vielleicht 10 Minuten."

„Na gut, auf jeden Fall also nur sehr kurz verglichen mit den 30 Stunden oder noch mehr pro Woche, die Abteilungsleiter mit den Mitarbeitern verbringen – wer kennt die Leute also besser?"

„Die Abteilungsleiter, gut, aber wir haben keine Ahnung von Krankheiten."

„Lassen wir die Krankheiten einmal beiseite. Ein Abteilungsleiter kennt mit großer Wahrscheinlichkeit einen Mitarbeiter viel besser als der Hausarzt, und deshalb will der Staat, daß wir überprüfen, ob die Forderungen eines Beschäftigten gerechtfertigt sind oder nicht. Glauben Sie, daß die meisten Abteilungsleiter ihre Leute gut genug kennen, um zu merken, wenn etwas nicht stimmt?"

„Sicher, meistens schon, ja, aber nicht unbedingt, wenn es um Krankheiten geht."

„Gut. Wir sind also einer Meinung, daß Abteilungsleiter in der Regel ihre Leute ziemlich gut kennen und ein erfahrener Abteilungsleiter es meist merken wird, wenn jemand lügt."

„Ja, das gehört zu unserem Job."

„Genau, und das ist es im Grunde auch nur, was die neuen Formulare von Ihnen wollen – als Vorgesetzte, nicht als Ärzte. Sie sollen einfach nur angeben, ob Sie glauben, daß die Erklärung, die jemand für sein Nichterscheinen angibt, ehrlich ist oder nicht."

„Aber wir können ja nicht wissen, ob jemand auch wirklich krank ist."

„Stimmt, aber danach werden Sie als Abteilungsleiter auch nicht gefragt. Wir alle wissen, daß es Simulanten gibt. Man kann es vielleicht nicht beweisen, aber … wenn einem eine Erklärung nicht ganz zufriedenstellend erscheint, gibt man das auf dem Formular einfach an. Dann ist es die Sache des Mitarbeiters zu beweisen, daß er tatsächlich krank war."

„Aber das bringt uns in eine unangenehme Position."

„Ich weiß, was Sie meinen, aber ich bin nicht ganz Ihrer Ansicht – man verlangt von Ihnen nur, daß Sie die Aufsicht über Ihre Leute führen, sonst nichts. Sie fragen sie einfach nach dem Grund für ihr Nichterscheinen, wozu Sie als Abteilungsleiter jedes Recht haben. Alles, was der Staat von Ihnen verlangt, ist, daß Sie angeben, ob Sie den Eindruck haben, daß eine Erklärung angemessen ist oder nicht. Wenn Sie das Formular nicht unterschreiben, muß es jemand anderer tun, und das könnte Ihrer Autorität schaden – etwas, was Ihnen sowieso und auch zu Recht öfter Sorgen bereitet."

Schlüsselerkenntnis

Obwohl der Personalchef in einer schwierigen Lage war, bemühte er sich, klar und logisch darzulegen, worum es ging. Er legte sehr viel Geduld an den Tag und erinnerte die Abgesandten der Abteilungsleiter an ihre eigentliche Funktion. Allerdings gibt es auch Fälle, das darf nicht verschwiegen werden, in denen man durch Geduld und Logik die Gegenseite nur irritiert. Die Strategie, die man wählt, muß deshalb unbedingt der jeweiligen Situation angepaßt werden.

*Ü*BERZEUGEN STATT ERZWINGEN

Nur weil die Vorteile einer bestimmten Vorgehensweise für eine Partei oder eine Ebene des Managements auf der Hand liegen, heißt das nicht unbedingt, daß eine andere Partei oder Mitarbeiter, die in der Unternehmenshierarchie weiter unten stehen, derselben Ansicht sind. In einer Konfliktsituation aufgrund seiner Position eine Entscheidung zu erzwingen, ist vielleicht der einfachste Weg, wird aber mit Sicherheit die Umsetzung der Entscheidung erschweren.

| FALLBEISPIEL 7.4 | ERZWUNGENES IST SELTEN ERFOLGREICH |

Einige Läden eines Unternehmens befanden sich in einer schwierigen Situation – mit den traditionellen Produkten ließen sich keine Umsatzsteigerungen mehr erzielen, während die Kosten sehr wohl stiegen. Der Firmenchef entschied daher, daß diese Läden in Zukunft auch Kuchen und Kekse verkaufen sollten. Er berief eine Versammlung der Geschäftsführer der betroffenen Läden ein.

1   *„Sie alle kennen die Probleme, mit denen wir zu kämpfen haben – stagnierende Umsätze, steigende Kosten, sinkende Gewinne. Wir können es uns nicht leisten, untätig zuzusehen, wie unser Unternehmen den Bach hinuntergeht; deshalb habe ich beschlossen, daß Sie von nun an auch Kuchen und Kekse verkaufen werden."*

2   *„Das haben wir schon vor zehn Jahren versucht, und es hat nicht funktioniert."*

„Das wird nie funktionieren, weil niemand damit rechnet, daß gerade wir auch Kuchen verkaufen. Wir werden das den Leuten nie beibringen können."

„Wir haben im Laden auch nicht Platz genug, um diese Produkte noch auszustellen."

Schlüsselerkenntnisse

1 Nachdem der Firmenchef die Entscheidung schon getroffen hat, scheint es wenig Sinn zu haben, diese Versammlung überhaupt einzuberufen – die Entscheidung hätte auch schriftlich mitgeteilt werden können. Indem man ein Treffen einberuft, erwarten die anderen, daß ihre Meinung zumindest angehört und respektiert wird. Erwartungen zu enttäuschen ist schlimmer als sie erst gar nicht zu wecken.

2 Der Chef begegnete der Ablehnung damit, daß er auf der Umsetzung seiner Entscheidung bestand. Zu seinem Ärger mußte er zur Kenntnis nehmen, daß nur wenige Läden die neuen Produkte ausstellten. Es war ihm nicht gelungen, die Geschäftsführer für seine Sicht der Dinge zu gewinnen. Er hatte ihnen die Entscheidung praktisch aufgezwungen, worauf sie dann für sich persönlich

entschieden, daß diese Neuerung nicht funktionieren würde, und auch alles taten, daß es so war.

Folgende Alternativen hätten mit Sicherheit mehr Erfolg gebracht:

- Der Firmenchef hätte zu einem früheren Zeitpunkt die einzelnen Läden besuchen und mit den Geschäftsführern sprechen können. In Läden, die dafür geeignet waren, hätte er vorschlagen können, den übrigen Platz mit zusätzlichen Produkten aufzufüllen. Die Idee, fortan vielleicht auch Kuchen und Kekse zu verkaufen, hätte fast wie von selbst Gestalt angenommen, und die Geschäftsführer hätten gewissermaßen das Gefühl gehabt, daß es ihre eigene Idee war, und sich entsprechend dafür eingesetzt.

- Der Firmenchef hätte um Vorschläge für neue Produkte bitten können (wobei mit Sicherheit auch die Idee, Kuchen und Kekse anzubieten, gefallen wäre) und die Geschäftsführer dazu auffordern, sich für ein oder zwei Produkte zu entscheiden und diese versuchsweise anzubieten.

- Der Firmenchef hätte eine Prämie oder sonstige Anreize für den Geschäftsführer aussetzen können, der in jedem Bereich und/oder in allen Bereichen die besten Ergebnisse erzielt.

- Der Firmenchef hätte vorgeben können, die Geschäftsführer hätten ihn von der Idee abgebracht, und sie dann um eigene Vorschläge zur Verhinderung weiterer Umsatzeinbußen zu bitten. Hätte es keine besseren Vorschläge gegeben, wäre das ein guter Grund gewesen, seinen ursprünglichen Vorschlag auszuprobieren.

Seine Macht statt seiner Überredungskunst einzusetzen mag in manchen Fällen zum Erfolg führen. Es wird aber selten so effektiv sein wie ein Engagement, das von den Mitarbeitern selbst kommt.

VORSICHT MIT VERMUTUNGEN

Die Antwort meines ersten Chefs auf meine Bemerkung „Ich nahm an …" war: „Sie werden nicht dafür bezahlt, daß Sie etwas annehmen – finden Sie es heraus!" Das ist ein sehr nützlicher Leitsatz, denn nur allzuoft erweist sich etwas, was wir für selbstverständlich halten, später als falsch. Bei Neueinsteigern kann man einen solchen Fehler noch entschuldigen, doch sind erfahrungsgemäß auch Führungskräfte nicht immer immun dagegen. Daß man sich vor einem solchen Verhalten sehr hüten sollte, braucht wohl nicht eigens betont zu werden.

| FALLBEISPIEL 7.5 | LEUTE BESCHÄFTIGEN HEISST NICHT SIE BESITZEN |

Ein Unternehmen war verkauft worden, und die neue Geschäftsführung stattete der Fabrik einen Besuch ab. Abgesehen von einem kurzen „Guten Tag" und Kopfnicken in Richtung der Abteilungsleiter stellte sich der neue Geschäftsführer nicht vor und bat auch nicht darum, daß ihm die Abteilungsleiter vorgestellt würden. Dem Personalchef des alten Unternehmens entzog man eine Reihe von Aufgaben und übertrug sie der Personalabteilung des neuen Konzerns (unter der Leitung der Ehefrau des Geschäftsführers). Der Personalchef sah sich deshalb nach einer neuen Stelle um, fand auch eine und überreichte dem Geschäftsführer sein Kündigungsschreiben. Dieser war sehr überrascht oder behauptete zumindest, es zu sein.

1 *„Warum verlassen Sie uns?"*

„Man hat mir einen besseren Job angeboten."

2 *„Aber warum – Sie hätten hier doch eine Zukunft?"*

„Was für eine Zukunft?"

„Sie sind der einzige qualifizierte Personalleiter der ganzen Unternehmensgruppe – das Unternehmen kann auf Ihre Qualifikationen nicht verzichten."

„Ich hatte nicht diesen Eindruck – das ist das erste Gespräch, das wir seit der Übernahme führen."

„Aber es war Ihnen doch sicherlich klar, daß wir Sie in dieser Funktion behalten wollten."

„Nein, das war mir keineswegs klar, und wenn dem so ist, so ist jetzt zum ersten Mal davon die Rede. Im Gegenteil scheint es mir vielmehr umgekehrt zu sein, nachdem ein Großteil meiner früheren Aufgaben in Abteilungen Ihrer Zentrale verlagert worden sind."

„Aber ich hätte gerne, daß Sie blieben."

„Tut mir leid, aber ich habe meinem neuen Unternehmen zugesagt, anzufangen, sobald Sie mich gehen lassen."

„Sie müssen sich an Ihren Vertrag halten."

„Ich habe die in meinem Vertrag vorgesehene Kündigungsfrist eingehalten. Ich habe zwar gehofft, früher gehen zu können, aber wenn Sie darauf bestehen, halte ich mich natürlich an den Vertrag – wenn ich Sie auch darauf hinweisen möchte, daß meine Aufgaben drastisch zurückgegangen sind, so daß Sie kaum Leistung für Ihr Geld bekommen."

„Sind Sie sicher, daß wir Ihnen nichts anbieten können, damit Sie es sich noch einmal überlegen?"

Schlüsselerkenntnisse

1 Antworten auf Fragen sollten grundsätzlich immer Informationen enthalten, um das Gespräch voranzutreiben. In diesem Fall ist die Frage unpräzise, unpassend und nicht zielgerichtet. Wenn das Unternehmen den Mitarbeiter tatsächlich hätte behalten wollen, hätte der Generaldirektor an diesem Punkt sein Bedauern über die Entscheidung zum Ausdruck bringen müssen, um eine Basis für das später vorgeschlagene Angebot zu schaffen.

2 Vorausgesetzt, das Unternehmen wollte sich tatsächlich mit dem Mitarbeiter einigen, hätte es von Anfang an eines viel entgegenkommenderen Gesprächstons bedurft, etwa folgendermaßen:

„Guten Morgen, kommen Sie, setzen Sie sich. Ich habe gehört, Sie wollen uns verlassen. Ich bin fassungslos. Können wir irgend etwas tun, um Sie umzustimmen?"

BELEIDIGUNGEN – DER SICHERE WEG ZUM MISSERFOLG

Ärgerliche Vorfälle sind zwar meistens ungeplant und unwillkommen, und in vielen Fällen muß man sich zur Wehr setzen, trotzdem erreicht man am allerwenigsten, wenn man unbeherrscht reagiert. Man wird am ehesten zum Ziel kommen, wenn man sich die Zeit nimmt, sich erst einmal zu beruhigen, und sich dann in Ruhe mit der Angelegenheit auseinandersetzt.

| FALLBEISPIEL 7.6 | WIE MAN FREUNDE NICHT GEWINNT ... |

Eine Personalvermittlungsagentur hatte es kurzfristig übernommen, einer Kundin zu einem festgesetzten Termin und für eine bestimmte Zeit eine Leihkraft zu vermitteln, die auch namentlich genannt wurde. Die Kundin wollte daraufhin diese Kraft schon zu einem früheren Termin, und als sie erfuhr, daß sie zu dem früheren Termin nicht frei sein würde, zog sie ihren Auftrag zurück. Dadurch fiel für sie eine nicht sehr hohe Bearbeitungsgebühr an, die vom zurückerstatteten Honorar abgezogen wurde. Ihr Ehemann rief die Agentur an, und es kam zu folgendem Wortwechsel:

„Nachdem Sie nicht die Leihkraft zur Verfügung stellen können, die wir brauchen, möchte ich das gesamte Honorar zurück."

„Ich habe Ihrer Frau schon erklärt, daß wir Ihnen das Honorar abzüglich unserer üblichen Bearbeitungsgebühr bereits erstattet haben."

„Damit geben wir uns nicht zufrieden. Ihr Service ist eine Zumutung. Sie sind nicht in der Lage, diese Kraft zu besorgen, und Sie nehmen unser Geld unter Vorspiegelung falscher Tatsachen. Ich will die gesamte Summe zurück."

„Es tut mir leid, aber das muß ich entschieden zurückweisen. Ihre Frau hat unsere Bedingungen schriftlich akzeptiert, und dann war es ja sie, die nach der Auftragserteilung ihre Wünsche geändert hat. Die junge Dame kann erst zum ursprünglich vereinbarten Termin beginnen, zwei Wochen später, als Ihre Frau es nun möchte. Wir haben angeboten, in der Zwischenzeit jemand anderen zu finden, aber Ihre Frau war damit nicht einverstanden und wollte lieber ihr Honorar zurück."

„Ich finde, es ist eine Schande, wie Sie Ihre Agentur führen. Sie haben in der Vergangenheit bereits einige unqualifizierte Kräfte geschickt, und jetzt wollen Sie für nichts und wieder nichts Geld von uns."

„Ich sehe das anders – unsere bisherige Zusammenarbeit war zufriedenstellend, wie Ihre Frau auch jedesmal betonte. Diesmal setzten wir uns sehr für sie ein und versuchten, sehr kurzfristig eine Lösung zu finden, um die Änderungswünsche Ihrer Frau zu erfüllen. Wir waren bereit, eine Ersatzkraft zu finden, aber das war für sie nicht akzeptabel."

„Hm, nun gut. Ich sage Ihnen etwas, versuchen wir es noch einmal. Können Sie das erstattete Honorar wieder zurücknehmen und jemand anderen für uns finden?"

„Nein. In Anbetracht dessen, was Sie gerade gesagt haben, bin ich dazu nicht bereit."

Schlüsselerkenntnis

Der Ehemann der Kundin verlangte von der Agentur eine Gefälligkeit, obwohl diese sich genau an die Vereinbarungen gehalten hatte, die von seiner Frau ja auch bestätigt worden waren. Indem er sich als erstes beschwerte und dann die Agentur attackierte, konnte er nicht mehr mit deren Entgegenkommen rechnen.

AGGRESSION UND WIE MAN DAMIT UMGEHT

Auf die härteste Probe wird Ihre Gesprächsführungskunst gestellt, wenn während eines Gesprächs echte Aggressionen an die Oberfläche kommen, und zwar wenn man am allerwenigsten damit rechnet. In vielen Fällen wird es das beste sein, rein intuitiv darauf zu reagieren.

FALLBEISPIEL 7.7   SEINE MEINUNG DURCHSETZEN

Der Personalchef führte mit einem Mitarbeiter ein Gespräch über dessen Einstellung zu seiner Arbeit. Die Haltung des Mitarbeiters war für ein erfolgreiches Gespräch nicht gerade förderlich.

„Ist Ihnen denn klar, daß Ihr ganzes Problem mit dem Abteilungsleiter eigentlich darauf hinausläuft, daß er sich über Ihre negative Einstellung beschwert?"

„Und?"

„Ihre Antwort auf meine Frage zeigt sehr deutlich, worum es geht. Wir versuchen, Ihnen zu helfen, sich einzuarbeiten und ein brauchbarer Mitarbeiter zu werden – wollen Sie das denn überhaupt?"

„Weiß nicht."

„Dann schlage ich vor, daß Sie sich zuerst einmal überlegen, ob Sie überhaupt hier arbeiten wollen oder nicht. Wenn nicht, vergeuden wir hier alle nur unsere Zeit. Wir haben auch noch andere Mitarbeiter, und dann verwende ich die Zeit lieber, um denen zu helfen."

„Ich hindere Sie nicht daran."

„Aber Sie hindern einige Ihrer Kollegen daran, sich einzuarbeiten, mit ihrer Arbeit voranzukommen und ihren Lohn zu verdienen. Der Abteilungsleiter bringt so viel Zeit damit zu, Ihnen zu helfen, daß er keine Zeit für die anderen hat. Sie sind nicht dumm, Sie sind auch kein Kind mehr. Es ist höchste Zeit, daß Sie sich klar darüber werden, was Sie wollen."

Der Mitarbeiter zog ein 15 cm langes Messer aus seiner Hose und sagte drohend:

„Heißt das, Sie wollen mich loswerden?"

„Seien Sie nicht so entsetzlich stur – stecken Sie das Messer weg, bevor jemand verletzt wird und Sie dann in echten Schwierigkeiten stecken. Ich habe gerade gesagt, Sie sind ja nicht dumm, und jetzt machen Sie etwas so Dummes wie das hier. Wenn Sie mit dem hier herumfuchteln, kommen Sie damit nicht weiter, sondern höchstens ins Gefängnis. Wir wollen Ihnen helfen, ansonsten würden wir uns nicht so viel Zeit nehmen, um herauszufinden, wo eigentlich das Problem liegt."

Schlüsselerkenntnis

Daß der Personalchef diese ernstzunehmende Drohung instinktiv so locker abtat, lag wohl daran, daß er sich vorher schon über die Sturheit des Mitarbeiters und das zwecklose Gespräch geärgert hatte. Die echte Verärgerung, die in der impulsiven Antwort zum Ausdruck kam, war wahrscheinlich auch ein Grund, warum der Mitarbeiter dann tat, wie ihm geheißen wurde (zum Glück!).

KAPITEL 8

Der Dienst am Kunden

DARAUF SOLLTEN SIE ACHTEN:

1 Auf Reklamationen von Kunden defensiv zu reagieren oder sie als
  unbegründet abzutun, ist keine Lösung, sondern führt nur dazu,
  daß man Kunden verliert.

2 Die Vertragsbedingungen bilden die Grundlage der Beziehung
  zwischen den zwei Parteien, und man sollte sich nicht
  leichtfertig über sie hinwegsetzen.

3 Eine positive Kundendienstpolitik, die darauf abzielt, die Kunden
  zu halten, ist nicht nur kosteneffektiver als neue Kunden
  anzuwerben, sondern ist auch dem guten Ruf des Unternehmens
  förderlich.

FALLBEISPIEL 8.1 | **3 000 VERKÄUFER**

Um die Mitarbeiter zu Produktivitätssteigerungen zu motivieren und Ineffizienz und Verschwendung entgegenzuwirken, setzte ein Geschäftsführer an zwei Stellen an. Erstens forderte er alle 3 000 Mitarbeiter auf, sich als Verkäufer zu verstehen – auch wenn sie nie einen Kunden zu Gesicht bekamen – und sich dessen bewußt zu sein, daß ihrer aller Leistungen letzten Endes zu Verkaufsgeschäften führten. Zweitens versuchte er, allen Mitarbeitern klar zu machen, daß ihrer aller Lohn oder Gehalt von den

Kunden des Unternehmens kam und damit, ebenso wie ihr Arbeitsplatz, davon abhing, daß das Unternehmen die Kunden zufriedenstellte.

Eine Analyse nach Umsetzung dieser Politik ergab, daß die Warenrücksendungen von 10 auf 4 Prozent gefallen waren, während aus einer Kundenbefragung hervorging, daß die Zufriedenheit der Kunden entsprechend gestiegen war.

Schlüsselerkenntnis

Indem man die Mitarbeiter auf diese Weise einbindet, erreicht man, daß sie sich stärker der anstehenden Problematik bewußt sind, und damit eine erfolgreichere Umsetzung des gefaßten Plans.

Die Tatsache, daß Löhne und Gehälter aller Beschäftigten mit der Zufriedenheit der Kunden stehen und fallen, wird leider oft übersehen, bzw. es wird ihr sogar zuwidergehandelt, wenn ein Unternehmen etwa auf gerechtfertigte Anfragen oder Reklamationen von Kunden defensiv reagiert. Das heißt nun nicht, wie man es mit einem geflügelten Wort ausdrücken könnte, daß der Kunde immer König sein muß – denn in vielen Fällen sind Reklamationen unbegründet und müssen abgewiesen werden. Sehr oft werden Anregungen oder Beschwerden allerdings auf sehr ungeschickte Art und Weise vom Tisch gewischt. Egal, ob eine Reklamation zu Recht vorgebracht wird oder nicht, in jedem Fall sollte man verständnisvoll und diplomatisch darauf reagieren, wobei es wichtig ist, wie wir auch schon in früheren Beispielen gesehen haben, daß man alle Fakten zur Hand hat.

111

FALLBEISPIEL 8.2 | DIE FIRMA IRRT SICH

Es war der zweite Auftrag, der von einer Kundin kam. Der erste war ein sehr kurzfristiger für Weihnachtskarten gewesen, und dieser zweite nun kam auf eine Aussendung hin, in der die Druckerei einen Rabatt anbot, um in der auftragsschwachen Jahreszeit zusätzliche Aufträge zu bekommen. Ihrer üblichen Praxis entsprechend hatte die Druckerei 10 Prozent mehr gedruckt, als die Kundin bestellt hatte, und diesen sogenannten Fortdruck in Rechnung gestellt. Die Kundin rief deshalb an.

1 „Ich habe zu meiner Überraschung feststellen müssen, daß die Bestellung, die bis spätestens 1. April hätte geliefert werden sollen, ohne Angabe von Gründen zu spät geliefert worden ist und Sie außerdem 10 Prozent zuviel geliefert und in Rechnung gestellt haben."

„Das entspricht unseren Geschäftsbedingungen, wie sie in unserem Katalog stehen – ich schicke Ihnen einen Katalog zu."

Nachdem die Kundin den Katalog erhalten hatte, rief sie wieder an.

2 „Ich hatte angerufen, weil Sie für unseren zweiten Auftrag zu viel berechnet und zu spät geliefert hatten, und Sie haben mir dann Ihren Katalog geschickt. Ich möchte Sie aber daran erinnern, daß in Ihrer Aussendung, in der Sie den Rabatt anbieten, nichts von diesen Geschäftsbedingungen steht. Außerdem haben Sie nicht die Lieferverspätung berücksichtigt. Beim Durchsehen Ihres Katalogs ist mir zudem aufgefallen, daß Sie für meinen ersten Auftrag vergangene Weihnachten auch den Fortdruck berechnet haben, obwohl nirgends hervorgeht, daß Sie für die von mir bestellten Artikel einen Fortdruck produzieren und verrechnen würden."

Die Angelegenheit wurde an den zuständigen Geschäftsführer weitergeleitet.

3a „Es tut uns sehr leid, daß Sie mit unserer Firma unzufrieden sind.

3b Unsere Aussendung wurde unter großem Zeitdruck gemacht, und wir haben übersehen, auf unsere Geschäftsbedingungen hinzuweisen, aber wir werden in Zukunft darauf achten, damit es nicht wieder zu derartigen Mißverständnissen kommt.

3c Wir schicken Ihnen eine Gutschrift für den Betrag, den der Fortdruck ausmacht. Bitte nehmen Sie unsere aufrichtige Entschuldigung für die Lieferverspätung an, die unter keinen Umständen hätte passieren dürfen.

3d Sie haben zu Recht auf eine Unstimmigkeit in unserem Katalog hingewiesen. Das wurde leider erst bemerkt, als er schon gedruckt war. Wir waren aber der Ansicht, daß unsere Kunden es so verstehen würden, daß der Fortdruck zusätzlich berechnet würde, auch wenn es nicht ausdrücklich angegeben ist.

3e Unserer Meinung nach ist es deshalb von Ihrer Seite nicht fair, sich jetzt darauf zu versteifen.

3f   *Wir hoffen, daß Sie uns in Zukunft mit mehr Wohlwollen gegenüberstehen und zu schätzen wissen, was wir für unsere Kunden tun."*

4 und 5   *„Ich habe mir das alles notiert und akzeptiere auch, daß Fehler
passieren können. Wenn sie allerdings passieren, sollte das Unternehmen die Verantwortung dafür übernehmen und nicht versuchen,
sich davor zu drücken."*

*„Aber wir haben nicht bewußt versucht, Sie irrezuführen. Von Ihnen
kam die einzige Beschwerde hinsichtlich der Kosten für den Fortdruck,
und wir halten sie für nicht gerechtfertigt. Wir wären Ihnen dankbar,
wenn Sie die offene Rechnung begleichen würden."*

Schlüsselerkenntnisse

1   Eine Anfrage einer Kundin auf diese Art abzutun und außerdem noch
einen der vorgebrachten Punkte einfach zu übergehen, schafft nur
Probleme.

2   Die Kundin hat sich nur deshalb näher mit der ganzen Sache befaßt,
weil sie sich über die Nachlässigkeit ärgerte, mit der ihre Anfrage
abgetan worden war. Das Unternehmen muß entweder versuchen,
die drei Punkte zu begründen oder über eine Lösung zu verhandeln
(anstatt diese der Gegenseite aufzuzwingen).

3   Wieder tut der Geschäftsführer die Beschwerde ab, indem er sich vor
den Fakten in unangebrachte und blumige Formulierungen flüchtet,
die bei der Gegenseite nur noch mehr Unmut hervorrufen. Eine
einfache Ausdrucksweise ohne Fachjargon und schmeichelnde
Phrasen wären in jedem Fall wirkungsvoller gewesen. Der Geschäftsführer redet außerdem um die Fakten herum – und geht auf die
begründete Beschwerde trotz aller schönen Worte in Wahrheit nicht
ein. Die Kundin ist nicht mit der Firma an sich unzufrieden (3a),
sondern mit deren unprofessionellem Kundenservice, vor allem,
weil es sie jetzt viel Zeit kostet, die Sache zu bereinigen. Deshalb
entbehrt auch die letzte Bemerkung (3f) aller Logik. Warum sollte
das Unternehmen Wohlwollen erwarten, wenn es die Kundin war, die
die Unannehmlichkeiten hatte (3e)? Das Unternehmen ist in jedem
der drei Punkte im Unrecht, wie der Geschäftsführer auch zugibt
(3b, c und d).

4 Diese Erklärung könnte eine Wirkung haben, auch wenn sie sich relativ leicht auseinandernehmen ließe. Niemand hat behauptet, daß der Fehler absichtlich gemacht wurde, und darüber, was berechtigt ist, werden die beiden Parteien kaum einer Meinung sein. Ob die Kundin glaubt, daß ihre Beschwerde bisher die einzige gewesen ist, oder nicht, ist irrelevant – für sie ist es eine reale Beschwerde und eine real zu hohe Rechnung, und beides ergibt sich aus dem Vertrag zwischen ihr und dem Unternehmen. Dennoch liegt es nun an der Kundin, die Rechnung zu begleichen. Wenn sie sie nicht wenigstens zum Teil bezahlt, kann das Unternehmen gerichtliche Schritte einleiten, um zu seinem Geld zu kommen, mit allen damit verbundenen Unannehmlichkeiten und Kosten (die es unter diesen Umständen allerdings kaum zurückbekommen wird). Allerdings bleibt es immerhin der Kundin überlassen, ob sie den reklamierten Betrag abzieht, wenn sie die Rechnung begleicht, wodurch es dann am Unternehmen wäre, weitere Schritte zu unternehmen. Andererseits könnte die Kundin auch darauf bestehen, daß das Unternehmen, nachdem es zu spät geliefert hat, die ganze Bestellung wieder zurücknimmt, was für das Unternehmen wohl die ungünstigste Variante wäre.

5 Das Unternehmen hat sein eigentliches Ziel aus den Augen verloren. Das wäre gewesen, eine Kundin, die eine berechtigte Beschwerde vorbrachte, zufriedenzustellen sowie zu vermeiden, daß die ganze Bestellung zurückgenommen werden mußte und damit wertlos würde. Eine von Anfang an konstruktivere Haltung hätte verhindern können, daß aus einem kleinen Ärgernis womöglich ein Rechtsstreit wird.

STOLZ KOMMT VOR VERSÖHNUNG

In manchen Situationen scheint es, daß jemand nur deshalb nicht konstruktiv reagiert, weil er auf seine Einstellung besonders stolz ist (so unhaltbar diese auch sein mag). Stolz verursacht manchmal eine Art Blockade, so daß man die Dinge nicht mehr sieht, wie sie wirklich sind, sondern versucht, sich aus einer

Situation herauszureden, auch wenn man eigentlich im Unrecht ist. Oft merkt man dann auch nicht mehr, daß es besser wäre, in der Sache weiterzukommen, als nur vergangene Fehler zu kaschieren. Das führt unweigerlich zu Konfrontationen, und das Gespräch wird eine destruktive Richtung nehmen, obwohl es genausogut sehr konstruktiv hätte verlaufen können. Es dauert oft Jahre, bis man sich einen guten Ruf aufgebaut hat, doch genügen schon ein paar Minuten, in denen man der falschen Person gegenüber etwas bestreitet, was nicht zu bestreiten ist, um diesen Ruf wieder zunichte zu machen.

REKLAMATIONEN UND WIE MAN DAMIT UMGEHT

Aus allem, was bisher gesagt wurde, geht klar hervor, daß Mitarbeiter, die für Reklamationen und Beschwerden zuständig sind, entsprechend geschult sein müssen. Für Reklamationsgespräche empfehlen sich die folgenden Richtlinien:

1. Beschaffen Sie sich alle relevanten Informationen – über den betreffenden Kunden, den Auftrag, seine Zahlungsmoral und so weiter.

2. Hören Sie sich die Beschwerde genau an, und notieren Sie alle wichtigen Informationen.

3. Überprüfen Sie alle Fakten, die der Kunde von sich aus nennt oder die er bestreitet.

4. Seien Sie stets höflich.

5. Eine Lösung sollten Sie nur anbieten, wenn es sich um eine einfach gelagerte Reklamation handelt.

6. In allen Fällen, die nicht so einfach liegen, danken Sie dem Kunden, daß er Sie darauf aufmerksam gemacht hat, entschuldigen Sie sich für eventuelle Unannehmlichkeiten und sagen Sie ihm, daß Sie herausfinden werden, was man in der Sache tun kann.

7. Geben Sie einen Termin an, wann Sie dem Kunden antworten bzw. wieder Kontakt aufnehmen, und halten Sie diesen Termin unbedingt auch dann ein – oder begründen Sie es zumindest, wenn es länger dauern wird.

8. Untersuchen Sie die Reklamation und beurteilen Sie möglichst objektiv, inwieweit sie gerechtfertigt ist. Überlegen Sie, welche Möglichkeiten es gibt, das Problem zu lösen, und halten Sie eine Alternative bereit, falls der Kunde nicht gewillt ist, auf Ihren ersten Vorschlag einzugehen.

9. Überprüfen Sie, inwieweit Sie durch Ihr Lösungsangebot einen Präzedenzfall schaffen würden, und wiegen Sie die Vor- und Nachteile Ihres Angebots hinsichtlich eventueller Wirkung in der Öffentlichkeit gegeneinander ab. Auch wenn es oft heißt, so etwas wie negative Publicity gäbe es nicht, so gilt das nicht für Fälle, in denen sich herumspricht, daß ein Produkt schlecht oder fehlerhaft ist, oder die Sicherheit von Kunden bedroht ist.

10. Versuchen Sie zu einer gütlichen Einigung zu kommen, so daß die ganze Sache dem Ruf des Unternehmens möglichst förderlich ist und ihm keinesfalls schadet.

Die Mitarbeiter, die Reklamationen und Beschwerden entgegennehmen, sollten innerhalb klar definierter Grenzen über so viel Entscheidungsmacht verfügen, daß zumindest kleinere Reklamationen schnell erledigt werden können. Im Fallbeispiel 8.2 ging es um 10 DM für die zuviel gelieferten Artikel und um 115 DM für die nicht autorisierten Fortdruckkosten. Hätte die Person, mit der die Kundin ganz zu Beginn sprach, gleich eine Gutschrift von, sagen wir, 50 DM sowohl für die zuviel gelieferten Artikel als auch die verspätete Lieferung angeboten, wäre es vielleicht nie zu der Auseinandersetzung wegen der 115 DM gekommen. Ein neuer oder diesbezüglich nicht geschulter Mitarbeiter, der zum ersten Mal mit einer solchen Situation konfrontiert ist, sollte nicht auf sich allein gestellt sein, falls der Streit sich ausweitet. Das gilt unabhängig davon, ob das Unternehmen die Verhandlung selbst initiiert hat oder nicht.

■ Beschwerden den Stachel nehmen

Oft genügt es schon, daß sich jemand eine Reklamation geduldig anhört und sie notiert, um ihr den Stachel zu nehmen. Das heißt, daß sich ein zunächst brennendes Problem auf ein kleines Ärgernis reduziert, ohne daß man weiter etwas dazu tut. Genauso kann aber auch das Gegenteil passieren, nämlich daß man, wenn man eine Reklamation rundweg abweist, einer ohnehin schwelenden Kontroverse noch weiteren Zündstoff gibt.

FALLBEISPIEL 8.3   MEHR QUALITÄT DURCH ZUHÖREN

Es hatte im Laufe der Jahre immer wieder Beschwerden hinsichtlich Qualität und Angebot der Speisen in der Kantine gegeben. Die neue Personalchefin erfuhr davon und bat die zwei Mitarbeiter, die sich am häufigsten beschwert hatten, zu einer Unterredung zu sich.

„Ich habe erfahren, daß Sie mit der Kantine nicht zufrieden sind."

„Und ob – wir beklagen uns schon seit ewigen Zeiten über die schlechte Qualität und das schlechte Angebot, aber niemand scheint davon Notiz zu nehmen, und es passiert nichts."

„Verstehe. Nun, ich bin neu hier und mit den Verhältnissen noch nicht so vertraut. Wenn es Ihnen also nichts ausmacht, mir die Probleme alle nochmals zu erklären, werde ich mich mit Sicherheit damit befassen, und wir werden sehen, ob wir nicht zumindest einigen Ihrer Beschwerden abhelfen können. Ich bin auch selbst sehr an der Kantine interessiert, weil sie in mein Budget fällt und wir nicht genug für unser Geld zu bekommen scheinen."

Im Laufe einer ziemlich langen Unterredung legten die zwei Mitarbeiter die Hauptgründe für ihre Unzufriedenheit dar, und die Personalchefin skizzierte ihrerseits die finanziellen Probleme, mit denen das Unternehmen zu kämpfen hatte. Es wurde beschlossen, eine Arbeitsgruppe einzusetzen, die Mittel und Wege finden sollte, um die Situation zu verbessern. Noch bevor die Arbeitsgruppe zum ersten Mal zusammenkam (und bevor noch Schritte hinsichtlich der Beschwerden eingeleitet worden waren), kam einer der Mitarbeiter zur Personalchefin und dankte ihr für die Verbesserungen, die bereits spürbar seien.

Schlüsselerkenntnis

Indem man Beschwerden konstruktiv anhört, anstatt sie einfach abzutun, schafft man ein Klima, in dem die Mitarbeiter das Gefühl haben, es wären bereits Verbesserungen vorgenommen worden, auch wenn in Wirklichkeit noch nichts geschehen ist! Es wurden in weiterer Folge aber tatsächlich beträchtliche Verbesserungen vorgenommen und die Preise nach und nach erhöht, um das Budget wieder unter Kontrolle zu bringen. Obwohl diese Maßnahme für die Mitarbeiter Kosten verursachten, nahmen sie den geringeren Zuschuß durch das Unternehmen widerspruchslos hin, weil die Personalchefin die Initiative ergriffen und die Betroffenen einbezogen hatte. Die Tatsache, daß die Verbesserungen auch wie versprochen durchgeführt wurden, trug natürlich ebenfalls dazu bei, daß diese Politik breite Unterstützung fand.

■ Schranken aufbauen

Im Fallbeispiel 8.3 konnte dadurch, daß die Personalchefin zuhörte, daraus etwas lernte und andere miteinbezog, ein Klima geschaffen werden, in dem sich Veränderungen durchsetzen ließen. Beide Seiten hatten bestimmte Anliegen, und indem sie diese diskutierten, konnte ein annehmbarer Kompromiß gefunden werden. Hätte die Personalchefin die Beschwerden der Mitarbeiter als unbegründet abgetan, wie ihre Vorgängerin, und sich statt dessen nur darauf konzentriert, den Zuschuß zu reduzieren (wahrscheinlich mittels Preiserhöhungen), hätte das mit großer Wahrscheinlichkeit zu heftigen Reaktionen geführt. Dinge durchsetzen zu wollen, ohne den Boden dafür bereitet zu haben, löst in den meisten Fällen Unmut aus, der so weit gehen kann, daß das anvisierte Ziel außer Reichweite rückt.

118

FALLBEISPIEL 8.4 **DIE BEDINGUNGEN VERSTEHEN**

Eine Agentur, die regelmäßig in einer Zeitschrift Inserate geschaltet hatte, wurde davon in Kenntnis gesetzt, daß die Zeitschrift neue Eigentümer hatte. Angesichts der allgemeinen Rezession beschloß die Agentur, die Einschaltungen für zwei Ausgaben auszusetzen. Als sie das der Zeitschrift mitteilte, erhielt sie folgenden Telefonanruf:

1 *„Sie haben uns mitgeteilt, daß Sie Ihre Werbeeinschaltungen aussetzen möchten. Ich muß Sie davon in Kenntnis setzen, daß dann eine Stornogebühr anfällt und Sie außerdem den Wiederholungsrabatt zurückzahlen müssen.“*

2 *„Aber wir haben mit Ihrem Unternehmen nie etwas Diesbezügliches vereinbart.“*

„Doch, haben Sie – die Bedingungen besagen, daß bei kurzfristiger Stornierung 25 Prozent anfallen und bei einer Stornierung von Wieder-

holungsinseraten der Wiederholungsrabatt zurückerstattet werden muß."

„Ich bedaure, Ihnen hier widersprechen zu müssen – aber Sie beziehen sich unrichtigerweise auf die Geschäftsbedingungen Ihrer Vorgänger. Ihr Unternehmen hat keine derartigen Geschäftsbedingungen herausgegeben."

„Für die lächerliche Provision, die ich bekomme, werde ich nicht für den einen Fall neue Bedingungen herausgeben, der nur deshalb zum Problem wird, weil es Ihnen an gutem Willen fehlt."

3   „Das ist völlig irrelevant. Normalerweise wäre das eine Frage der vertraglichen Bedingungen, aber in dem Fall gibt es keinen formalen Vertrag. Aber auch wenn wir das einmal beiseite lassen und die Bedingungen Ihrer Vorgänger anerkennen, so sind darin nicht die von Ihnen geforderten Gebühren enthalten. Eine Gebühr wird nur fällig, wenn die Stornierung zu spät erfolgt und auch wenn wir verständlicherweise den Wiederholungsrabatt verlieren, geht aus diesen Bedingungen nicht hervor, daß der Kunde den Rabatt zurückzahlen muß, den er bis dahin in Anspruch genommen hat."

„Ihre Stornierung kam zu spät."

„Tut mir leid, aber dem kann ich nicht zustimmen – wir haben Sie von unserer Entscheidung mehr als sechs Wochen vor dem Erscheinungsdatum informiert."

„Wir müssen es sechs Wochen vor Redaktionsschluß wissen."

„Das steht aber nicht so in den Bedingungen Ihrer Vorgänger – dort steht sechs Wochen vor Erscheinen. Ich habe Sie mehr als drei Monate vor dem Erscheinungsdatum der einen und über sechs Monate vor dem Erscheinungsdatum der anderen Nummer informiert."

„Nun, wir verlassen uns auf den guten Willen unserer Kunden, und ich akzeptiere diese pedantische Auslegung der Bedingungen nicht."

„Aber die Bedingungen sind Vertragsgrundlage, und abgesehen davon ist es Ihre Auslegung, die überhaupt zu dieser Diskussion geführt hat. Ihre Auslegung war außerdem noch vollkommen unkorrekt, deshalb auch unsere Beanstandung. Ich wiederhole nochmals, daß wir Ihnen die Aussetzung unserer Einschaltungen mit einer Frist von mehreren Monaten mitgeteilt hatten, wobei wir schon seit mehreren Jahren jedes Quartal bei Ihnen inserieren. Als langjährige Kunden, glaube ich, verdienen wir eine bessere Behandlung, als aus diesem Gespräch hervorgeht."

119

Schlüsselerkenntnisse

1 Das ist nicht die beste Art, mit einem langjährigen Kunden umzugehen.

2 Unmut und Frustration mögen verständlich sein, lösen aber nicht das
   Problem – sie machen im Gegenteil die Situation nur schlimmer. Auf
   Mitleid zu pochen scheint eine merkwürdige Taktik, ist aber weiter
   verbreitet, als man glaubt. Wirkungsvoll ist sie nur selten.

3 Wenn man über Geschäftsbedingungen debattiert oder sich darauf
   verläßt, muß man sie erstens ganz verstehen, zweitens müssen sie
   für den jeweiligen Fall gelten, und drittens müssen sie richtig wiedergegeben werden. Verliert man, aus welchem Grund auch immer, die
   Beherrschung, verliert man meistens auch den Disput. Wenn man
   sozusagen „erwischt" wird, reagiert man besser etwa so: „Das tut
   mir aber leid, hier scheint ein Mißverständnis vorzuliegen, ich werde
   mir das nochmals ansehen und rufe Sie dann zurück."

■ Wenn der Kunde sich verletzt

Die letzten Beispiele haben gezeigt, welche Schwierigkeiten im Zusammenhang mit Verträgen entstehen können. Im Falle, daß sich Kunden zum Beispiel
verletzen, wird die ganze Sache noch komplizierter. Das Interesse des Unternehmens, seinen guten Ruf zu wahren und in den Augen der Öffentlichkeit das
Richtige zu tun, steht oft in Widerspruch zu dem, was die Haftpflichtversicherung des Unternehmens meist für das beste hält, nämlich daß man nichts tut
oder sagt, was darauf hindeutet, daß man die Verantwortung übernimmt, weil
man sich dann unter Umständen der Haftung nicht mehr entziehen kann. Das
Unternehmen sollte im vorhinein mit seiner Versicherungsgesellschaft klären,
was in solchen Fällen getan oder gesagt werden darf, weil es unter dem –
tatsächlich vorhandenen oder vermeintlichen – Druck der Öffentlichkeit fast
immer sehr rasch wird Maßnahmen ergreifen müssen.

FALLBEISPIEL 8.5   DAS HAFTUNGSPROBLEM

Eine ältere Frau stolperte in einem Geschäft über eine Kiste, die im Gang stand, und brach sich das Handgelenk. Das Geschäft hatte am Ort einen sehr guten Ruf und wollte sich möglichst vorbildhaft verhalten, wenn auch klar war, wo die Interessen seiner Haftpflichtversicherung lagen. Die Angestellten des Geschäfts (und nicht das Unternehmen, dem es gehörte) schickten der Frau einen Blumenstrauß und Schokolade sowie eine Karte, auf der sie ihr gute Besserung wünschten. Die Geschäftsführerin des Ladens erkundigte sich regelmäßig bei der Familie der Frau nach ihren Genesungsfortschritten. Dabei bediente sie sich stets einer sehr neutralen Sprache.

Schlüsselerkenntnis

Es muß dem Interessenkonflikt zwischen dem guten Ruf des Geschäfts und der ehrlichen Sorge um eine Kundin, die sich verletzt hat, einerseits und der Abgeneigtheit der Versicherungsgesellschaft, die Haftung zu übernehmen, andererseits Rechnung getragen und eine entsprechende Lösung gefunden werden.

In diesem Fall kam es zu keiner offiziellen Kontaktaufnahme – und es wurden auch keinerlei rechtliche Schritte unternommen, da die Frau sich schnell erholte und sie und ihre Familie die ehrliche Anteilnahme der Angestellten zu schätzen wußten.

Jedoch lassen sich nicht alle Vorfälle so gütlich regeln, und selbst wenn es das Unternehmen ernsthaft wollte, könnte es sein, daß ihm wegen der Haftungsfrage diesbezüglich die Hände gebunden sind. Wer mit solchen Angelegenheiten zu tun hat, muß sich dieses Aspekts der Problematik bewußt sein.

FALLBEISPIEL 8.6   SICHERHEIT GEHT ÜBER ALLES

Eine Spielzeugkette hatte eine ganze Reihe von sogenannten „Taschengeldspielzeugen" im Programm – billige Spielzeuge, die Kinder mit dem eigenen Taschengeld kaufen konnten. Eines dieser Spielzeuge war eine Schere, die für kleine Kinder geeignet war und sich „Sicherheitsschere"

121

nannte. Ein Kunde wandte sich mit einer Reklamation an die Zentrale des Konzerns. Er wurde von der zuständigen Geschäftsführerin empfangen. Sie wußte schon, daß es möglicherweise ein Problem geben könnte, nachdem sie von dem Laden verständigt worden war, in dem der Kunde nach Namen und Adresse der Zentrale gefragt hatte.

1   *„Guten Morgen, Herr Römer. Danke, daß Sie gekommen sind – wir freuen uns immer, unsere Kunden kennenzulernen, auch wenn sie wegen einer Reklamation kommen. Was gibt es für ein Problem?"*

„Es geht um die Schere, die Sie in Neustadt verkaufen – mein Sohn hat sich damit im Mund geschnitten."

„Das tut mir aber leid. Wie heißt Ihr Sohn, und wie alt ist er denn?"

„Peter, er ist letzte Woche zwei geworden."

„Ist der Schnitt schlimm – mußte er genäht werden?"

„Nein, aber er hat stark geblutet und war ein paar Stunden lang nicht mehr zu beruhigen."

„Ich hoffe, es geht ihm wieder besser ...

2   *... wie ist er an die Schere gekommen?"*

„Wir haben sie ihm zum Geburtstag geschenkt, mit anderen Sachen, die wir in Ihrem Laden gekauft haben."

„Ich würde meinen, zwei ist noch ein bißchen jung, um mit einer Schere zu spielen. Kinder in dem Alter nehmen ja gerne alles in den Mund, meine zumindest tun das."

3   *„Aber auf der Verpackung steht, daß es eine Sicherheitsschere ist, deshalb dachten wir, sie wäre sicher."*

4   *„Nun, die Bezeichnung ‚sicher' bezieht sich darauf, daß die Teile der Schere nicht spitz und außerdem in Plastik eingeschweißt sind, außer den Schnittkanten, die aber natürlich stumpf sind. Sie wissen sicherlich, daß die Schnittkanten der meisten Scheren eigentlich ziemlich stumpf sind, anders als bei Messern."*

„Wie kann eine Schere stumpf sein – wenn sie schneidet?"

„Scheren schneiden nur durch die Bewegung der zwei Messer gegeneinander. Bei dieser Schere haben die Hersteller alles sicher gemacht, aber sie können natürlich nicht verhindern, daß sich die zwei stumpfen Messer gegeneinander bewegen, denn sonst wäre es ja keine Schere mehr. Die Schere heißt aus demselben Grund Sicherheitsschere, aus dem eine Sicherheitsnadel Sicherheitsnadel heißt. Sicherheitsnadeln sind übrigens viel spitzer als unsere Scheren. Die

Bezeichnung ‚sicher' heißt, daß die Benutzer – in dem Fall kleine Kinder und Babys – vor der Spitze geschützt sind. Trotz ihres Namens ist die Sicherheitsnadel spitz – viel spitzer als irgendein Teil von Peters Schere. Aber trotz dieses Schutzes würden Sie Ihrem Kind doch nie eine Sicherheitsnadel zum Spielen geben?"

5 „Aber dann sollten Sie doch auf die Verpackung schreiben, daß die Schere nicht für kleine Kinder geeignet ist."

„Wir verkaufen jedes Jahr Tausende dieser Scheren, und das ist das erste Mal, daß wir gehört haben, daß sich ein Kind damit geschnitten hat. Wenn es aber irgend etwas gibt, was wir tun können, um selbst diesen einen Fall zu verhindern, werden wir das versuchen. Ich muß sagen, ich bin Ihnen dankbar, daß Sie gekommen sind und uns das erzählt haben, und ich hoffe, Peter geht es inzwischen wieder ganz gut. Wir möchten Ihnen zumindest die Fahrtkosten ersetzen, die Sie gehabt haben, um hierherzukommen, und ich gebe Ihnen hier ein paar Süßigkeiten für Peter mit. Die kann er nun bestimmt in den Mund nehmen, und ich hoffe, sie schmecken ihm."

Schlüsselerkenntnisse

1 Das Gesprächsklima ist freundlich und die Grundhaltung positiv, weil die Geschäftsführerin sich bewußt darum bemüht. Der Kunde hat das Gefühl, willkommen zu sein, und die Geschäftsführerin drückt ihr Bedauern über den Vorfall aus, ohne daß sie deshalb aber in irgendeiner Form die Haftung dafür übernimmt. Indem sie den Namen des Kindes verwendet, wird das Gespräch persönlicher.

2 Mit dieser rhetorischen Frage bringt sie den Vater dazu, ihr grundsätzlich rechtzugeben, auch wenn darin Kritik am Verhalten von Peters Familie enthalten ist. Indem die Geschäftsführerin ihre eigenen Kinder erwähnt, schafft sie eine Gemeinsamkeit und knüpft eine persönlichere Beziehung zu dem Kunden, stellt aber auch von vornherein klar, daß jeder weiß, wie Kinder sind und daß man auf sie aufpassen muß.

3 Jetzt wird es schwierig – die Fangfrage. Würde die Geschäftsführerin ihm recht geben, daß das Alter auf der Verpackung angegeben sein sollte, könnte das als Haftungsübernahme ausgelegt werden. Ande-

rerseits würde der von der Kette angestrebte Ruf, ein verantwortungsvolles Unternehmen zu sein, untergraben, würde sie die Frage einfach abtun. Bei solchen Fragen oder Einwänden ist Vorsicht geboten. In dem Fall geht die Geschäftsführerin geschickt über den eigentlichen Punkt hinweg.

4   Eine weitere rhetorische Frage bringt das Gespräch wieder einen Schritt voran, während die Behauptung, eine Schere könne niemals ganz sicher sein, durch den Vergleich mit einem viel besser bekannten Produkt untermauert wird, das man auch für Kinder verwendet. Eine derart kreative Gesprächsführung ist bei solchen Gelegenheiten viel wert, bedarf aber unbedingt einer Vorbereitung.

5   Ohne ungeduldig zu wirken, versucht die Geschäftsführerin das Gespräch zu Ende zu bringen. Herr Römer hat eine Beschwerde vorgebracht, aber das Unternehmen hat sich glaubwürdig verteidigt. Mit dem Angebot, die Fahrtkosten zu übernehmen, und einem kleinen Geschenk sollte die Sache erledigt sein. Ist das nicht der Fall, müßte das Unternehmen in Anbetracht der Interessen seiner Haftpflichtversicherung jedes weitere Gespräch darüber ablehnen und die Sache der Versicherung übergeben. Die Angelegenheit durch ein persönliches Gespräch zu erledigen (und nicht schriftlich) ist für das Unternehmen und die Versicherung auch insofern günstiger, als es dann keine schriftlichen Unterlagen über den Vorfall gibt.

■ Der Kunde als Eigentümer

Eine beträchtliche Anzahl von Privatpersonen sind Aktienbesitzer, so daß sie gleichzeitig Konsumenten und Aktionäre der betreffenden Unternehmen sind (siehe auch Kapitel 10, Seite 144). Als Aktionäre können sie an den Hauptversammlungen der Unternehmen teilnehmen und dort – wo immer auch Vertreter der Presse anwesend sind – Fragen stellen. Wenn solche Versammlungen auch nicht den Sinn haben, daß Aktionäre/Konsumenten ihrem Ärger über einen schlechten Kundendienst Luft machen, so bieten sie dennoch ein Forum, bestimmte Anliegen öffentlich zur Sprache zu bringen und – vor allem auch, weil die Presse anwesend ist – publicitywirksam darzustellen. Auf diese Weise ist schon mancher Mißstand beseitigt worden.

FALLBEISPIEL 8.7 SCHMUTZIGE WÄSCHE WASCHEN

Sogar eine der bekanntesten Kaufhausketten geriet in eine peinliche Situation, als bei der Hauptversammlung 1990 jemand wissen wollte, warum man in der Filiale eines Badeortes keine Badebekleidung kaufen könne. Die Antwort lautete, die Filiale sei aus Versehen nicht in das computerisierte Warenzuteilsystem aufgenommen worden – ein Fehler, den man in der Zwischenzeit bereits behoben hatte. Weil das Unternehmen so bekannt ist, berichteten mehrere überregionale Zeitungen mit großer Aufmachung über diese Geschichte.

Schlüsselerkenntnis

Fehler passieren, und es ist wenig sinnvoll, sie zu rechtfertigen. Eher weckt es beim Konsumenten Vertrauen, wenn Fehler bereitwillig zugegeben und umgehend behoben werden oder wenn gegebenenfalls Schadenersatz geleistet wird. Diese positive Reaktion wird von den Konsumenten auf jeden Fall geschätzt.

Die Kaufhauskette nahm durch die öffentliche Bekanntmachung keinen Schaden – im Gegenteil – sie hat ihren Ruf, für Qualität zu stehen, noch weiter festigen können, indem sie sich zu ihrem Versäumnis bekannte. Allerdings wird an dem Beispiel deutlich, wie schnell Fehler an die Öffentlichkeit dringen. Stellen Sie sich vor, um wieviel lieber sich Journalisten auf Fälle stürzen, wo es um schlechte oder zweifelhafte Produkte oder um schlechten Kundendienst geht. Wer mit Kunden und Reklamationen zu tun hat, muß wissen, welche Gefahr negative Publicity birgt. Hinzu kommt der wachsende Verbraucherschutz, der auch gesetzlich geregelt ist. Konsumenten – und auch Aktionäre – sind immer besser über ihre Rechte informiert und auch immer mehr bereit, diese Rechte wahrzunehmen. Auch wenn man darauf achten muß, keine Präzedenzfälle zu schaffen, sollte man grundsätzlich eine konstruktive Lösung anstreben und so schnell wie möglich Schadenersatz leisten. Immerhin ist es die Aufgabe jedes Unternehmens, die Kunden zufriedenzustellen, denn unzufriedene Kunden werden kaum wiederkommen. Eine der Lehren der Rezession ist auch die, daß es vielleicht nicht einfach ist, Kunden zu halten, aber daß es mit Sicherheit leichter ist, mit zufriedenen Kunden weiterhin Umsätze zu erzielen, als neue Kunden zu gewinnen.

Gute Zusammenarbeit mit Lieferanten

DARAUF SOLLTEN SIE ACHTEN:

1 Durch eine partnerschaftliche Zusammenarbeit mit Lieferanten lassen sich viele Kosten und Probleme vermeiden, und es kommt seltener zu Konfliktsituationen.

2 Ebensooft wie der Preis bietet auch die Qualität von Produkten Anlaß für Konflikte. Jede Konfliktlösung sollte dann wenigstens ihrerseits Qualitätsarbeit sein.

3 Handels- und Geschäftsbeziehungen verändern sich oft zyklisch – eine harte Verhandlungsführung rächt sich oft bei anderer Gelegenheit, während vernünftige Kompromisse in Hinblick auf zukünftige Verhandlungen meist eine gute Investition sind.

4 Objektivität und Aufrichtigkeit im Umgang mit Lieferanten ist besser als Subjektivität und/oder grundlose Übertreibungen.

Auch wenn manches Unternehmen nach wie vor in seinen Lieferanten nur ein notwendiges Übel und höchstens eine brauchbare Quelle für sein Betriebskapital sieht, verfolgen viele der größeren und mehr zukunftsorientierten Unternehmen inzwischen eine andere Politik, weil sie begriffen haben, wie wichtig die partnerschaftliche Beziehung zu Lieferanten ist. Auf Dauer läßt sich eine solche Beziehung, die den gemeinsamen Interessen Rechnung trägt und den jeweiligen Unternehmenszielen dient, nur durch eine enge Zusammenarbeit mit den Lieferanten aufbauen.

Dabei geht es nicht nur darum, durch erfolgreiche Verhandlungsstrategien ein gutes Verhältnis zu einem Lieferanten herzustellen und so Konfliktsituationen möglichst zu vermeiden. Es gilt etwa auch, bessere (und wirtschaftlichere) Wege zu finden, um z. B. Rohmaterialien zum beiderseitigen Vorteil in den Produktionsprozeß einzubringen. Das Sprichwort „Ein ersparter Pfennig ist zweimal verdient" paßt hier sehr gut, wie auch aus den folgenden Beispielen für Kosten-Gewinn-Verhältnisse abzulesen ist.

Für ein Unternehmen, das 10 Prozent auf einen Umsatz von 1 000 DM erzielt, gilt:

◆ Bei einer Kostensenkung um 1 DM kann es auf 10 DM Umsatzerlöse verzichten, ohne daß sich der Gewinn ändert.
◆ Eine Kostensenkung um 10 Prozent, ohne daß gleichzeitig der Umsatz zurückgeht, bringt 90 Prozent mehr Gewinn.
◆ Eine Umsatzsteigerung von 10 Prozent bei einer gleichzeitigen Kostensenkung um 10 Prozent führt zu einer Gewinnverdreifachung.
◆ Durch eine Kostensenkung lassen sich unter Umständen auch die Preise reduzieren, was wiederum die Nachfrage ankurbelt und damit zu weiteren Gewinnen führt.

127

Es dürfte auf der Hand liegen, daß sich durch die Vermeidung von Konfliktsituationen, abgesehen von allen anderen Vorteilen, auch Kosten sparen lassen. Natürlich kann ein Unternehmen seine Kosten auch senken, indem es günstige Verträge abschließt oder billigere Einmal-Lieferanten findet. Allerdings wird das letztendlich weniger kostenwirksam sein als eine dauerhafte Beziehung zu einem Lieferanten aufzubauen und mit diesem gemeinsam die Qualität und die Kosten von Produkten zum beiderseitigen Nutzen zu optimieren.

GEMEINSAME INTERESSEN

Lieferanten und Abnehmer werden nur dann wirklich an einer dauerhaften Beziehung interessiert sein – Lieferanten, um die kontinuierliche Nachfrage nach ihren Produkten zu sichern, Abnehmer, um ihren Bedarf an Rohmaterialien, Dienstleistungen oder Fertigfabrikaten zu decken –, wenn es einen fortgesetzten und konstruktiven Dialog gibt und sie sich über Preis, Qualität, Zuverlässigkeit, Lieferbedingungen und so weiter einig sind. Ein derartiges Verhältnis stellt sich aber nicht automatisch ein und läßt sich auch nicht von einem Tag auf den anderen schaffen; es setzt gegenseitiges Vertrauen und gegenseitige Wertschätzung voraus, was sich erfahrungsgemäß erst mit der Zeit entwickelt. Zudem sind solche Beziehungen nur dann von Dauer, wenn beide Seiten das Gefühl haben, davon zu profitieren, und die positiven Faktoren, die sie aneinander binden, Bestand haben bzw. nur mit beiderseitigem Einverständnis verändert werden. Ansonsten kommt es leicht zu Konflikten und zum Bruch der Beziehung.

FALLBEISPIEL 9.1   QUALITÄTSMINDERUNG

In einem Produktionsbetrieb hatte man die Probleme, die bei der Produktion plötzlich aufgetaucht waren, schließlich auf die eingesetzten Rohstoffe zurückverfolgen können. Nachdem drei der vier Materialien als nicht beteiligt ausgesondert waren, blieb ein Rohstoff übrig. Eine genaue Analyse ergab, daß die Stärke des verwendeten Pulvers nicht den Spezifikationen entsprach. Der Geschäftsführer des Betriebs bat den Vertreter der Lieferfirma zu einer Unterredung.

1   *„Ich danke Ihnen, daß Sie gekommen sind. Wir haben große Probleme mit der Produktion und mußten eine genaue Analyse der Rohstoffe durchführen lassen, die wir für unser Produkt verwenden. Dabei kam heraus, daß die Stärke des Pulvers, das wir mit den letzten zwei Lieferungen von Ihnen bekommen haben, um 10 Prozent unter unseren Spezifikationen liegt."*

„Das kann, glaube ich, nicht stimmen."

2   *„Ich versichere Ihnen aber, daß es so ist, unser Labor hat das festgestellt. Wir haben das gesamte Produktionsverfahren analysiert, und die Analyse hat ergeben, daß Ihr Produkt eine um 10 Prozent geringere Stärke aufweist. Wir haben dann nochmals einen Produktionsdurchgang mit Pulver gemacht, das von einer Ihrer früheren Lieferungen übrig war, und das Ergebnis war einwandfrei, was mit dem Pulver der letzten beiden Lieferungen nicht der Fall ist."*

„Sind Sie auch sicher, daß diese Tests zuverlässig sind?"

„Natürlich, und ich brauche umgehend Aufklärung von Ihrer Produktionsabteilung. Unsere Produktion ist stark beeinträchtigt, wir müssen mehr von Ihrem Pulver verwenden und dann noch einen Stabilisator zugeben, um zu einem annehmbaren Ergebnis zu kommen. Das kommt sehr teuer und wir sind dabei, eine Schadenersatzklage vorzubereiten."

„Nun, dafür sind wir aber nicht haftbar!"

Schlüsselerkenntnisse

1 Machen Sie nicht diesen Fehler. Der Vertreter der Lieferfirma äußert Zweifel an der Zuverlässigkeit der Analyse, obwohl er nicht ausschließen kann, daß die eigene Produktionsabteilung einen Fehler gemacht hat. Als erste Reaktion hätte er den Kunden beruhigen müssen und ihm versprechen, sich sofort der Sache anzunehmen.

2 Hüten Sie sich auch vor den nächsten Fehlern. Indem der Vertreter die Tests wieder anzweifelt und jede Verantwortung von sich weist, anstatt eine neutrale Position einzunehmen, bis er die Sache überprüft hat, gefährdet er möglicherweise das gute Einvernehmen mit seinem Abnehmer. Dieser hat die Sachlage dargestellt und eine – bis dahin fehlende – konstruktive Stellungnahme seitens der Lieferfirma gefordert.

KONFRONTATIONEN VERMEIDEN

Auf den ersten Blick mag man die Reaktion für zu milde halten, die der Geschäftsführer dem Vertreter der Lieferfirma gegenüber an den Tag legt. Wäre er jedoch dem Vertreter gleich zu Anfang des Gesprächs schärfer entgegengetreten, so hätte die Gefahr bestanden, daß die Diskussion in eine heftige Auseinandersetzung, wenn nicht in einen richtigen Streit ausartet, womit niemandem gedient gewesen wäre. Was will der Geschäftsführer letztlich erreichen? Er verfolgt mehrere Ziele gleichzeitig, von denen einige auch die Lieferfirma betreffen. Seine Ziele sind unter anderem:

◆ so schnell wie möglich das Produkt in der erforderlichen Stärke zu bekommen, um die gewohnte Qualität zu den vorgesehenen Kosten produzieren zu können;

◆ Schadenersatz für die entstandenen Kosten;

◆ die Verpflichtung seitens der Lieferfirma, in Zukunft das Pulver in der spezifizierten Qualität zu liefern sowie dem Abnehmer gegenüber eine konstruktivere Haltung an den Tag zu legen.

Die zwei letztgenannten Zielsetzungen lassen sich nicht ohne den guten Willen der Lieferfirma erreichen, und der wäre nach einem Streit mit Sicherheit dahin. Indem der Geschäftsführer den Fall in aller Ruhe darlegt, ist es für beide Seiten leichter, ohne Emotionen zu reagieren, und es entsteht zudem die Basis für eine gütliche Einigung. Die erste Zielsetzung der Produktionsfirma besteht darin, sobald wie möglich das benötigte Rohmaterial wieder zu akzeptablen Bedingungen beziehen zu können – ob von demselben Lieferanten oder einem anderen, wird zu einem großen Teil davon abhängen, wie die Lieferfirma hinsichtlich der beiden letzten Zielsetzungen reagiert. Erweist sie sich als konstruktiv, verpflichtet sich zu Schadenersatzzahlungen und sichert zu, einen derartigen Fehler künftig zu vermeiden, wird eine Weiterführung der Geschäftsbeziehung vielleicht möglich sein. Aber selbst dann wird die Produktionsfirma verständlicherweise auf Zusicherungen von höherer Stelle im Unternehmen des Lieferanten bestehen.

FALLBEISPIEL 9.2	DIE GESCHICHTE GEHT NOCH WEITER

Der Vertreter erstattete seinem Chef – dem Geschäftsführer der Lieferfirma – Bericht.

„Und was sagten Sie ihm?"

„Ich sagte ihm, ich glaube nicht, daß ihre Qualitätsprobleme irgend etwas mit unserem Rohstoff zu tun hätten."

„Aber sie gehören zu unseren ältesten und wichtigsten Kunden – Sie hätten bitten sollen, daß Sie mich gleich von ihrem Büro aus anrufen dürfen, um unsere Position abzuklären. Oder Sie hätten alle Details aufschreiben und damit dann zu mir kommen müssen, damit wir unser weiteres Vorgehen abklären können. Dann hätten Sie eine gute Grundlage für neue Verhandlungen gehabt."

„Aber damit hätten wir zugegeben, daß es unsere Schuld ist."

„Nicht unbedingt. Man hätte es wahrscheinlich nur so verstanden, daß wir uns zuerst voll über die Fakten informieren wollten. Das wäre auf jeden Fall besser gewesen, als ihnen zu sagen, sie wüßten nicht, wovon sie reden. Außerdem liegt die Verantwortung tatsächlich bei uns – wir haben die Stärke herabgesetzt."

„Wann?"

„Vor etwa zwei Wochen – und Sie wurden bei der Verkäuferbesprechung letzten Monat davon informiert. Sie hätten damit rechnen müssen, daß dieses Problem auftaucht, nachdem wir damals extra darauf hingewiesen haben. Wir halten diese technischen Besprechungen nicht zum Vergnügen ab; sie haben den Sinn, Sie, die Sie in dem Bereich arbeiten, auf mögliche Probleme hinzuweisen. Bei der nächsten Besprechung möchte ich sehen, daß Sie sich Notizen machen."

„Aber ich bin kein Techniker."

„Stimmt. Aber wie können Sie dann dem Kunden sagen, seine Tests wären unbrauchbar, und die Schuld läge nicht bei unserem Produkt? Sie hätten ihn daran erinnern sollen, daß wir im Februar alle unsere Kunden schriftlich von der Reduzierung der Stärke verständigt haben. Sie müssen sich mehr auf Ihre Arbeit konzentrieren – unsere Produkte verkaufen ist nicht wie Nägel verkaufen."

Schlüsselerkenntnis

Der Geschäftsführer nimmt die Gelegenheit wahr, bei einem Gespräch, in dem es eigentlich um ein Problem mit einem Kunden geht, den Mitarbeiter zu verwarnen. Es scheint außer Frage zu stehen, daß der Vertreter, hätte er bei der Besprechung besser aufgepaßt, dem Kunden gegenüber positiv reagiert hätte, anstatt dessen Reklamation kurzerhand abzutun. Indem der Geschäftsführer die Sache zu dem Zeitpunkt noch nicht überbewertet, bleibt er flexibel und kann später gegebenenfalls immer noch darauf zurückkommen, hat dem Mitarbeiter aber immerhin eine Warnung erteilt.

DIE FAKTEN KLÄREN

Der Geschäftsführer der Lieferfirma hat nun nicht das Problem, daß die Konzentration herabgesetzt wurde, sondern daß der Geschäftsführer der Produktionsfirma anscheinend die entsprechende Mitteilung nicht zur Kenntnis genommen hat. Beim nächsten Gespräch wird der Lieferant mit Fingerspitzengefühl vorgehen müssen, vor allem auch, weil der Abnehmer zu seinen größten Kunden zählt.

FALLBEISPIEL 9.3	DER NÄCHSTE SCHRITT

1 *„Guten Tag, Herr Hofmann, hier spricht Faber von Chemrepar. Ich habe gehört, daß Sie ein Problem mit Ihrer Produktion haben und meinen, daß die Stärke unseres Pulvers 02 dafür verantwortlich ist."*

„Ja, es entspricht nicht der Spezifikation, und wir mußten Zusatzstoffe zugeben, um die Qualität zu produzieren, die wir brauchen. Wir haben alles überprüft. Es scheint, daß die letzte Lieferung Ihres Pulvers nicht die notwendige Stärke aufweist, aber Ihr Vertreter streitet ab, daß das irgend etwas mit Ihnen zu tun hat. Ich bin sehr verärgert, sowohl, daß dieses Problem aufgetaucht ist, als auch wegen der Haltung Ihres Mitarbeiters, das kann ich Ihnen sagen."

„Das tut mir sehr leid. Ich habe mit ihm gesprochen, und er sieht ein, daß er die Sache nicht sehr geschickt angepackt hat. Ihre
2 *Schwierigkeiten haben tatsächlich mit unserem Pulver zu tun, aber wir waren der Meinung, daß Ihnen das gleich klar sein würde."*

„Ich weiß nicht, ob ich Ihnen noch folgen kann – warum hätte mir das klar sein sollen?"

„Sie werden sich erinnern, daß wir Ihnen vor etwa einem Monat mitgeteilt haben, daß wir die Stärke herabsetzen wollen."

„Daran erinnere ich mich nicht."

„Ich dachte mir schon, daß Ihnen das vielleicht entgangen ist. Wir sprachen darüber kurz bei unserem letzten Treffen, bei dem es eigentlich um den Preis ging. Wir sagten, wir müßten um ca. 15 Prozent mit dem Preis hinaufgehen, weil die Abbaukosten in Afrika gestiegen sind und der Wechselkurs sich für uns ungünstig entwickelt hat. Sie sagten

darauf, daß Sie eine Preiserhöhung im Moment nicht akzeptieren könnten – erinnern Sie sich daran?"

„Ja – wir können eine Preiserhöhung im Moment nicht an unsere Kunden weitergeben – die Rezession bringt jetzt schon die Nachfrage fast zum Versiegen."

„Das brauchen Sie uns nicht zu sagen! Nachdem Sie die Preiserhöhung nicht akzeptieren konnten, sagten wir, daß wir in dem Fall einen Ersatzemulgator verwenden müßten, wodurch die Stärke um etwa 8 bis 11 Prozent reduziert würde. Dann könnten wir den Preis halten, aber es würde natürlich einen Einfluß auf einige Weiterverarbeitungen haben. Unsere anderen Kunden haben unsere Position akzeptiert und ihre Verfahren entsprechend modifiziert. Es tut mir sehr leid, daß Sie sozusagen davon überrascht wurden, aber ich hoffe, Sie erinnern sich, daß wir Sie darauf hingewiesen haben."

Schlüsselerkenntnisse

1 Kommunikation findet meistens mündlich statt, manches ist schnell gesagt und nirgends festgehalten. Mit einer raschen Entschuldigung statt einer abweisenden Reaktion kann man die Gegenseite meist schnell entwaffnen und eine persönliche Beziehung herstellen.

2 Hier wird deutlich, wie gut es war, nicht von Anfang an scharf argumentiert zu haben. Man kann zu einem späteren Zeitpunkt immer noch nachlegen; wenn man aber zurückstecken muß, nachdem man den Gegner bereits heftig attackiert hat, gibt man die Zügel aus der Hand, und der Gegner kann die Führung übernehmen.

WER IM GLASHAUS SITZT ...

Der Geschäftsführer der Produktionsfirma muß nun die Kosten der zusätzlichen Arbeitsleistung und der Materialien, die zum Qualitätserhalt zugegeben werden müssen, gegen die von der Lieferfirma begehrte Preiserhöhung abwägen. Das hätte er natürlich schon tun müssen, als die Lieferfirma ihn vor die Wahl stellte. Das ganze Problem hat außerdem noch eine gesellschaftliche Dimension: Die Chefs der beiden Unternehmen gehören demselben Golfclub an und spielen regelmäßig zusammen. Unter diesen Umständen wäre es durchaus denkbar, daß der Chef der Lieferfirma den Chef der Produktionsfirma wegen dieses Vorfalls zum besten hält, wenn sie das nächste Mal zusammen Golf spielen. Auch das muß nämlich berücksichtigt werden, daß oft Außenstehende sich für derartige Streitigkeiten interessieren. In diesem Fall kann der Geschäftsführer der Produktionsfirma doppelt dankbar sein, daß er mit dem Vertreter nicht so hart umgesprungen ist, sondern gewartet hat, bis alle Fakten bekannt sind.

FALLBEISPIEL 9.4 — EINE ZUSÄTZLICHE DIMENSION

Der Chef des Produktionsbetriebs ruft den Geschäftsführer zu sich, und es kommt zu folgendem Gespräch:

1 „Herr Hofmann, ich habe gestern mit dem Präsidenten von Chemrepar gesprochen, und es scheint, daß wir in dieser Preis-Stärke-Sache einen Fehler gemacht haben."

2 „Wir haben sicherlich nicht gerade geglänzt! Wir konnten keine Preiserhöhung verkraften, weil wir am Markt den Preis für unsere Produkte halten mußten, und das einzige, was sie uns anbieten konnten, war, mit der Stärke herunterzugehen. Es ist natürlich meine Schuld, aber aus irgendeinem Grund habe ich die Abmachung, daß wir eine verminderte Stärke bekommen würden, wenn sie mit dem Preis nicht hinaufgingen, nicht registriert. Wir haben beträchtliche zusätzliche Produktionskosten gehabt, um unsere Qualität zu halten. Ich bin sicher, daß diese Kosten zwar noch etwas unter der Preiserhöhung liegen, für den Cash-flow ist es aber trotzdem ungünstig."

„Verstehe. Können wir sicher sein, daß unsere eigene Preispolitik stimmt?"

„Das haben wir schon besprochen – wenn wir mit den Preisen hinaufgehen, geht der Umsatz zurück, und wir verlieren Marktanteile."

„Aber wir haben jetzt höhere Kosten, das heißt, daß die Gewinnspanne sowieso bereits kleiner geworden ist. Glauben Sie nicht, daß es wichtiger wäre, die Gewinnspanne konstant zu halten als die Umsätze? Wenn wir die gleiche Qualität produzieren und unseren

Kunden sagen: ‚Damit Sie diese Qualität bekommen, müssen wir unsere Preise um 10 Prozent anheben‘, wie viele Kunden würden wir verlieren?"

„Ungefähr genausoviele – 10 Prozent."

„Okay – wenn wir also den Wert unserer Umsätze von 2 Millionen DM auf 2,2 Millionen steigern, aber 10 Prozent Umsatzeinbußen haben, sind wir wieder bei 2 Millionen DM. Die Umsatzkosten werden um 10 Prozent niedriger sein, aufgrund der 10 Prozent weniger Kunden, das heißt, unsere Spanne wird in Wirklichkeit höher sein, genauso wie unser Profit. Sie müssen diese Zahlen natürlich noch um die Preiserhöhung von Chemrepar berichtigen, aber es würde mich wundern, wenn wir bei dem Deal nicht letzten Endes besser ausstiegen."

Schlüsselerkenntnisse

1 Hinsichtlich der Vorfälle zu lügen, ist sinnlos – früher oder später kommt die Wahrheit heraus. Das heißt, daß der Geschäftsführer jetzt ehrlich sein muß, wenn er nicht später schlecht dastehen will.

2 Der Chef hätte an der Stelle sagen können: „Ich möchte, daß Sie ..." Indem er es aber als Frage formuliert, bringt er den Geschäftsführer dazu, ihm zuzustimmen, und es entwickelt sich eine persönlichere Beziehung zwischen ihnen, ohne daß der Geschäftsführer das Gesicht verliert. Auf diese Art bleibt sein Engagement, obwohl er kritisiert worden ist, erhalten bzw. wird er sich in Zukunft womöglich noch stärker engagieren.

Es müssen immer alle Aspekte eines Problems bedacht werden. Eine enge Zusammenarbeit zwischen Abnehmern und Lieferanten ist in vielen Fällen für *beide* Seiten von Vorteil. In diesem Fall mußte der Zulieferer mit dem Preis hinaufgehen, um die gewohnte Qualität produzieren zu können (auch wenn das bedeutete, Kunden zu verlieren), wodurch er aber seine Gewinnspanne konstant halten und seine Gewinne steigern konnte. Eine ähnliche objektive Analyse seitens des Herstellers legte eine ähnlich gelagerte Strategie und ähnliche Vorteile nahe.

QUALITÄTSPROBLEME

Nicht alle Meinungsverschiedenheiten zwischen Lieferanten und Abnehmern drehen sich um den Preis. In vielen Fällen geht es um die Qualität, sei es eines Produkts oder des Kundendienstes, um Lieferfristen und so weiter. Viele Auseinandersetzungen gehen einfach auf ein Mißverständnis zurück, und solange man nicht den Grund dafür geklärt hat, wird man nur schwer zu einer Einigung finden.

FALLBEISPIEL 9.5　　LIEFERPROBLEME

Eine Vertreterin suchte einen Händler auf, der die Produkte ihrer Firma verkaufte.

„Ihre Umsätze liegen leider unter der Mindestmenge, so daß Sie unseren Mengenrabatt nicht in Anspruch nehmen können."

„Das heißt also, wir sehen dabei schlecht aus."

„Leider, ja – gibt es keine Möglichkeit, daß Sie Ihren Umsatz durch Werbung, etwas in Ihrem Schaufenster, Anzeigen in der lokalen Presse oder ähnliches steigern?"

„Nein, das haben wir alles schon versucht. Das Problem ist nicht so sehr, die Nachfrage zu steigern, sondern sie dann auch zu befriedigen – Sie lassen uns da nämlich im Stich."

„Aber Sie brauchen ja nur mehr zu bestellen."

„Das können Sie leicht sagen, weil Sie dann mehr Provision kassieren, aber für uns reißt das ein schlimmes Loch in unsere Finanzen, bis wir die Waren verkauft haben."

„Aber Sie verkaufen sie ja regelmäßig, das sollte also nicht so sehr ins Gewicht fallen."

„Wir verkaufen sie eben nicht regelmäßig, sondern unregelmäßig, und das mögen unsere Kunden nicht. Wir verlieren an Glaubwürdigkeit, und der Umsatz geht zurück."

„Tut mir leid, aber das verstehe ich nicht ganz. Wenn Sie die Waren haben und regelmäßig anbieten, warum sollten Sie dann Kunden verlieren?"

„Wir können die Waren zwar regelmäßig anbieten, aber Sie liefern nicht regelmäßig. Sie behaupten, innerhalb von 48 Stunden liefern zu können, und manchmal dauert es auch nur 48 Stunden, aber dann dauert es wieder 5 Tage. Unsere Kunden bestellen die Waren in der Annahme, sie in zwei Tagen zu haben, und wenn sie dann kommen, müssen wir sie enttäuschen, weil Sie nicht geliefert haben."

„Ich verstehe. Ich hatte keine Ahnung, daß es Schwierigkeiten mit der Lieferung gibt. Kommt es oft vor, daß wir zu spät liefern?"

„Nun, unserer Erfahrung nach sind die 48 Stunden eher die Ausnahme als die Regel."

„Ich werde die Sache natürlich mit der Transport- und der Produktionsabteilung besprechen – aber wenn Sie Ihren Kunden gegenüber von vornherein eine Lieferfrist von 5 Tagen angeben, wäre das für sie doch akzeptabel, meinen Sie nicht auch?"

„Möglicherweise, wenn alle anderen dieselben Fristen hätten. Aber Sie beliefern zum Beispiel auch Plock ein paar Straßen weiter, und die geben wie wir 48 Stunden an. Wenn wir jetzt sagen, es dauert 5 Tage, kommt niemand mehr zu uns, sondern alle gehen zu Plock, auch wenn sie dort die Waren ebensooft erst später bekommen."

137

Schlüsselerkenntnis

Die Vertreterin hat kaum mehr eine Rückzugsmöglichkeit. Sie kann nur versuchen, das wirklich dringende Problem des Kunden irgendwie zu entschärfen. Es ist wichtig, Schwierigkeiten auf den Grund zu gehen, weil man sie nicht lösen kann, solange man ihre eigentliche Ursache nicht kennt.

Es kommt immer wieder vor, daß Antworten subjektiv gefärbt sind. Die Antwort eines Ladenbesitzers auf die Frage: „Haben Sie das Produkt in letzter Zeit viel verkauft?" kann ganz wahrheitsgemäß sein: „Ja, es ist sehr gefragt", wenn er in den letzten fünf Minuten, in denen er hinter der Kasse stand, fünf Stück davon verkauft hat. Die richtige Antwort müßte aber vielleicht lauten: „Nein – es wird kaum danach gefragt", wenn in der letzten Woche nicht mehr davon verkauft wurden als diese fünf!

VERSCHIEDENE ANSÄTZE

Sich auf einen bestimmten Preis zu einigen, bedarf oft einer harten Verhandlungsführung. Dabei wird die grundsätzliche Haltung des Unternehmens, mit dem Sie zu tun haben, darüber entscheiden, welche Strategie am erfolgversprechendsten ist. Manche meinen, ihren Interessen am besten zu dienen, wenn sie hart bleiben und dem Vertragspartner den letzten Pfennig abknöpfen, während andere eine konstruktive und partnerschaftliche Beziehung für beide Seiten am sinnvollsten halten. Ein solcher Ansatz ist eher auf längerfristige Beziehungen ausgerichtet, während ersterer eher auf kurzfristige abzielt.

Unternehmen, die sich für den harten Kurs entscheiden, müssen sich klar darüber sein, daß Geschäftsbeziehungen sich oft zyklisch verändern. Bei der nächsten Verhandlung ist möglicherweise der Partner in der Lage, dafür, daß er bei einer früheren Gelegenheit „verloren" hat, seinerseits Druck auszuüben.

FALLBEISPIEL 9.6   SICHERHEIT KAUFEN

Eine Reihe ausländischer Versicherungen drängten in den Binnenmarkt und schwächten ihn merklich. In dieser Zeit hätte ein Unternehmen einiges an Prämien sparen können, wenn es von seiner langjährigen Versicherung zu einer der neuen Gesellschaften übergewechselt wäre. Es blieb aber seiner alten Versicherung treu und handelte dafür eine geringere Prämienerhöhung aus, als die Versicherung gefordert hatte. Im nächsten Jahr ging das Unternehmen auf die gleiche Weise vor. Im dritten Jahr zog sich die ausländische Versicherung aus dem inländischen Markt zurück, und die Versicherungsprämien zogen an, aber wieder konnte das Unternehmen eine nur geringe Erhöhung aushandeln.

Dieses Vorgehen war nicht nur kosteneffektiv, sondern kam der Finanzplanung insgesamt zugute. Hätte das Unternehmen im ersten Jahr bei der ausländischen Gesellschaft abgeschlossen, hätte es im dritten Jahr, als es diese nicht mehr gab, wieder zu seiner ursprünglichen Versicherung zurückkehren wollen. Durch den Wechsel hätte es aber den früheren Goodwill eingebüßt und eine viel höhere Prämie zahlen müssen, zu einem Zeitpunkt, zu dem die Prämien bei anderen Versicherungen wahrscheinlich noch höher lagen.

Schlüsselerkenntnis

Solche Kompromisse, die auf gegenseitigem Vertrauen basieren, kommen meist beiden Seiten zugute. Allerdings sollte man sie unbedingt schriftlich festhalten, für den Fall, daß die Personen, die sie ausgehandelt haben, einmal aus dem Unternehmen ausscheiden.

DIE VERANTWORTUNG ÜBERNEHMEN

Die meisten Unternehmen weisen zunächst einmal jede Verantwortung von sich, wenn Probleme auftauchen. Juristen und Versicherungsgesellschaften raten ihnen auch fast immer dazu, damit sie „ihre Position sichern" und zu einem späteren Zeitpunkt eventuell fällig werdende Entschädigungszahlungen möglichst auf ein Minimum beschränken können. Immer mehr Unternehmen erkennen allerdings, daß es auch beachtliche Vorteile haben kann, die Verantwortung zu übernehmen. So bringt es z. B. einem Unternehmen oft eine wesentlich bessere Publicity, wenn es sich zu einem Fehler bekennt oder bemüht ist, ein Unrecht wiedergutzumachen – die klassische Obstruktionstaktik ist da nicht annähernd so wirkungsvoll. Wenn die Wahrheit nämlich ans Licht kommt, wird damit auch offenbar, daß das Unternehmen versucht hat, sich vor der Verantwortung zu drücken.

In seinem Buch *Mein amerikanischer Traum* (Düsseldorf 1988) beschreibt Lee Iacocca, der ehemalige Chef des Autoriesen Chrysler, die Reaktion seines Unternehmens auf die Entdeckung einer relativ geringfügigen Nachlässigkeit. Einzelne Autos waren mit abgeklemmtem Tachometer probegefahren, und die Testwagen wurden anschließend als neu verkauft, auch wenn sie bei den Testfahrten leicht beschädigt worden waren. Chrysler reagierte mit einer Anzeigenkampagne, und Iacocca selbst erklärte in einer Pressekonferenz, bei Probefahrten den Tachometer abzuklemmen sei schlicht und einfach „blöd", und fügte noch hinzu, der Verkauf von beschädigten Autos sei „unverzeihlich und werde nie wieder vorkommen". Aus einer Umfrage unmittelbar nach der Kampagne ging klar hervor, daß die Öffentlichkeit es schätzte, daß das Unternehmen zu seiner Verantwortung stand.

139

Mit Eigentümern umgehen

DARAUF SOLLTEN SIE ACHTEN:

1 Eigentumsrechte müssen von Beginn an genauestens festgelegt werden, damit man bei späteren Konflikten auf die vertraglichen Grundlagen verweisen kann.

2 Ein leichtfertiger Umgang mit den Rechten von Eigentümern kann schwerwiegende Folgen nach sich ziehen, die in manchen Fällen schnell an die Öffentlichkeit dringen.

3 Die an einem Konflikt beteiligten Parteien stehen möglicherweise in mehr als einer Beziehung zu dem Unternehmen. Diese Möglichkeit ist unbedingt zu berücksichtigen.

4 In Konfliktsituationen wird man eher mit Unterstützung rechnen können, wenn sich im Laufe der Zeit Kommunikationsstrukturen entwickelt haben, die auch gepflegt werden, und das Verhältnis auf gegenseitiger Wertschätzung und nicht auf irgendeiner Form von Zwang basiert.

Es gibt Situationen, in denen den Eigentümern (oder Miteigentümern) das Recht auf bestimmte Informationen vorenthalten wird, obwohl das Unternehmen (zum Teil) ihnen gehört. So steht zum Beispiel Aktionären von Rechts wegen die Unterrichtung über die finanzielle Lage des Unternehmens zu, jedoch nur zu bestimmten Zeiten; wenn zum Beispiel der Jahresabschluß gleichzeitig allen Aktionären übermittelt wird.

FALLBEISPIEL 10.1 | DIE EINZIGE ANTWORT IST „NEIN"

Ein Aktionär war offenbar von seinen Rechten als Eigentümer so überzeugt, daß er glaubte, in regelmäßigen Abständen vom Unternehmen über
die aktuelle finanzielle Situation informiert werden zu müssen. Der
Geschäftsführer widersprach ihm in einem nicht sehr angenehmen Tele-
fongespräch.

1 *„Ich möchte die neuesten Zahlen wissen."*

*„Es tut mir leid, aber wie ich Ihnen schon einmal sagte, kann ich
diese Informationen nicht an die Aktionäre weitergeben."*

„Verdammt, ich bin doch Eigentümer des Unternehmens."

*„Darüber haben wir bereits gesprochen – ja, Sie sind Aktionär, und
es gehört Ihnen ein Teil des Unternehmens."*

„Ich bin aber froh, daß Sie da wenigstens meiner Meinung sind."

2 *„Als Aktionär haben Sie natürlich ein Recht auf den Jahresabschluß. Sobald die Ergebnisse aufgearbeitet und geprüft worden sind,
werden sie Ihnen und allen anderen Aktionären zur Verfügung gestellt,
aber das wird noch ein paar Wochen dauern."*

„Und wie sieht dieses Jahr aus?"

*„Es tut mir leid, aber das kann ich Ihnen nicht sagen – wenn wir
alle Informationen haben, werden wir sie allen Aktionären gleichzeitig
zukommen lassen."*

„Ich komme zu Ihnen, um es mir anzusehen."

*„Wir werden uns natürlich freuen, wenn Sie vorbeikommen. Aber ich
muß Sie noch einmal darauf hinweisen, daß wir an einen einzelnen
Aktionär keine Informationen weitergeben können, bevor nicht der
Abschluß fertig ist und allen gleichzeitig vorgelegt werden kann."*

„Sie enthalten mir meine Rechte als Aktionär vor."

*„In keiner Weise – Sie haben dieselben Rechte wie alle Aktionäre,
und wir werden darauf achten, daß sie auf den Punkt genau eingehalten werden. Wir stellen sicher, daß die Rechte eines jeden gewahrt
werden, und zwar indem wir allen die Information gleichzeitig zukommen lassen. Außerdem müssen die Zahlen, auch wenn wir gerade
daran arbeiten, erst geprüft werden, bevor wir sie veröffentlichen
können – es wäre sehr unklug von uns, ungeprüfte Zahlen heraus-
zugeben, da stimmen Sie mir doch sicher zu?"*

Schlüsselerkenntnisse

1   Obwohl diese Bemerkung sehr sarkastisch, wenn nicht gar beleidigend ist und eine scharfe Erwiderung provozieren könnte, würde man damit am Ziel vorbeigehen. Unhöflichkeiten ignoriert man am besten.

2   Mit dieser rhetorischen Frage läßt sich dem Aktionär vielleicht eine Zustimmung abringen, vor allem, nachdem ihn der Geschäftsführer zuerst sozusagen in sein Büro eingeladen hat.

VERTRAULICHKEIT WAHREN

Die im Fallbeispiel 10.1 beschriebene Situation trifft in erster Linie auf Aktiengesellschaften zu. Für börsennotierte Unternehmen gibt es, weil eine vorzeitige Bekanntmachung bestimmter Informationen die Aktienkurse beeinflussen kann, Bestimmungen darüber, was zu welchem Zeitpunkt mitgeteilt werden darf und was nicht. Bei anderen Gesellschaften oder sonstigen Organisationsformen wird der Zugang zu Informationen weniger restriktiv gehandhabt, Vorsicht ist aber dennoch geboten. Mitarbeiter, die von wißbegierigen Teilhabern bedrängt werden könnten, sollten über genaue Richtlinien verfügen, an die sie sich halten können.

FALLBEISPIEL 10.2   ABGEFANGEN

Der stille Gesellschafter kam in die Firma und trat, ohne vorher anzuklopfen, ins Büro des Geschäftsführers. Der Geschäftsführer war gerade mitten in einem Bewerbungsgespräch.

1   *„Guten Tag, Herr Schwarz, ich wollte nur die letzten Zahlen."*
Der Geschäftsführer sagte zu dem Bewerber, mit dem er gerade sprach:

„Bitte entschuldigen Sie mich einen Augenblick, das ist einer unserer Gesellschafter – vielleicht schauen Sie sich inzwischen unseren Katalog an und machen sich mit unseren Produkten vertraut, während ich kurz mit ihm spreche."

Er schob den Gesellschafter aus dem Büro in eine ruhige Ecke und sagte:

„Ich bin mitten in einem Bewerbungsgespräch und muß gleich wieder zurück. Es wird noch ungefähr 20 Minuten dauern. Nehmen Sie doch inzwischen Platz, und ich lasse Ihnen eine Tasse Kaffee bringen, während Sie warten. Frau Müller, könnten Sie bitte Herrn Braun eine Tasse Kaffee bringen und dann von mir ein paar Unterlagen holen, die ihn vielleicht interessieren?"

2   „Es dauert nicht lange – ich wollte nur die letzten Zahlen wissen. Es dauert nur ein paar Minuten."

„Sicher, aber ich kann mich damit im Augenblick nicht befassen, ich muß wirklich zu dem Bewerbungsgespräch zurück. Ich komme zu Ihnen, wenn ich fertig bin, in ungefähr 20 Minuten."

Schlüsselerkenntnisse

1 Der Geschäftsführer kann eine möglicherweise längere und störende Unterbrechung verhindern, indem er die Initiative ergreift, den Gesellschafter auf neutralen Boden schleust, ihm verspricht, daß er sich ihm widmen wird, wenn er auf ihn wartet, und ihn für die Zwischenzeit mit ein paar Unterlagen versorgt. Dann bittet er die Sekretärin, in sein Büro zu kommen und einige Unterlagen abzuholen. Das gibt ihm die Möglichkeit, ihr eine Mitteilung an den Gesellschafter, der bereits länger im Unternehmen tätig ist, mitzugeben und ihn fragen zu lassen, ob er die gewünschten Informationen herausgeben könne. Der Geschäftsführer hat sich also im Grunde eine kleine Denkpause verschafft.

2 Wenn man schnell reagiert, lassen sich viele Situationen entschärfen. Inzwischen wird der stille Gesellschafter begriffen haben, daß er warten muß, wenn er die Informationen haben will. Die Alternative wäre nur, unverrichteter Dinge wieder zu gehen. In jedem Fall hat der Geschäftsführer aber sein Ziel durchgesetzt.

ALLE MÖGLICHEN FORDERUNGEN

Es ist nicht unbedingt immer klar, daß man mit Eigentümern zu tun hat, die über einige Rechte mehr verfügen als andere Leute. Das gilt vor allem für größere Privatkonzerne oder Unternehmen der öffentlichen Hand, deren Aktienkapital von sehr vielen Kleinaktionären gehalten wird. Da die meisten dieser Eigentümer über relativ geringe Beteiligungen verfügen, könnte der Eindruck entstehen, man könne sich über ihre Rechte hinwegsetzen. Dem ist natürlich in den meisten Fällen nicht so. Diese Kleinaktionäre haben zum Beispiel das Recht, an der jährlichen Hauptversammlung teilzunehmen, dort können sie alle möglichen Fragen stellen, die dem Unternehmen unter Umständen unliebsame Aufmerksamkeit in der Öffentlichkeit verschaffen. Zwar scheint ein einzelner Kleinaktionär durch den geringen Druck, den er auf ein mächtiges Unternehmen ausüben kann, kaum in der Lage, viel zu bewirken, doch kann die drohende Publicity, die er dem Unternehmen womöglich beschert, genauso Berge versetzen wie der vielzitierte Glaube. So wollten zum Beispiel einzelne Aktionäre eines Energiekonzerns in drei aufeinanderfolgenden Jahren unbedingt in das Führungs- und Aufsichtsgremium gewählt werden. Sie setzten den Konzern damit so unter Druck, daß dieser sich gezwungen sah, die Satzung dahingehend zu ändern, daß derartiges künftig verhindert würde.

Ein anderer Konzern reagierte auf den Druck eines Aktionärs hingegen viel geschickter. Der Aktionär hatte einfach nur darauf hingewiesen, daß die Bahn freitags keine Ermäßigung für Senioren anbot und es deshalb billiger wäre, zur Hauptversammlung zu fahren, wenn diese zum Beispiel an einem Donnerstag stattfände. Und in der Tat fand die Hauptversammlung im darauffolgenden Jahr an einem Donnerstag statt.

Während das erste Unternehmen auf Druck mit Gegendruck reagierte, setzte das zweite einen – zugegebenermaßen weniger folgenschweren – Vorschlag eines Aktionärs um. Viele Unternehmen haben, indem sie auf Forderungen von Aktionären nicht konstruktiv einzugehen wußten, schon heftige Auseinandersetzungen heraufbeschworen, die ihnen teuer zu stehen kamen. Hätten sie von Anfang an mit mehr Entgegenkommen und Diplomatie reagiert, wäre es nicht so weit gekommen.

FALLBEISPIEL 10.3 | **KUNDE UND AKTIONÄR**

Die Telefongesellschaft teilte einem Kunden mit, seine Telefonnummer würde sich ändern, das genaue Datum könnte man ihm aber erst ein paar Monate vor der Umstellung bekanntgeben. Der Kunde rief bei der Gesellschaft an, und es kam zu folgendem Wortwechsel:

„Sehen Sie, Sie haben diese Umstellung angekündigt, aber nicht gesagt, wann das sein wird. Das ist für uns aber sehr wichtig. Wir müssen sehr viele Sachen ändern lassen, Briefköpfe, Inserate usw., und wir müssen unsere ausländischen Partner informieren."

„Wie wir schon gesagt haben, wird es irgendwann Anfang nächsten Jahres sein."

„Ich weiß, aber das ist viel zu vage – wir brauchen ein Datum. Wir müssen die Werbeeinschaltungen im Ausland mit unserer Telefonnummer jetzt fixieren. Außerdem haben wir Kunden im In- und Ausland – die müssen rechtzeitig davon informiert werden. Wenn Sie nicht sicher sagen können, wann Sie damit fertig sind, warum verschieben Sie die Umstellung nicht einfach auf einen späteren Zeitpunkt, aber dann dafür auf ein genaues Datum?"

„Wir haben ein ungefähres Datum genannt. Auf einen späteren Zeitpunkt können wir es nicht verschieben, weil wir uns nicht leisten können, daß technische Einrichtungen ungenutzt bleiben. Wir müssen für unsere Aktionäre einen guten Ertrag erwirtschaften."

„Okay, aber wenn Sie nicht zuerst Ihren Kunden zufriedenstellen, werden Ihre Aktionäre nicht zufrieden sein, und als Aktionär kann ich Ihnen sagen, daß ich Ihre Einstellung nicht in Ordnung finde."

145

Schlüsselerkenntnis

Behandeln Sie Ihren Gesprächspartner nicht von oben herab, und argumentieren Sie stichhaltig. In diesem Fall war der Kunde, der gleichzeitig auch Aktionär war, so verärgert, daß er sich an den Vorstandsvorsitzenden dieses großen Konzerns wandte, was der Zweigstelle sehr unangenehm war. Man erklärte sich aber schnell bereit, die Umstellung drei Monate vorher anzukündigen und hielt den Kunden während der gesamten Umstellungsarbeiten stets auf dem laufenden.

UNBEKANNTE EIGENTÜMER

Sie müssen damit rechnen, daß Ihre Gesprächspartner nicht unbedingt die sind, für die Sie sie vielleicht auf den ersten Blick halten. Das gilt vor allem für den öffentlichen Sektor, wo Kunden sehr oft von oben herab behandelt werden. Man kann nur hoffen, daß die gängige Einstellung Kunden gegenüber, die meist weder begründet noch in irgendeiner Weise hilfreich ist, mit dem wachsenden Bewußtsein über die Bedeutung von Dienstleistungen sich langsam ändert. Wer nicht begreift, daß der öffentliche Sektor dazu da ist, seinen Kunden und Eigentümern zu *dienen*, kann leicht versucht sein, gebotene Dienstleistungen als Geschenk anzusehen, für das die Leute dankbar sein müssen; aber er täuscht sich, wenn er glaubt, die Rechte der Dienstleister seien wichtiger als die Rechte derer, die die Leistungen in Anspruch nehmen.

FALLBEISPIEL 10.4 **ENTSCHLOSSEN, NICHT NACHZUGEBEN**

Der Besitzer eines Einfamilienhauses bezog ein neues Haus, das im selben Verwaltungsbezirk lag wie sein altes. Entsprechend der bisherigen Regelung, wonach er die Kommunalabgaben für das Haus 10mal pro Jahr in gleichen Teilbeträgen per Dauerauftrag durch die Bank überweisen ließ, richtete er einen neuen Dauerauftrag ein. Die zuständige Behörde schickte ihm eine Mahnung für die fälligen Abgaben, woraufhin der Hausbesitzer auf den neuen Dauerauftrag verwies. Im zweiten Jahr, nachdem er das Haus bezogen hatte, kam es zu folgendem Vorfall:

„Wir haben die Abgaben für Ihr Haus nicht ordnungsgemäß erhalten."
„Aber natürlich haben Sie sie bekommen – sie werden durch einen Dauerauftrag bezahlt, wie schon seit 11 Jahren."
„Sie wohnen aber noch nicht 11 Jahre in dem Haus."
„Nein, aber ich bezahle die Abgaben für dieses Haus durch Dauerauftrag über dieselbe Bank, und zwar genauso wie für mein voriges Haus in Ihrem Bezirk."
„Diese Zahlungsmethode ist aber nicht genehmigt."

„Wie kann sie nicht genehmigt sein, wenn Sie sie über 11 Jahre lang ohne weiteres akzeptiert haben? Außerdem führen Sie diese Zahlungsweise in Ihrem Ratgeber ausdrücklich an."

„Sie müssen einen neuen Antrag stellen."

„Ich habe nicht die Absicht, für etwas einen neuen Antrag zu stellen, was Sie über 11 Jahre lang akzeptiert haben – welchen Sinn soll das denn haben? Sie haben in diesem Abrechnungsjahr bereits die Abgaben für 6 Monate bekommen, nicht wahr?"

„Ja, aber darum geht es nicht – die Zahlungsweise ist nicht genehmigt."

Daraufhin bekam er von der zuständigen Behörde wegen Nichtbezahlung der Abgaben eine Vorladung, obwohl man ihm bestätigte, daß man jede einzelne Rate erhalten hatte und er mit der Zahlung nicht im Rückstand war. Der Hausbesitzer war so verärgert über diese widersinnige Vorladung, daß er dem für seinen Bezirk zuständigen Abgeordneten schrieb und sich darüber beschwerte, daß die Stadt in ihrer Ignoranz das Geld der Steuerzahler zum Fenster hinauswerfe.

Schlüsselerkenntnis

Die Auseinandersetzung ging noch weiter; der Hausbesitzer wies die Stadt darauf hin, daß die Gehälter ihrer Beamten zum Teil auch aus den Abgaben der Hausbesitzer finanziert würden und diese auch deshalb eine angemessene Behandlung erwarten könnten. Die Stadt hatte das eigentliche Ziel aus den Augen verloren – nämlich den pünktlichen Eingang der Zahlungen. Es ist nicht nur töricht, sondern auch in höchstem Maße unwirtschaftlich, einen pünktlichen Zahler derart zu belästigen, anstatt sich darum zu kümmern, daß die Außenstände eingetrieben werden. Man darf die Realität nie aus den Augen verlieren.

*F*IRMENÜBERNAHMEN

Die Drohung, an die Öffentlichkeit zu gehen, ist das stärkste Druckmittel für Aktionäre oder Eigentümer, wenn sie mit dem Unternehmen nicht zufrieden sind. Gibt es ein Übernahme-Angebot für das Unternehmen, sind sie insofern sogar in der stärkeren Position, als sowohl das noch amtierende Führungsgremium als auch der Übernahmewillige um ihre Stimmen werben. In solchen Situationen sollte man Aktionären noch mehr Aufmerksamkeit widmen als sonst. Wenn sie allerdings erst bei dieser Gelegenheit zum ersten Mal angehört werden und Informationen erhalten, ist es oft schon zu spät. Will man sich auf die Unterstützung seiner Aktionäre verlassen können, muß man über die Jahre eine Vertrauensbasis aufgebaut und einen regelmäßigen Dialog gepflegt haben.

FALLBEISPIEL 10.5 **DAS HABE ICH DOCH GLEICH GESAGT**

Die Unternehmensleitung brauchte Unterstützung, um ein unwillkommenes Übernahme-Angebot abzuwenden, und warb nun bei privaten Aktionären darum, nachdem es die institutionellen Anleger bereits angesprochen hatte. Als ein Geschäftsführer mit einem der privaten Aktionäre sprach, stieß er auf Ablehnung, obwohl er eigentlich mit Unterstützung gerechnet hatte.

„Es tut mir leid, wenn ich Ihre Zeit in Anspruch nehme, aber die Unternehmensleitung stellte sich die Frage, ob Sie genügend Informationen haben, um hinsichtlich des Übernahmeangebots für das Unternehmen eine Entscheidung treffen zu können."

„Ja, ich unterstütze das Übernahmeangebot – ich sage schon lange, daß man das Unternehmen aufteilen und dann die einzelnen Teile verkaufen sollte."

„Halten Sie das wirklich für das beste für das Unternehmen?"

„Ich halte es auf jeden Fall für das beste für die Aktionäre – ich sagte das schon bei der letzten Hauptversammlung Ihrem Herrn Haske."

„Herr Haske ist nicht mehr bei uns – er ist jetzt bei XYZ."

„Nun, wo XYZ den Schaden haben, haben Sie den Nutzen. Ich habe mich auch nicht weiter mit ihm befaßt, nachdem er meine Idee einfach abtat."

„Sie sind derselben Ansicht wie der Konzern, der uns übernehmen will, nehme ich an. Sie sind sich dann aber auch im klaren darüber, daß das alle möglichen steuerlichen Auswirkungen hätte, wenn es soweit kommt, und daß die einzelnen Teile des Unternehmens wahrscheinlich weniger wert sind als das Unternehmen als Ganzes und daß mehrere hundert Mitarbeiter entlassen werden müßten?"

„Ja, aber meine Aktien sind dank des Übernahmeangebots bereits um 40 Prozent gestiegen – ich habe Haske gleich gesagt, daß genau das passieren würde."

Schlüsselerkenntnis

In dieser Situation wird es offenbar zu keiner Einigung kommen. Diese Möglichkeit wurde zu einem früheren Zeitpunkt bereits verspielt. Dabei wird auch etwas anderes noch deutlich: Egal, wer letztendlich recht oder unrecht hat, und egal, wie gut wir die Reaktion unseres Gegenübers zu kennen glauben, manchmal sind wir überrascht von einer Reaktion, die der Logik der Situation nicht entspricht, weil sie die Folge eines früheren Konflikts ist. Auf die Verhandlungen wirkt sich das sehr nachteilig aus; unter solchen Umständen dennoch zu verhandeln, hieße dem legendären Hinweis folgen, der in Irland einem Verirrten zuteil wird: „Wenn ich Sie wäre, würde ich nicht von hier aus losgehen." Das heißt mit anderen Worten, man wird zuerst einmal eine Beziehung herstellen müssen, in der eine einvernehmliche Lösung überhaupt denkbar ist, bevor man mit den Verhandlungen beginnt.

*E*IGENTUM ALS DRUCKMITTEL

Im Fallbeispiel 10.1 wollte ein Aktionär seine Beziehung zu dem Unternehmen nutzen, um an Informationen zu kommen, auf die er seiner Meinung nach, wenn auch nicht nach Meinung des Unternehmens, ein Recht hatte. Es gibt noch viele andere Möglichkeiten, wie man seine Stellung als Eigentümer ausnutzen kann, um sich einen Profit zu verschaffen. So kann man z. B. auch mit negativer Publicity drohen.

| **FALLBEISPIEL 10.6** | **PFUSCH – IN ALLER ÖFFENTLICHKEIT** |

Ein Kunde hatte in einem Geschäft ein elektrisches Gerät gekauft, das nicht richtig funktionierte. Als er im Geschäft anrief, sagte man ihm, er solle das Gerät zurückbringen, dann würde er ein neues dafür bekommen. Er fuhr hin. Der für Reklamationen zuständige Angestellte versetzte dem Gerät zwei oder drei Schläge, in der Hoffnung, es wieder zum Laufen zu bringen, und beschied ihm dann, er solle es dalassen, es werde repariert. Der Kunde erwiderte, am Tag zuvor sei ihm am Telefon aber etwas anderes versprochen worden, und als er sah, wie der Mann das Gerät mißhandelte, wollte er es schon gar nicht mehr dort reparieren lassen. Er verlangte, den Geschäftsführer zu sprechen, aber statt dessen rief der Angestellte die Abteilungsleiterin herbei. Es kam zu folgendem Wortwechsel:

1   *„Guten Morgen, was gibt es für ein Problem?"*

2   *„Dieses Gerät habe ich erst vor einem Monat gekauft, aber es ist dauernd kaputt. Ich habe angerufen, was ich damit tun soll – ob ich es dem Hersteller schicken oder Ihnen zurückbringen soll –, und man hat mir gesagt, ich sollte es bringen und würde dafür ein neues bekommen. Jetzt sagt man mir, ich soll es zur Reparatur hier lassen, was ich aber nicht akzeptieren kann."*

     „Das entspricht aber unserer Firmenpolitik."

     „Aber auf dem Garantieschein steht etwas anderes – da steht, daß Sie jedes Gerät, das innerhalb von drei Monaten nach dem Kauf nicht funktioniert, durch ein neues ersetzen."

3   *„Das ist leider nicht die Garantie, die wir gegenwärtig anbieten."*

     „Aber sie war bei diesem Gerät dabei – und es steht drauf, daß Sie das Gerät ersetzen. Man hat mir auch am Telefon gesagt, daß ich ein neues bekomme, und deshalb habe ich es hergebracht. Ich bin extra 30 Kilometer dafür gefahren."

„Verstehe. Könnte ich den Garantieschein dem Geschäftsführer zeigen?"

Die Abteilungsleiterin nahm den Garantieschein und ging zum Geschäftsführer. Erst nach 10 Minuten kam sie wieder zurück.

„Es tut mir leid, der Geschäftsführer ist nicht im Haus, und ich kann sonst niemanden finden, der in der Sache eine Entscheidung treffen kann."

„Bei allem Respekt, das ist nun aber nicht mein Problem. Ich komme extra hierher, nachdem ich Sie gestern angerufen habe. Ich bestehe darauf, daß Sie das kaputte Gerät ersetzen, ansonsten sehe ich mich gezwungen, die Sache an den Verbraucherschutzverband weiterzuleiten und, da ich auch Aktionär dieses Unternehmens bin, an den Aufsichtsrat."

„Gestatten Sie, daß ich nochmals versuche, den Geschäftsführer irgendwo zu erreichen?"

Schlüsselerkenntnisse

1 Weil das Gespräch mitten im Geschäft stattfand, begann die Abteilungs- leiterin mit einer positiv formulierten Frage, um ein günstiges Gesprächs- klima zu schaffen. Immerhin mußte der Kunde mit ihr vorlieb nehmen, obwohl er den Geschäftsführer zu sprechen verlangt hatte.

2 Es wäre besser gewesen, den Kunden in einen Raum zu bitten, in dem man ungestört sprechen konnte. Dadurch, daß der Kunde immer lauter wurde, kam die Abteilungsleiterin immer stärker unter Druck.

3 Es ist schwer zu sagen, ob die Abteilungsleiterin allein die Entschei- dung traf oder ob der Geschäftsführer (der zu guter Letzt doch noch gefunden wurde) seine Anweisungen widerrief, und ob es nur Zufall war, daß der Kunde erklärt hatte, am Unternehmen als Aktionär be- teiligt zu sein. Auf alle Fälle erreichte er, was er wollte, was man von dem Geschäft nicht behaupten kann. Mehrere Kunden hatten die peinliche Unterhaltung mitangehört, und das konnte dem Ruf der ganzen Kette schaden. Daß die Abteilungsleiterin nicht die Geduld verlor und sich professionell verhielt, rettete die Sache ein wenig.

*E*IGENTÜMER RESPEKTIEREN

Selbst wenn man an einem börsennotierten Unternehmen beteiligt ist, scheint das bei manchen Entscheidungsträgern nicht sehr viel zu zählen. „Das ist das Problem mit den Aktionären: Sie glauben, das Unternehmen gehört ihnen", erklärte mir einmal der Leiter eines Konzerns.

In diesem Bereich besteht die Gefahr, daß aus einer Mücke sehr schnell ein Elefant wird, wenn die Medien von einem Konflikt erst einmal Wind bekommen.

FALLBEISPIEL 10.7   **BITTE KOMMEN SIE (NICHT) ZU UNS!**

Ein Reisender stieg regelmäßig in den Hotels einer bestimmten Kette ab, bei der man telefonisch reservieren und mit Kreditkarte bezahlen konnte. Einmal sah er in einem Hotelzimmer eine Broschüre, in der die Betriebsgesellschaft ihre eigene Kreditkarte vorstellte. Die Karte bot mehrere Vorteile, unter anderem die bevorzugte Behandlung von Reservierungen. Er beantragte die Kreditkarte, war dann aber sehr erstaunt und verärgert, als sein Antrag abgelehnt wurde. Er rief die Betriebsgesellschaft an, und es kam zu folgendem Gespräch:

1 *„Ich bedaure, aber ich darf hinsichtlich eines Kreditkartenantrags keine Details bekanntgeben."*

„Das genügt mir aber nicht – ich will wissen, warum ich abgelehnt wurde."

„Es tut mir leid, aber diese Information darf ich nicht weitergeben – mehr kann ich dazu nicht sagen."

„Wollen Sie damit sagen, Sie lehnen den Antrag ab, nachdem ich auf Ihre Aufforderung hin eine Karte beantragt habe, und sind dann nicht einmal bereit, das zu begründen?"

„Leider, ja."

„Bitte sagen Sie mir, welche Auskunftei Sie haben."

Später.

„*Ich habe meine Bonität bei der Gesellschaft überprüfen lassen, mit der Sie zusammenarbeiten, und es gibt keine Einwände. Unter diesen Umständen verstehe ich nicht, warum Sie meinen Antrag abgelehnt haben – haben Sie dazu etwas zu sagen?*"

„*Nein, es tut mir wirklich leid, daß es nicht möglich ist, einzelne Anträge zu diskutieren.*"

„*Nachdem es nichts mit meiner Bonität zu tun hat, hängt es vielleicht damit zusammen, daß ich angab, die Karte ungefähr 12mal pro Jahr verwenden zu wollen – und das zu wenig ist? Wenn dem so ist, dann sollten Sie das auf dem Antragsformular angeben.*"

„*Ich kann dazu wirklich nichts sagen.*"

Schlüsselerkenntnis

1 Sorgen Sie von Anfang an für Klarheit. Wenn die Ausstellung der Karte von der Häufigkeit der Verwendung oder irgend etwas sonst abhängt, sollte das aus dem Antragsformular klar ersichtlich sein. Die Leute aufzufordern, eine Karte zu beantragen, und sie dann ohne Angabe von Gründen abzulehnen, ist unverschämt und schadet dem Ruf des Unternehmens.

Der Reisende schrieb an den Präsidenten mit der Bitte um Aufklärung, erhielt aber keine Antwort. Aufgrund dieser Mißachtung verkaufte der Reisende, der an der Gesellschaft beteiligt war, seine Aktien, boykottierte in weiterer Folge die Kette und die dazugehörigen Motels und erzählte zahlreichen Bekannten von seinen Erfahrungen. Der potentielle Schaden für die Betriebsgesellschaft ist nicht zu unterschätzen.

Anstatt einfach seine Aktien zu verkaufen, hätte der Reisende die Sache natürlich auch bei der Hauptversammlung des Unternehmens zur Sprache bringen können.

Vom Umgang mit den Medien

DARAUF SOLLTEN SIE ACHTEN:

1 Den Namen bzw. den Ruf eines Unternehmens zu schützen, ist
  von allergrößter Bedeutung, da man Jahre braucht, einen guten
  Ruf aufzubauen, aber Sekunden, ihn zunichte zu machen.

2 Regelmäßige Unterrichtung der Medien trägt dazu bei, daß über
  eventuelle Konflikte angemessen und korrekt berichtet wird.

3 Geplante Interviews sollten gut vorbereitet werden, indem
  man sich eingehend mit dem Thema wie auch mit dem
  Interviewpartner auseinandersetzt. Mitarbeiter, die interviewt
  werden sollen, müssen sorgfältig auf die Situation vorbereitet
  werden.

4 Für den Fall, daß es zu Drohungen oder zu einem Unglücksfall
  kommt, müssen unbedingt im vorhinein entsprechende Richtlinien und Katastrophenpläne ausgearbeitet und stets auf dem
  neuesten Stand gehalten werden.

Immer häufiger müssen Unternehmen das Image, das sie in der Öffentlichkeit haben wollen, selbst entwickeln; sie müssen es schützen und bekannt machen. Das erfordert sehr viel Zeit und sorgfältige Planung, auch wenn der gute Ruf eines Unternehmens, wenigstens zum Teil, im Laufe der Zeit dadurch entsteht, daß es über mehrere Jahre erfolgreich (oder zumindest ohne anderen Schaden zuzufügen) auf dem Markt tätig ist. Andererseits kann die mühsame Imagepflege vieler Jahre zunichte gemacht werden, wenn das Unternehmen nur ein paar Minuten lang seinen Ruf außer acht läßt und sich im entscheidenden Augenblick falsch verhält. Beim Umgang mit Reklamationen, Beschwerden oder Anregungen von Kundenseite und bei der Vermittlung des Images nach außen sind deshalb Fingerspitzengefühl und Vorsicht erforderlich sowie hundertprozentige Kenntnis der Sachlage. Das gilt noch viel mehr, wenn die Kommunikation über die Medien, vor allem das Fernsehen, stattfindet. Normalerweise hält die Aufmerksamkeit eines durchschnittlichen Zuschauers nur über einige Sekunden an, und bei einem Interview hat man deshalb nur sehr wenig Zeit zur Verfügung, seine Botschaft zu übermitteln. Deshalb ist es so wichtig, gut vorbereitet zu sein.

*E*RFOLGREICHE INTERVIEWS

155

Wenn Sie als Sprecher eines Unternehmens interviewt werden sollen, können Ihnen die folgenden Punkte als Richtlinien bei Ihren Vorbereitungen dienen:

1. Es empfiehlt sich, eine komplette Informationsmappe zusammenzustellen. Daten über das Unternehmen, seine Leistungsfähigkeit, Produkte, Probleme, Pläne und so fort.

2. Sie müssen sich über den Sinn bzw. das Ziel des Interviews klar werden und entsprechende Antworten und Erklärungen vorbereiten, vor allem, wenn es sich um möglicherweise kontroverse oder heikle Punkte handelt.

3. Als Sprecher müssen Sie alle Informationen und Fakten sowie die vorbereiteten Antworten souverän beherrschen, damit Sie sich absolut sicher fühlen und kenntnisreich über ein Thema sprechen können. Jede Unsicherheit wird von den Zuhörern oder Zuschauern sofort registriert.

4. Es müssen drei oder vier einfache Aussagen als Botschaften entwickelt werden, die das Unternehmen unter die Leute bringen möchte.

5. Bereiten Sie Formulierungen vor, die dem Gespräch eine andere Wendung geben, so daß Sie es, wenn es abschweift, wieder auf den wesentlichen Punkt zurückführen können. Allerdings ist dabei große Vorsicht geboten. Weigern Sie sich nämlich ganz offensichtlich, eine Frage zu beantworten, reagiert der Fragesteller möglicherweise seinerseits mit Hartnäckigkeit oder geht auf Konfrontationskurs, weil er das Gefühl hat, daß Sie etwas verbergen wollen.

6. Sprecher von Unternehmen sollten in Interviewtechniken geschult sein, um auch unerwartete Fragen zu parieren, mit denen man ihnen eine unkluge Antwort entlocken will.

7. Vor allem anderen ist es wichtig, unter Druck und/oder bei Provokation ruhig zu bleiben, schnell zu denken und Querverbindungen herzustellen, um Aggressionen und Kritik abwehren bzw. möglichst zurückspielen zu können.

■ Was bezweckt das Interview?

Unternehmenssprecher müssen sich über den Grund des Interviews klar sein – das heißt über Richtung und Zweck der Fragen –, um sich überhaupt auf eine entsprechende Erwiderung vorbereiten zu können. Dabei kann es hilfreich sein, sich frühere Interviews eines Interviewers anzusehen, um seinen Stil kennenzulernen und zu erfahren, ob er gerne Fallen oder sonstige Stolpersteine einbaut. Dann weiß man besser, was einen erwartet. Alle verfügbaren Informationen müssen in Hinblick auf das zur Debatte stehende Thema gründlich analysiert und entsprechend vorbereitet werden.

Zwar mag es sich anbieten, einen hervorragenden Geschäftsführer mit dem Interview zu betrauen; aber vielleicht mangelt es ihm in solchen Situationen an Souveränität. In diesem Fall muß man einen anderen Sprecher finden und ihn schulen. Ein solcher Sprecher muß sehr schnell denken können, Fangfragen (Fragen, bei denen man nie gut dasteht, wenn man impulsiv antwortet, egal, was man sagt) sofort erkennen und richtig darauf reagieren können sowie in der Lage sein, Wirkung und Bedeutung eines Satzes noch während des Sprechens zu ändern, wenn die Situation es erfordert. Viele beherrschen diese Fertigkeiten von Natur aus, doch kann man sie sich auch aneignen, und es ist auf jeden Fall besser, sie im Schulungszimmer zu lernen als aus bitterer Erfahrung, live und „auf Sendung". Wenn jemand etwas Falsches sagt, auf peinliche

Weise versucht, witzig zu sein, unpassende Antworten gibt oder insgesamt keine gute Figur macht, weil er unerfahren ist oder die Situation einfach nicht beherrscht, kann das katastrophale Folgen haben. Auch wenn die Zuschauer diese Art Verhör im nachhinein vielleicht als unfair empfinden, ist der Schaden meist schon angerichtet, der Ruf zerstört und der gute Name dahin.

FALLBEISPIEL 11.1 — WER DIE BEHERRSCHUNG VERLIERT, HAT SCHON VERLOREN

Vor einiger Zeit wurde in den Medien darüber berichtet, wie die Manager in den Führungsspitzen einiger Unternehmen sich mit Gehältern belohnten, die in keinem Verhältnis zu ihren Aufgaben und zu den Gehältern für vergleichbare Funktionen in Unternehmen mit einer konservativeren Gehaltspolitik standen. Einige dieser Personen wurden für eine beliebte Magazinsendung des Fernsehens interviewt. Unter anderem war der Geschäftsführer eines Versorgungsbetriebs anwesend, den es offenbar ärgerte, daß er sich für seine beträchtliche Gehaltserhöhung rechtfertigen sollte. Je mehr er den Fragen auswich, desto stärker setzte der Interviewer ihn unter Druck, es kam zu einem heftigen Wortgefecht. Schließlich brach der Geschäftsführer das Interview ab, indem er einfach aufstand und ging, und der ganze Auftritt wurde von der Kamera festgehalten.

Schlüsselerkenntnisse

Indem der Manager die Beherrschung verlor, gab er sich eine peinliche Blöße, und ein derartiger öffentlicher Auftritt bedeutete eine enorme Rufschädigung. Er hatte sämtliche Grundregeln für Interviewsituationen mißachtet:

1 Weder er noch seine Mitarbeiter hatten sich die Mühe gemacht, passende Antworten auf die Fragen vorzubereiten, die zu erwarten waren. Es ist anzunehmen, daß er wußte, worum es gehen würde (daß die Redaktion einer angesehenen Sendung ihn täuschen wollte, ist kaum denkbar), und daß er wahrscheinlich zu seinem Gehalt befragt werden würde. Allein schon dieses Basiswissen hätte ausreichen müssen, um eine geeignete Verteidigungsstrategie zu entwerfen; sie wäre vielleicht nicht allzu überzeugend gewesen, aber

zumindest hätte er Erklärungen abgeben können, die geeignet gewesen wären, ihn vor einem Gesichtsverlust zu bewahren.

2 Seine Mitarbeiter hätten ihn auf die aggressive Interviewtechnik vorbereiten müssen, mit der bei einem solchen Interview zu rechnen war, und ihn darauf trainieren, unter Druck Haltung zu bewahren und eine Situation zu vermeiden, in der er vor aller Augen die Beherrschung verlor.

3 Man hätte ihn darauf aufmerksam machen müssen, daß „kein Kommentar" zwar keine befriedigende Antwort darstellt, aber immer noch besser gewesen wäre, als vor laufender Kamera aufzuspringen, sich umständlich von seinem Mikrofon zu befreien und aus dem Studio zu stürmen. Weigert sich jemand hartnäckig, auf eine Frage zu antworten, ist das für die Zuschauer bald langweilig, und man hätte mit Sicherheit das Interview abgekürzt. Wenn sich aber jemand ein hitziges Wortgefecht mit dem Interviewer liefert und sich dabei noch im Mikrofondraht verheddert, fesselt das die Zuschauer auf jeden Fall, so peinlich es auch ist, und es wird sicher nicht herausgeschnitten.

4 Er hätte an den Spruch „Wer die Beherrschung verliert, hat schon verloren" denken sollen. Indem er vor aller Augen vor der Frage davonlief, gab er zu, keine Erklärung und nichts zu seiner Verteidigung parat zu haben. Unter den Umständen blieb den Zuschauern – von denen einige sicherlich auch Aktien des Unternehmens besaßen – kaum etwas anderes übrig, als zu schließen, daß sein Gehalt tatsächlich ungerechtfertigt hoch war.

■ Notwendigkeit von Information

Vor einem Interview sollte man sich nicht nur mit der Taktik vertraut machen, die der Interviewer voraussichtlich anwenden wird, sondern auch mit allen Stellungnahmen, die das Unternehmen in der Vergangenheit zu einem Thema abgegeben hat. Das wird zwar unter Umständen viel Zeit und Mühe kosten, ist aber notwendig, damit man nicht früheren Äußerungen widerspricht bzw. wenn man es tut, dem Interviewer gegenüber die Richtungsänderung begründen kann. Wird man überraschend damit konfrontiert, kommt man leicht ins Schwimmen und hinterläßt beim Publikum einen schlechten Eindruck von sich selbst sowie auch von dem Unternehmen, das man repräsentiert.

Loyalität dem Produkt gegenüber

Aus demselben Grund müssen Unternehmenssprecher sehr vorsichtig zu Werke gehen, wenn sie sich in der Öffentlichkeit über das Unternehmen und seine Produkte äußern. Einerseits gilt es, übermäßiges Lob zu vermeiden. Andererseits sollte man es sich zur Regel machen, Produkte, wenn überhaupt, nur sehr zurückhaltend und aus gegebenem Anlaß zu kritisieren und zugleich immer auch auf Eigenschaften hinzuweisen, die die Kritik wieder aufwiegen. Negative Kritik an einem Produkt kann, wenn sie von einem Außenstehenden kommt, seiner Vermarktung zugute kommen, vorausgesetzt, das Unternehmen bzw. das Produkt hat nicht an sich einen schlechten Ruf. Wird das Produkt hingegen von jemandem kritisiert, der dem Unternehmen angehört, schadet ihm das mehr, als jeder Konkurrent es könnte.

| **FALLBEISPIEL 11.2** | **KRITIK AM PRODUKT SCHADET DEM UNTERNEHMEN** |

Der Chef einer Handelskette, die in ihrer Branche weltweit führend war, äußerte sich in einer Fernsehsendung folgendermaßen über einige seiner Produkte: Ihr Wert sei geringer als der eines Schinkenbrötchens aus der Werkskantine. Natürlich waren diese leichtfertigen Bemerkungen scherzhaft gemeint, aber sie hatten für den Umsatz der Kette katastrophale Folgen: Die Aktien fielen innerhalb weniger Monate um mehr als 86 Prozent, und der Chef trat als Vorstandsvorsitzender zurück.

In diesem Fall wurde dem Produkt von innen Schaden zugefügt. Der Vorstandsvorsitzende des Unternehmens zerstörte das Image des eigenen Produkts. In den meisten Fällen kommt der Schaden aber, ungeachtet seines Ausmaßes, von außen, wobei nicht immer Absicht dahintersteckt. Oft versuchen Konkurrenten oder auch Unternehmen, die in einem ganz anderen Bereich tätig sind, den Erfolg eines Unternehmens auszunützen, um die eigenen Produkte zu bewerben und zu verkaufen. Die Verbindung ist dabei manchmal so vage, daß man sie kaum noch als solche bezeichnen kann.

FALLBEISPIEL 11.3 UNGEWOLLTE VERBINDUNG

Ein Hersteller hochwertiger Gebrauchsgüter hatte Ende der achtziger, Anfang der neunziger Jahre ein Image, das für Qualität stand und sich im Preis der Produkte niederschlug. Eine Brauerei in der Stadt, in der sich die Zentrale befindet, warb in der Gegend mit Plakaten, auf denen ihr Bier mit dem Markennamen der Gebrauchsgüter in Verbindung gebracht wurde, ohne vom Namensinhaber die Zustimmung eingeholt zu haben. Der war der Ansicht, daß die Nebeneinanderstellung der beiden Namen seinen Produkten schadete, und bestand auf der Entfernung der Plakate. •

Schutz der Marke

Das Image einer Marke oder eines Produkts in der Öffentlichkeit aufzubauen, nimmt sehr viel Zeit, Geld und Mühe in Anspruch. Deshalb sollte ein Unternehmen auch alles daran setzen, dieses Image so weit wie möglich zu schützen. Das kann zum Beispiel bedeuten, daß man sich wehren muß, wenn Medien Geschichten verbreiten, die dem Image des Unternehmens oder eines Produkts schaden oder zumindest die Möglichkeit dazu besteht.

FALLBEISPIEL 11.4 DEN NAMEN SCHÜTZEN

Der Umsatz des Gebrauchsgüterproduzenten stieg innerhalb weniger Jahre um ein Vielfaches. Es verging kaum ein Tag, an dem die Produkte nicht in der Presse oder im Fernsehen in irgendeiner Form – sogar in Filmtiteln – auftauchten. Diese Gratiswerbung machte die Produkte natürlich in der Öffentlichkeit sehr bekannt – und trieb die Nachfrage in die Höhe. Leider drehten die Medien, die das Phänomen ausgelöst hatten, wie es so oft geschieht, den Spieß irgendwann um und zogen die Produkte und die Leute, die sie kauften, ins Lächerliche. Es war ein enormer Zeit- und Kostenaufwand notwendig, um die schädigenden und unkorrekten Darstellungen in der Presse zu korrigieren und den guten Ruf zu erhalten, den das Unternehmen über Jahre aufgebaut hatte.

▩ Eine Katastrophe!

Die oft angewandte Strategie der Medien, Konzepte, Produkte oder Persönlichkeiten aufzubauen, um sie wenig später wieder fallenzulassen oder gar zu verunglimpfen, wirkt zwar meistens auflagensteigernd, für das betreffende Produkt, das Unternehmen oder die betreffende Person ist das aber meist eine Katastrophe.

„Wer Friede haben will, muß zum Krieg rüsten" heißt ein altes Sprichwort, das nirgends besser paßt, als wenn es darum geht, auf unvorhergesehene Ereignisse oder Katastrophen vorbereitet zu sein. Das soll heißen, es ist besser, sich alternative Maßnahmen zu überlegen, bevor es zur Katastrophe kommt, anstatt zu improvisieren, wenn sie schon eingetreten ist, wobei derartige Vorfälle meist eine Eigendynamik entwickeln. Man bedenke, wieviel Zeit Unternehmen darauf verwenden, auf alle Eventualitäten vorbereitet zu sein, während sowieso alles funktioniert und genügend Zeit ist, um notfalls umzudisponieren: Ist es da nicht erstaunlich, wie wenig Zeit die meisten der Katastrophenplanung widmen? Denn wenn wirklich etwas schiefgeht und die Zeit nicht für geeignete Gegenmaßnahmen reicht, dann muß man doch sofort irgendwie reagieren. Und das meist sehr schnell, um den Betrieb wieder in geordnete Bahnen zu lenken; wobei oft noch hinzukommt, daß derartige Ereignisse starkes Medieninteresse hervorrufen.

FALLBEISPIEL 11.5 **VERHEERENDE FOLGEN**

Die Union-Carbide-Katastrophe in Bhopal in Indien rief überall in der Welt sehr viel Interesse hervor, nicht nur, was die Situation vor Ort anging, sondern auch allgemein hinsichtlich der Sicherheit chemischer Werke, vor allem von Menschen, die in der Nähe solcher Werke wohnten. In Großbritannien richtete der Verband der chemischen Industrie daraufhin eine Notrufstelle ein, die bereitwillig und kompetent alle möglichen Fragen aus der Bevölkerung sowie seitens der Medien beantwortete.

Die britische Fluggesellschaft British Midland wurde sehr dafür gelobt, wie sie reagierte, als eine ihrer Maschinen neben einer Autobahn abstürzte. Die wohlüberlegten, ausführlichen Statements der Sprecher kamen nicht spontan, sondern waren das Ergebnis sorgfältiger Planung. Die Katastrophenplanung, die man hoffte, nie zu brauchen, machte sich bezahlt, als es tatsächlich zu einem Unglück kam.

Ende 1991 wurde der Hersteller einer beliebten Limonade vermutlich zur Zielscheibe eines Komplotts von Tierschützern, wobei gedroht wurde, im Handel befindliche Limonadeflaschen zu vergiften. Daraufhin wurden nicht nur 5 Millionen Flaschen vom Markt genommen und vernichtet, sondern es gingen auch über 1.500 Anrufe über den Notruf ein, den das Unternehmen eingerichtet hatte, um Anfragen zu beantworten (wobei nur eine einzige Person anrief, die sich krank fühlte). Um auf einen solchen Fall angemessen reagieren zu können, muß man über eine umfassende und detaillierte Notfallplanung verfügen sowie über Mitarbeiter, die geschult und in der Lage sind, Anfragen und Beschwerden verständnisvoll, aber doch bestimmt zu beantworten.

Um Krisensituationen wie die unter 11.5 genannten souverän zu meistern, muß man darauf vorbereitet sein und die entsprechenden Mittel zur Verfügung stellen, noch bevor der Krisenfall eintritt. Anlaufstellen für Konsumenten oder die Medien einzurichten und das Personal entsprechend zu schulen, dauert seine Zeit. Richtlinien für die Beantwortung von Fragen, an die sich die Mitarbeiter halten können, sind meist eine große Hilfe, genügt doch oft schon ein Zögern oder eine kleine Unsicherheit in der Stimme, um einen Anrufer zu beunruhigen. Spontan gegebene Antworten fordern oft nur weitere Fragen heraus, weshalb Fragen – und mögliche Antworten – stets aus verschiedenen Blickwinkeln betrachtet werden sollten.

GESUCHT: ADVOCATUS DIABOLI

Damit man in Interviews so ehrlich wie möglich antworten kann und gleichzeitig, so weit es geht, das Vertrauen in das Unternehmen stärkt, ist es hilfreich, sich die schlimmsten Fragen vorzustellen, mit denen man konfrontiert werden könnte, einschließlich all jener Fragen, die das Unternehmen hofft, niemals beantworten zu müssen. Indem man den Advocatus Diaboli spielt und Fragen aus allen Richtungen zusammenträgt, erhält man nicht nur einen brauchbaren Fragenkatalog, sondern kann unter Umständen sogar verborgenen Mißständen auf die Spur kommen. Es kann sich zum Beispiel der Anlaß ergeben, Verwaltungsstrukturen näher zu durchleuchten und gegebenenfalls zu verbessern, oder man entdeckt, daß es solche Strukturen überhaupt nicht gibt. Für solche

Tatbestände muß man Erklärungen parat haben, und die müssen so plausibel wie möglich sein. Darüber hinaus sollte man sich bewußtmachen, in welche Situationen man durch geschickte Fragen bzw. ungeschickte Antworten kommen kann.

UNGESCHICKTE ANTWORTEN – DIE TEUFLISCHE ALTERNATIVE

Im Fallbeispiel 11.7 auf Seite 165 könnte die Agentur versucht sein, auf den Vorwurf des Vaters zu antworten, sie habe den Eindruck, die Situation der Familie sei ungeeignet zur Aufnahme eines Au-pair-Mädchens. Jedoch könnte das leicht mit der Erwiderung quittiert werden: „Wenn Sie dieser Meinung sind, hätten Sie das entweder sagen oder das Mädchen nicht zu uns schicken sollen." Eine aggressive Reaktion auf den Vorwurf der Familie könnte also unter Umständen auf die Agentur zurückfallen.

Ebenso könnte im Fallbeispiel 10.5 auf Seite 148 das Unternehmen auf die Kritik des Aktionärs entweder antworten: „Wir haben den Verkauf eines oder mehrerer Teile des Unternehmens nie in Betracht gezogen", oder: „Ja, wir haben darüber nachgedacht."

Auf die erste Antwort ist folgende Erwiderung naheliegend: „Warum nicht, es sollte doch zu den Aufgaben des Managements gehören, das Vermögen des Unternehmens so gewinnbringend wie möglich zu verwalten?", auf die zweite Antwort entweder: „Sie behaupten das nur, um die Unternehmensleitung gut dastehen zu lassen, dabei haben Sie noch nie daran gedacht", oder: „Sie haben also darüber nachgedacht – warum haben Sie es dann nicht getan?"

Viele Anfragen, die im Zuge der Limonaden-Affäre eingingen, bezogen sich ohne Zweifel darauf, weshalb das Produkt aus den Läden zurückgeholt worden war. Darauf hätte man entweder antworten können, daß das Unternehmen tatsächlich glaubte, die Flaschen seien vergiftet worden, und sie deshalb zurückzog, oder daß sie nicht vergiftet worden seien, aber dennoch überprüft würden. Auch eine weitere denkbare Antwort – nämlich daß es sich nur um eine Vorsichtsmaßnahme handle – legt die Erwiderung nahe, daß die Verschlüsse der Flaschen also offenbar nicht sicher seien.

163

FALLBEISPIEL 11.6 | WASSERPROBLEME

Ein Konsument hatte, als er den Wasserkessel füllte, den Eindruck, das Wasser sei trüb. Er ließ es eine Zeitlang laufen und versuchte es dann wieder, wobei er diesmal ein großes Glas füllte, um die Trübung besser erkennen zu können. Das Wasser war immer noch nicht klar. In Anbetracht der Tatsache, daß es in der Region bereits mehrmals Probleme mit dem Wasser gegeben hatte und toxische Organismen im Wasser nachgewiesen worden waren, rief er beim Notruf des Wasserwerks an, und es kam zu folgendem Gespräch:

„Unser Wasser sieht sehr trüb aus."
„Haben Sie es eine Zeitlang laufen lassen?"
„Ja, aber es ist trotzdem trüb."
„Unsere Mitarbeiter waren heute in Ihrer Nähe, wahrscheinlich ist Luft im Wasser."
„Kann das Wasser durch Luft trüb werden?"
„Ja, aber es besteht kein Grund zur Panik."

Schlüsselerkenntnis

Der Sprecher des Wasserwerks war nicht ausreichend instruiert, welche Wörter Kunden gegenüber zu vermeiden sind. Das Wort „Panik" ist in diesem Zusammenhang weder passend noch ratsam. Erstens wird es unwillkürlich eine negative Reaktion seitens des Kunden auslösen, der immerhin ein verantwortungsbewußter Bürger ist und sich zuerst erkundigt, bevor er verdächtig aussehendes Wasser trinkt. Zweitens ist das Wort an sich schon emotional besetzt und könnte den Eindruck erwecken, die Situation sei ernster als vermutet – das Wort „Panik" also vielleicht doch angebracht wäre! Zudem zeugt es, wenn auch unbeabsichtigt, von Überheblichkeit und Unhöflichkeit anzunehmen, der Kunde sei in Panik geraten.

Auf die Fragen im Fallbeispiel 11.6 sind mehrere ungeschickte Antworten denkbar, und jede sollte auf mögliche Auswirkungen abgeklopft werden. „Kein Kommentar" ist natürlich keine geeignete Antwort und sollte nur in Ausnahmefällen verwendet werden.

Anforderungsprofile

Viele Unternehmen stehen insofern unter dem Druck der Öffentlichkeit, als die Medien potentiell an ihnen interessiert sind. Bei manchen Unternehmen kommt noch dazu, daß sie auch staatlichen Anforderungsprofilen genügen müssen und für ihre Tätigkeit die Genehmigung einer Behörde brauchen oder sich an behördliche Richtlinien halten müssen.

FALLBEISPIEL 11.7 DROHUNGEN

In Großbritannien brauchen Au-pair-Vermittlungsagenturen eine Lizenz des Arbeitsministeriums und müssen sich an Richtlinien des Innenministeriums halten. Damit sind sie auf zwei Ebenen angreifbar, was manche Leute auszunützen versuchen, wie im folgenden Gespräch deutlich wird:

1 *„Das Au-pair-Mädchen, das Sie vor drei Monaten zu uns geschickt haben, ist heute verschwunden."*

„Ja, sie hat mit uns gesprochen."

„Ich möchte wissen, was Sie jetzt zu tun gedenken."

„Es tut mir leid, aber Sie wissen sicher aus den Geschäftsbedingungen, daß wir nichts weiter tun können."

„Das kann wohl nicht alles sein. Sie sollte hier sein, aber statt dessen hat sie sich irgendwohin abgesetzt und uns ohne jeden Grund im Stich gelassen."

„Ich weiß nicht, ob das ganz stimmt. Sie hat mir erzählt, daß es nicht zum ersten Mal zu einem ernsthaften Streit mit Ihnen gekommen ist. Sie sagte, daß sie nach dem heutigen Streit so Angst vor Ihnen hat, daß sie es in Ihrem Haus nicht mehr aushält."

„Das lasse ich mir nicht gefallen. Sie sollte bei uns sein. Ich werde die Sache an das Innenministerium und das Arbeitsministerium weiterleiten."

2 *„Ich verstehe."*

„Was haben Sie dazu zu sagen?"

„Ich habe nichts dazu zu sagen. Sie haben das Recht, die Sache an wen immer Sie wollen weiterzuleiten. Wenn wir um eine Stellungnahme gebeten werden, werden wir sagen müssen, was wir wissen."

„Und das wäre …?"

„Was Sie uns gesagt haben und was das Mädchen uns gesagt hat."

„Und dann entscheiden Sie, wer recht hat – wie Sie es offenbar bereits getan haben."

„Nicht im geringsten. Wir versuchen unparteiisch zu sein, nachdem wir nicht in Ihrem Haus sind und nur aus zweiter Hand wissen, was geschehen ist."

„Nun gut, ich werde das dem Innenministerium und dem Arbeitsministerium zur Kenntnis bringen."

„Wie ich bereits gesagt habe, steht Ihnen das vollkommen frei."

Schlüsselerkenntnisse

1 Der Familienvater will der Agentur mit den „offiziellen" Stellen drohen. Die ruhige Reaktion seitens der Agentur kann zweierlei bewirken:
- daß sich der Beschwerdeführer beruhigt und vernünftigen Überlegungen zugänglicher wird;
- daß er, wenn er nochmals über die Sache nachdenkt, zu dem Schluß kommt, sie vielleicht doch besser auf sich beruhen zu lassen und als Erfahrung zu verbuchen, nachdem die Agentur sich durch seine Drohung nicht beeindruckt zeigte.

2 Versuchen Sie nicht, den Vater davon abzubringen, die Behörden zu informieren; auch wenn Sie sein Schritt beunruhigen sollte, wäre es ein Zeichen für Schwäche und würde seine Position nur stärken. Er könnte dann vielleicht versuchen, die Diskussion weiterzuführen und eine Entschädigung oder dergleichen auszuhandeln. (Natürlich ist eine so harte Position nur dann möglich, wenn er sich den Vertragsbedingungen zufolge tatsächlich im Unrecht befindet.)

◼ Umweltfragen

Umweltfragen gewinnen immer mehr an Bedeutung und rücken ins Zentrum der Aufmerksamkeit. Verfahren und Materialien, die früher selbstverständlich waren, werden heute angezweifelt, und Unternehmen müssen sie entsprechend verändern oder versuchen, sie zu rechtfertigen, wogegen im Grunde nichts einzuwenden wäre, was aber dennoch unbeliebt ist. Man muß sich klar darüber sein, daß diese Entwicklung anhalten wird und etwas, das heute als umweltverträglich gilt, es vielleicht morgen schon nicht mehr ist. Da diesbezügliche Angriffe in Zukunft eher noch zunehmen und es immer schwieriger werden dürfte, die Umweltverträglichkeit nachzuweisen, sollte man den Stein des Anstoßes möglichst beseitigen.

FALLBEISPIEL 11.8 RAUCHSIGNALE

Eine Fabrik war vor vielen Jahren sozusagen mitten auf der „grünen Wiese" gebaut worden (wortwörtlich, nachdem rundherum Schrebergärten lagen). Mit der Zeit dehnten sich aber die Vorstadtgebiete immer weiter aus, und sie lag schließlich inmitten von Häusern, Läden und Schulen. Die Fabrik arbeitete mit einer Ölbefeuerung, die Emissionen wurden über einen hohen Schornstein abgegeben. Normalerweise waren sie transparent, aber manchmal, vor allem wenn es unten im Schornstein einen Luftzug gab oder der Kessel gerade angeheizt wurde, entwich sehr zum Ärger der Anwohner sichtbarer Rauch.

1 „Wissen Sie, daß es zum dritten Mal in dieser Woche aus Ihrem Schornstein raucht?"

„Ich danke Ihnen für den Hinweis. Obwohl wir Emissionen möglichst zu vermeiden versuchen, kommt es leider manchmal doch zur Rauchentwicklung, wenn wir anheizen und wenn jemand unten im Schornstein eine Tür offen läßt. Aber das dauert meistens nicht länger als ein paar Minuten. Ich werde mit dem Cheftechniker sprechen, um sicherzugehen, daß alle Bestimmungen eingehalten werden, damit das nicht passiert."

2 „Nun, wissen Sie, so einfach ist das nicht – das ist ein Wohngebiet, und wir wehren uns gegen den Ruß, den dieser Rauch verursacht."

„Es tut mir wirklich leid, daß es in letzter Zeit zu einigen Emissionen gekommen ist. Wir arbeiten an einem sehr viel saubereren Verfahren, auf das wir, so hoffen wir, in der nächsten Betriebspause umstellen können."

„Aber das sagen Sie schon lange, und in der Zwischenzeit sind alle unsere Häuser und Gärten, unsere Autos und unsere Wäsche voll Ruß, wenn Ihr Schornstein raucht."

3 „Ich verstehe Ihr Anliegen. Aber vergessen Sie bitte nicht, daß der Schornstein und die Fabrik hier waren, lange bevor die Häuser gebaut wurden. Außerdem bietet unser Werk vielen Menschen Arbeit, die in diesen Häusern wohnen – Ihren Nachbarn. Das Verfahren sauberer zu machen, ist sehr teuer, deshalb können wir nur nach und nach umstellen. Wir können es uns einfach nicht leisten, auf einmal umzustellen."

„Warum nicht?"

„Wenn wir auf einmal auf das neue Verfahren umgestellt hätten, hätten wir dafür mehr als einen Monat schließen müssen. Das hätte bedeutet, daß wir zumindest für einen Teil dieser Zeit alle unsere Mitarbeiter hätten entlassen müssen – Ihre Nachbarn. Das hätte ihnen sicherlich nicht sehr gefallen – und unseren Kunden auch nicht. Wir versuchen, es möglichst allen recht zu machen, indem wir nach und nach umstellen."

„Aber wie lange wird es noch dauern?"

„Mit unserer nächsten Betriebspause in ein paar Monaten wird die Umstellung abgeschlossen, und es wird keinen Rauch mehr geben."

„Wird auch Zeit."

4 „Ich bin ganz Ihrer Meinung. Ich schlage Ihnen vor, Sie und Ihre Freunde und Nachbarn, die davon betroffen sind, rufen mich an, und dann kommen Sie vorbei, und wir zeigen Ihnen, was wir bisher verbessert haben, sowohl, was den Rauch angeht, als auch, was wir sonst noch modernisiert haben."

Schlüsselerkenntnisse

1 Durch diese Erklärung wird eine Gesprächsbasis geschaffen und der Unmut des Anrufers nicht weiter angefacht.

2 Obwohl der Sprecher provoziert wird, bleibt er ruhig und hat überzeugende Argumente parat, nämlich daß die Fabrik zuerst hier war und außerdem ein wichtiger Arbeitgeber für die Region ist. Diese Bemerkungen wirken aber vor allem deshalb beschwichtigend, weil bereits Verbesserungsmaßnahmen eingeleitet worden sind – wäre das nicht der Fall gewesen, wäre das Gespräch mit Sicherheit heftiger ausgefallen.

3 Dank seiner ruhigen und professionellen Reaktion (die signalisiert, daß er die Sache ernst nimmt), ist der Sprecher einer für beide Seiten annehmbaren Lösung schon einen Schritt näher. Zur erfolgreichen Lösung des Konflikts trägt daher sowohl die Verhandlungsstrategie bei (das Angebot einer Führung durch die Fabrik hat wahrscheinlich auch seine Wirkung getan) als auch die Tatsache, daß sich das Unternehmen grundsätzlich dessen bewußt war, auf neue Erfordernisse reagieren zu müssen.

4 Um Ihre Umgebung zu beruhigen (und zufriedenzustellen), sollten Sie möglichst viel Geduld aufbringen. Ihre Nachbarn werden Ihnen meist noch länger erhalten bleiben und können Sie sehr viel (unproduktive) Zeit kosten.

169

Nachbarn, Nervensägen und brave Staatsbürger

DARAUF SOLLTEN SIE ACHTEN:

1 Viele Konfliktsituationen lassen sich verhindern, wenn man zu Nachbarn ein Verhältnis aufbaut, das auf gegenseitigem Respekt beruht.

2 Wenn man umgekehrt die Rechte der Nachbarn mißachtet, beschwört man Konflikte herauf und kann nicht bei anderer Gelegenheit mit ihrem Entgegenkommen rechnen.

3 Drohungen sollte man nur aussprechen, wenn man sie auch wahrmachen kann – Bluffs werden nur allzuleicht aufgedeckt, und wenn sich herausstellt, daß nichts dahinter war, wird das gute Einvernehmen empfindlich darunter leiden.

4 Bevor man bestimmte Schritte unternimmt, sollte man sich über alle Konsequenzen im klaren sein, die daraus entstehen könnten.

Wie aus dem Fallbeispiel 11.8 deutlich wird, ist das Gebäude eines Unternehmens ein wertvolles und vor allem ein unbewegliches Gut. Es steht auf einem bestimmten Grundstück, das von anderen Grundstücken (und deren Besitzern) umgeben ist. Fast zwangsläufig ergibt sich daraus für das Unternehmen die Notwendigkeit, mit der unmittelbaren Nachbarschaft wie auch mit den übrigen Anwohnern eine dauerhafte Beziehung aufzubauen. Als Unternehmer kann man eine solche Beziehung natürlich ablehnen, doch ist das insofern kurzsichtig, als man im Kontakt mit den Nachbarn, etwa anderen Betrieben, oft gemeinsame Anliegen entdecken und sich in vielen Belangen gegenseitige Unterstützung sichern kann. Hier einige Vorteile einer solchen Strategie:

1. gemeinsames Auftreten demselben Grundeigentümer gegenüber
2. gemeinsames Auftreten gegenüber den kommunalen Behörden
3. Aufteilung der Bewachung der betreffenden Grundstücke oder Gebäude
4. gemeinsame Position in Arbeitsmarktfragen, um zu verhindern, daß Arbeitskräfte überbezahlt oder abgeworben werden
5. gemeinsames Vorgehen bei Unstimmigkeiten mit der Bevölkerung
6. potentielle Nachbarschaftskonflikte werden weitestgehend ausgeschaltet bzw. seltener auftreten und weniger drastisch ausfallen
7. Konsens darüber, wie alle die Nachbarschaft betreffenden Probleme am besten zu lösen sind.

*H*HÄUFIGER KONFLIKTSTOFF: DAS PARKEN

Parken und Grundstücksgrenzen bilden die häufigsten Anlässe für Nachbarschaftskonflikte. Sofern man sich um eine gute Beziehung zu den Nachbarn bemüht hat, werden solche Konflikte nicht oft auftreten, ganz ausschließen kann man sie allerdings nie.

FALLBEISPIEL 12.1 | **UNBEFUGTES PARKEN**

Ein Unternehmen hatte ein Werksgebäude und einen Parkplatz erworben und war drei Monate lang mit der Renovierung beschäftigt. In dieser Zeit hatte man bemerkt, daß mehrere Mitarbeiter der benachbarten Fabrik ihr Auto auf dem Parkplatz des Werks abstellten. Da diese Abstellplätze bis zur Betriebsaufnahme des Werks nicht gebraucht wurden, hatte man auch nichts dagegen. Die Unternehmensleitung führte dann aber nach einiger Zeit ein Gespräch mit der Geschäftsleitung der benachbarten Fabrik, um das weitere Vorgehen gegen die illegale Benutzung des Parkplatzes zu besprechen. Die Geschäftsleitung der Nachbarfabrik stellte Hinweistafeln auf, daß die Abstellplätze dem anderen Werk gehörten und nicht benutzt werden dürften. In den letzten paar Wochen vor der Eröffnung seines Werks versah das Unternehmen die parkenden Autos mit Zetteln, auf denen zu lesen stand, daß das Parken an diesem Ort nicht erlaubt sei, und die Nummern der Autos wurden notiert. Den Zetteln war außerdem zu entnehmen, daß die Abstellplätze ab einem bestimmten Datum gebraucht würden und die Mitarbeiter der anderen Fabrik sich deshalb andere Parkmöglichkeiten suchen sollten. Ein Mitarbeiter war darüber sehr verärgert.

1 *„Was soll das?"*

„Was gibt es denn für ein Problem?"

„Dieser Wisch auf meinem Auto – was soll das?"

„Das ist eine Mitteilung des Parkplatz-Eigentümers, auf dessen Gelände Sie geparkt haben, daß Sie ab kommendem Montag woanders parken sollen, da dann unsere Mitarbeiter die Abstellplätze brauchen."

„Ich parke aber immer hier."

„Das wissen wir – wir haben Aufzeichnungen darüber, daß Sie regelmäßig hier parken, und das ist die dritte Mitteilung von uns, daß ab nächstem Montag die Abstellplätze von unseren Mitarbeitern benutzt werden."

2 *„Ich lasse mir diesen Wisch auf meinem Auto aber nicht gefallen."*

„Das tut mir leid, aber wenn Sie nicht verbotenerweise hier geparkt hätten, hätten wir nicht den Zettel auf Ihr Auto zu stecken brauchen."

„Sie haben kein Recht, irgend etwas auf mein Auto zu stecken."

„Tut mir wirklich leid, aber wenn Sie verbotenerweise parken, haben wir sehr wohl das Recht, Sie aufzufordern, das in Zukunft zu unterlassen. Wir haben in den letzten drei Monaten nicht auf unserem Recht bestanden, aber seit Januar gehört der ganze Parkplatz meiner Firma, und Sie haben ihn verbotenerweise benutzt."

„Ich wußte nicht, daß der Parkplatz Ihnen gehört."

„Okay, das akzeptiere ich, aber nachdem Sie es jetzt wissen, kann ich wohl davon ausgehen, daß Sie ab jetzt nicht mehr dort parken und die Sache damit erledigt ist. Ist das klar?"

Schlüsselerkenntnisse

1 Indem das Unternehmen den Boden für weitere Schritte (durch entsprechende Mitteilungen) schon vorbereitet hat und der Verhandlungsführer ruhig bleibt und sachlich argumentiert, ist der Handlungsspielraum der Gegenseite eingeschränkt.

2 Würde der Verhandlungsführer die offensichtliche Unwahrheit dieser Behauptung unbedingt beweisen wollen, würde das die Situation nur verschärfen. Er will ja letztlich nur erreichen, daß die Mitarbeiter der anderen Fabrik ihre Autos ab sofort nicht mehr auf seinem Parkplatz abstellen.

◼ Unbekannte Fremdparker

Im Fallbeispiel 12.1 hatte das Unternehmen das Glück, daß der Nachbar bereit war, bei der Lösung des Problems zu helfen und die fremden Parker relativ leicht zu identifizieren waren. Oft sind es aber Unbekannte, die einen Parkplatz benutzen, zum Beispiel die Kunden eines benachbarten Betriebes. In einem solchen Fall muß man den Nachbarn unter Umständen unter Druck setzen, damit er entsprechende Schritte unternimmt und nicht einfach die Verantwortung von sich schiebt.

173

FALLBEISPIEL 12.2 **DRUCK AUSÜBEN**

Das Bürogebäude und der Parkplatz einer Firma lagen unmittelbar neben der Ersatzteilausgabe einer Autowerkstatt. Die Kunden der Werkstatt benutzten oft den Parkplatz der Firma oder parkten in zweiter Reihe und blockierten so die Einfahrt für die Mitarbeiter der Firma. Als der Geschäftsführer einmal einem der unbefugt dort Parkenden begegnete, stellte er ihn zur Rede.

„Wissen Sie, daß Sie unbefugt fremden Besitz betreten, indem Sie hier parken?"

„Ich bin gleich wieder weg."

„Das interessiert mich nicht, Sie befinden sich hier auf fremdem Grund und Boden – genaugenommen parken Sie auf dem für mich persönlich reservierten Parkplatz."

„Das wußte ich nicht."

„Sie können offenbar auch nicht lesen."

„Nein, ich bin wohl zu dumm dafür!"

„Sehen Sie, auf dieser Tafel steht klar und deutlich, daß das ein Privatparkplatz ist. Und auf der Tafel über meinem Abstellplatz, auf dem Sie jetzt parken, stehen unser Firmenname und meine Initialen."

„Hab ich nicht gesehen – bin gleich wieder weg."

Das Gespräch (das nur gekürzt wiedergegeben ist) wurde daraufhin sehr heftig, beide Seiten verloren die Beherrschung, und erreicht wurde nichts. Der Geschäftsführer stürmte ins Büro des Verwaltungschefs und trug ihm auf, etwas gegen die Fremdparker zu unternehmen. Der Verwaltungschef rief in der Werkstatt an, und es entspann sich folgendes Gespräch:

„Sie möchten doch, daß wir Ihnen für den Hintereingang, den Sie planen, die Zufahrt über unser Gelände gestatten?"

„Ja, das haben wir doch schon abgemacht."

„Prinzipiell ja, aber ich glaube nicht, daß unsere Geschäftsleitung es genehmigen wird, wenn Sie nicht dafür sorgen, daß Ihre Kunden nicht auf unserem Firmenparkplatz parken."

„Aber das ist ein Bruch unserer Abmachung."

„Nicht im geringsten. Es ist nur eine Zusatzbedingung, die wir in den Vertrag aufgenommen haben wollen, damit Sie endlich die Verantwortung für etwas übernehmen, was für uns inzwischen ein großes Problem geworden ist."

Schlüsselerkenntnis

Es gab für das Unternehmen keine Möglichkeit, sein Ziel durch eigene Maßnahmen zu erreichen. Die Autos einfach durch Krallen festzusetzen, würde vielleicht ein paar Kunden abschrecken, wäre aber für die eigenen Mitarbeiter ebenso eine Behinderung wie für die unbefugt Parkenden. Die Lösung bestand darin, das Problem der Werkstatt zu überantworten, die aus anderen Gründen sehr an einer Lösung interessiert war.

DAS VERHÄLTNIS ZU DEN NACHBARN

Hat man zu seinen Nachbarn eine zwanglose Beziehung, lassen sich viele Konflikte leichter lösen bzw. – was noch effektiver ist – ein Problem wird oft gar nicht erst so akut, daß man es überhaupt als solches bezeichnen müßte. Wenn man es dagegen aus irgendeinem Grund versäumt hat, eine solche Beziehung aufzubauen, kann das zu vielen Konfliktsituationen führen, von Mißverständnissen darüber, was der andere eigentlich will, bis hin zur krassesten Mißachtung der Rechte des anderen.

FALLBEISPIEL 12.3 | **FALSCH SPEKULIERT**

Ein Manager wollte neue Möbel in den zweiten Stock des Bürogebäudes transportieren lassen, was aber nur über die Fenster möglich war. Weil das Erdgeschoß des Gebäudes vorragte, konnte man nicht vom Firmenparkplatz aus die Möbel nach oben hieven. Auf der anderen Seite grenzte das Gebäude aber an einen Parkplatz, der zu den benachbarten Geschäften gehörte. Der Manager sagte deshalb den Lieferanten, die sehr früh am Morgen kamen, sie sollten die Zufahrt des Nachbarparkplatzes für ihre Hebebühne benutzen. Das taten sie auch, und es ging alles glatt, bis die Bühne sich im Fensterrahmen verkantete und steckenblieb. Was eigentlich in einer halben Stunde hätte erledigt sein sollen, dauerte dann zweieinhalb Stunden. Die Zufahrt zum Nachbarparkplatz war immer noch blockiert, als die Angestellten und Kunden der benachbarten Geschäfte einzutreffen begannen. Wie zu erwarten, reagierten viele sehr verärgert und stürzten sich auf die Empfangsdame der Firma. Diese holte den Manager.

1　„Wir möchten mit dem Verantwortlichen sprechen, der schuld ist, daß unsere Zufahrt blockiert ist."

„Das ist der Mann, der die Hebebühne führt."

„Er sagt, Sie hätten ihm gesagt, er sollte es von dort aus machen. Er wußte nicht, daß das unser Parkplatz ist und nicht Ihrer. Dafür sind Sie verantwortlich, nicht er."

„Sie haben uns aber gesagt, es wird nicht länger als 30 Minuten dauern, die Möbel hinaufzubringen, und von unserem Parkplatz aus kommt die Hebebühne nicht bis an den zweiten Stock heran."

„Das sehen wir, aber wer hat Ihnen erlaubt, unseren Parkplatz zu benutzen?"

2 *„Ich dachte nicht, daß es so früh am Morgen jemanden stören würde. Sie hätten die Zufahrt auch nicht blockiert, wenn sie wie geplant fertig geworden wären."*

„Daß sie die Zufahrt blockieren, ist eine Sache. Aber was ist mit dem ganzen Lärm, den sie gemacht haben, als sie kamen – bis die Hebebühne richtig stand, die Stützen in Position gebracht waren, und die Anweisungen, die hin- und hergeschrien wurden und um halb sechs morgens alle Leute aufgeweckt haben – welche Entschuldigung haben Sie dafür?"

Schlüsselerkenntnisse

1 Der Manager packte die Sache von vornherein falsch an und machte sie nur noch schlimmer, indem er seine an sich schon unhaltbare Position noch zu verteidigen versuchte. Er konnte die Konfrontation keinesfalls gewinnen. Wenn die Sache sich schon nicht unbemerkt abwickeln ließ, so wäre es besser gewesen, er hätte dazu gestanden und sich entschuldigt, anstatt zu versuchen, sich herauszureden und die Verantwortung für das Chaos, das er verursacht hatte, auf jemand anderen zu schieben.

2 Ein konstruktives Vorgehen hätte darin bestanden, als erstes die Erlaubnis einzuholen, den Parkplatz benutzen zu dürfen; zweitens gleich eine Gegenleistung anzubieten, um, falls es zu Problemen käme, der Gegenseite möglichst den Wind aus den Segeln zu nehmen; sowie drittens die Lieferfirma dazu anzuhalten, so wenig Lärm wie möglich zu machen, nachdem sie den Parkplatz sozusagen als Gast und nicht von Rechts wegen benutzten.

Nachdem es einmal zu dem Problem gekommen war, hätte der Manager sich entschuldigen sollen und die aufgebrachten Leute auf eine Tasse Kaffee in sein Büro einladen, anstatt zu versuchen, jemand anderen für seine Fehler verantwortlich zu machen.

VERMIETER UND MIETER

Der Vertrag, den Vermieter und Mieter miteinander abschließen, legt die Rechte und Verantwortlichkeiten jeder Seite eindeutig fest. Beide Seiten haben ein Interesse an dem Grundstück oder am Gebäude und an dem bestehenden Mietverhältnis, allerdings sind einige ihrer Interessen auch einander diametral entgegengesetzt. Trotz des gesetzlichen Rahmens und der eingegangenen Vertragsbedingungen gibt es immer wieder Situationen, in denen man unter Umständen hart verhandeln muß, etwa im Fall von Mietenerhöhungen.

Wie auch in anderen Gesprächssituationen ist es für den Erfolg der Verhandlung unerläßlich, daß man über alle relevanten Informationen verfügt und auf Grundlage einer umfassenden Sachkenntnis argumentieren kann.

FALLBEISPIEL 12.4 DER VERMIETER VERLIERT

Nach dem Mietvertrag sollte die Miete alle fünf Jahre neu festgesetzt werden. Der Bevollmächtigte des Vermieters setzte als neue Miete einen Betrag fest, den der Mieter für überhöht hielt, worauf es zu folgendem Gespräch kam:

„Eine Mietenerhöhung kommt für uns zu diesem Zeitpunkt nicht in Frage – das Geschäft ist aufgrund der Rezession stark rückläufig, und wir setzen weniger um als noch vor zwei Jahren."

„Nun, aus unseren Unterlagen geht hervor, daß die Miete vor zwei Jahren festgesetzt wurde, und unter Berücksichtigung der Inflation heißt das, daß Ihre Miete nun doppelt so hoch sein müßte."

„Das ist ja lächerlich. Bei Mieten hat es in den letzten zwei Jahren keine Inflation gegeben, ganz im Gegenteil, sie sind gesunken. Wir könnten, sagen wir, eine sofortige Erhöhung um 25 Prozent oder eine Erhöhung von beispielsweise 7 Prozent über die nächsten fünf Jahre bis zur nächsten Überprüfung der Miete hinnehmen."

„Das ist für uns völlig indiskutabel. Wir können uns auf eine sofortige Erhöhung um 50 Prozent einigen, oder wir müssen, wie es in den Vertragsbedingungen vorgesehen ist, einen unabhängigen Sachverständigen entscheiden lassen."

177

Schlüsselerkenntnis

Bei einer derartigen Konfrontation ist in erster Linie Härte gefragt. Obwohl der Mieter einen vernünftigen Vorschlag macht, reagiert der Bevollmächtigte des Vermieters darauf mit einer Drohung. Drohungen, die eigentlich Bluffs sind, kann man nur einmal verwenden, und sie bringen nichts, wenn es zur Sache geht. Der Mieter ging auf den Bluff ein und erklärte sich damit einverstanden, einen unabhängigen Sachverständigen zu beauftragen. Dieser setzte die neue Miete auf den ursprünglichen Betrag plus 20 Prozent fest, wobei die Kosten für den Sachverständigen vom Vermieter zu tragen waren.

FALLBEISPIEL 12.5 | **DER VERMIETER VERLIERT NOCH EINMAL**

Der Vermieter war ein großes Unternehmen der öffentlichen Hand, das in Mietangelegenheiten anscheinend nicht so versiert war und zu wenig die reale Situation des Marktes berücksichtigte. Der Vermieter forderte nach fünf Jahren eine Mieterhöhung um 100 Prozent. Der Einzelhandel befand sich damals gerade etwas im Aufwind, deshalb war eine Erhöhung der Miete grundsätzlich gerechtfertigt, allerdings nicht um mehr als vielleicht 60 Prozent. Zwischen Vermieter und Mieter kam es zu folgendem Wortwechsel:

„Mit einer 100prozentigen Erhöhung sind wir keinesfalls einverstanden. Im Vergleich zu den Preisen anderer Objekte in der Gegend scheint Ihre Forderung weit über den marktüblichen Mieten zu liegen."

„Wir sind der Ansicht, daß das Geschäft diese Miete wert ist. Da Sie aber immer regelmäßig zahlen, sind wir bereit, um 10 Prozent herunterzugehen."

„Das ist immer noch eine Erhöhung der Miete nach fünf Jahren um 90 Prozent, wobei der Marktwert beträchtlich niedriger ist."

„Nun, wir sind der Ansicht, daß der Markt gut ist und die neue Miete das widerspiegeln sollte."

„Im Vertrag steht aber, daß die Miete den marktüblichen Mieten entsprechen sollte, und zwar zum Zeitpunkt der Festsetzung, und das ist nicht der Fall."

„Wir werden von unserer Position aber nicht abrücken."

„Dann müssen wir Ihnen leider mitteilen, daß wir von der im Vertrag festgesetzten Kündigungsfrist von sechs Monaten Gebrauch machen und unser Vertragsverhältnis auflösen werden."

Schlüsselerkenntnis

Der Mieter wußte genau, was im Vertrag stand. Die Drohung – in diesem Fall kein Bluff, da der Mieter auch bereit war, danach zu handeln – wurde schließlich wahrgemacht. Der Vermieter ging damit aller Einnahmen verlustig – auch der alten Miete –, da das Geschäft auch noch zwei Jahre später leer stand.

FALLBEISPIEL 12.6 **DER VERMIETER VERLIERT EIN DRITTES MAL**

Laut Mietvertrag mußte der Mieter für die Versicherung aufkommen. Der Vermieter machte von seinem Recht Gebrauch und schickte dem Mieter eine Zahlungsaufforderung über 38 500 DM. Der Versicherungsmakler des Mieters fand allerdings eine andere Gesellschaft, die denselben Versicherungsschutz für 14 500 DM anbot. Der Mieter rief den Vermieter an, und es kam zu folgendem Gespräch:

1 *„Wir haben eine Zahlungsaufforderung für die Versicherung in Höhe von 38 500 DM bekommen."*

„Ja, das steht im Vertrag."

„Wir wissen, daß wir für die Versicherung aufkommen müssen – das bestreiten wir nicht. Wogegen wir uns wehren, ist die Höhe des Betrages. Das sind um 200 Prozent mehr als im vorigen Jahr. Sind Sie sicher, daß es sich da nicht um einen Irrtum handelt?"

2 *„Das ist, was die Versicherung von mir verlangt."*

„Wir haben aber unabhängig davon durch unseren Versicherungsmakler ein alternatives Angebot einholen lassen, das auf 14 500 DM lautet. Möchten Sie vielleicht mit unserem Makler sprechen?"

3 *„Nein, meine Versicherung verlangt diesen Betrag von mir, und laut Vertrag sind Sie als Mieter dazu verpflichtet, diese Summe zu übernehmen."*

179

„Wir sehen aber nicht ein, weshalb wir fast dreimal so viel bezahlen sollen wie bei einer anderen Versicherung – da stimmt etwas nicht. Wenn Sie nicht mit unserem Makler sprechen wollen, können wir uns dann direkt mit Ihrer Versicherung in Verbindung setzen?"

Später.

„Wir haben mit Ihrer Versicherung gesprochen. Es scheint, daß die Prämie deshalb so hoch ist, weil Sie alle Ihre Versicherungen für dieses Jahr auf der Basis einiger sehr hoher Forderungen berechnet haben, die Sie im letzten Jahr für andere Objekte stellten. Wir haben sie darauf hingewiesen, daß in unserer Fabrik alle Brandschutzeinrichtungen neu sind und wir dafür direkt die Verantwortung übernommen haben. Sie werden sich die Sache noch einmal anschauen und Sie dann informieren."

Schlüsselerkenntnisse

1   Alle Fakten zu eruieren ist in derartigen Fällen sehr wichtig – immerhin hätte sehr wohl ein Irrtum vorliegen können, und die Frage ist durchaus berechtigt. Der Mieter kann nicht viel mehr tun, als Einsicht in die Zahlungsaufforderung zu verlangen; ansonsten muß er sich darauf verlassen, daß der vom Vermieter genannte Betrag stimmt.

2   Die Tatsachen sprechen für sich. Daß der Mieter der Gegenseite anbietet, mit seinem Versicherungsmakler Kontakt aufzunehmen, zeigt, wie ernst ihm die Sache ist, und dem Vermieter hätte klar sein müssen, daß der Mieter die Sache kaum auf sich beruhen lassen würde.

3   Da der Vermieter nichts unternehmen wird, spricht nichts dagegen, daß der Mieter seinerseits der Sache weiter nachgeht. Wieder wird dadurch deutlich, wie wichtig ihm sein Anliegen ist. Die Verhandlungsstrategie war vielleicht ungewöhnlich, führte aber letztendlich zum Ziel – nämlich eine Versicherungsprämie in annehmbarer Höhe (die Versicherungsgesellschaft verlangte schließlich 14 500 DM anstatt der ursprünglichen 38 500 DM).

DAS KOMMUNALE UMFELD

Die Verpflichtungen der Wirtschafttreibenden der Bevölkerung gegenüber haben in den letzten Jahren zugenommen, und die Bevölkerung hat erkannt, welches Potential in großen (und auch nicht so großen) Firmen liegt. Immer mehr Unternehmen tragen diesem neuen Bewußtsein Rechnung, denn diese Öffentlichkeit besteht zum Teil auch aus potentiellen Kunden bzw. aus Miteigentümern in Gestalt von Aktionären, und sie nehmen die Verantwortung, die sie glauben, der Gesellschaft und der Umwelt gegenüber zu haben, sehr ernst. Das äußert sich etwa darin, daß sie kommunale Projekte wie Schulen, Kindergärten, Krankenhäuser usw. unterstützen und in kommunalen Belangen insgesamt eine Führungsrolle übernehmen, ganz besonders, wenn sie in einem Gebiet die wichtigsten Arbeitgeber sind.

Als Unternehmen von der Bevölkerung in dieser Leitrolle wahrgenommen zu werden, kann manchmal allerdings auch unwillkommene Folgen haben, wie das folgende Beispiel zeigt.

181

FALLBEISPIEL 12.7 **ZUVIEL BETEILIGUNG**

Ein Unternehmen konnte als Sponsor für eine Schule gefunden werden und stellte finanzielle Mittel sowie bezahlte Arbeitszeit einiger Mitarbeiter zur Verfügung. Bei einem Treffen zwischen Vertretern des Unternehmens und der Schule kam es zu folgendem Gespräch:

„Wir würden für unsere Schüler gerne eine Berufsberatungsstelle einrichten."

„Das ist eine gute Idee – das wird eine große Hilfe sein."

„Wir dachten, wenn Sie diese Beratungsstelle in Ihr Schulungszentrum integrieren, wäre das ideal, da Sie ja schon über alle notwendigen Einrichtungen verfügen."

„Mmmm, das mag stimmen, aber ich bin mir keineswegs sicher, daß das die geeignetste Struktur wäre."

„Oh, wir dachten, Sie wären für den Vorschlag."

„Wir sind dafür. Sie wissen, daß wir uns viel von engen Beziehungen zwischen Schulen und der Industrie versprechen und gerne dabei helfen.

Aber ich glaube, in diesem Fall haben Sie die Sache nicht mit allen Konsequenzen durchdacht."

„Heißt das, Sie wollen uns dabei nicht unterstützen?"

„Keineswegs. Sie können mit unserer Unterstützung rechnen, aber ich glaube, Sie müssen sehr aufpassen, wie Sie das organisieren."

„Wie meinen Sie das?"

„Auch wenn wir hier der größte Arbeitgeber sind, gibt es noch viele andere Betriebe. Was wir anbieten können, ist zwar sicherlich gut, aber nicht für alle Schüler das Geeignete. Wenn wir die Beratungsstelle bei uns einrichten und unser Personal sie führt, wird es den Anschein haben, daß wir sie selbst betreiben, und zwar zu unserem Nutzen, was alle möglichen Folgen haben würde – und zwar keineswegs positive."

„Wie zum Beispiel ..."

„Viele Betriebe würden nicht teilnehmen wollen, wenn sie zu uns kommen müssen, manche würden vielleicht zwar kommen, aber ungern, und es könnte auch den Anschein erwecken, als würden wir die anderen Betriebe kontrollieren."

„Aber das ist einfach lächerlich. Sie haben nur eben die idealen Voraussetzungen, um so etwas effizient zu betreiben."

„Nein, Sie müssen die Position meines Unternehmens verstehen und akzeptieren. Wir bieten unsere Hilfe hinsichtlich Finanzierung und Personal an, sind aber der Ansicht, daß die Beratung auf neutralem Boden stattfinden sollte."

Schlüsselerkenntnis

In diesem Fall ist eine gewisse Härte in der Gesprächsführung unbedingt notwendig, damit die Sache nicht letztendlich, wie das Unternehmen befürchtet, diesem und auch der Schule schadet.

FALLBEISPIEL 12.8 ZUWENIG BETEILIGUNG

Die Schulen eines Ortes wollten mehr Eltern zur Mitarbeit bei einer Initiative animieren. Ein ortsansässiger Betrieb hatte angekündigt, Mitarbeiter, die dort mitarbeiten wollten, könnten das bis zu einem bestimmten Ausmaß in ihrer bezahlten Arbeitszeit tun; trotzdem hatten sich nur sehr wenige Mitarbeiter gemeldet. Um die Sache voranzutreiben, versuchte der Personalchef, einzelne Mitarbeiter, die möglicherweise in Frage kämen, davon zu überzeugen.

„Haben Sie von dem Plan der Elterninitiative gehört?"

„Ja, meine Kinder gehen in diese Schule, und die Lehrer haben uns davon informiert."

„Haben Sie je überlegt, mitzumachen?"

„Wer, ich? Oh nein – das ist nichts für mich."

„Warum denn nicht – was glauben Sie denn, was man dafür können muß?"

„Nun, man muß sich mit Erziehung und Schule auskennen, mit dem Lehrplan und diesen ganzen Sachen."

„Aber Ihre Kinder gehen in die Schule und lernen nach dem vorge-schriebenen Lehrplan, da sind Sie als Familie sowieso schon irgendwie damit befaßt, finden Sie nicht?"

„Ja, schon, aber man muß auch bei Versammlungen reden können und seine Meinung sagen."

„Aber Sie reden ja auch bei unseren regelmäßigen Abteilungsbespre-chungen und sagen dort Ihre Meinung. Das ist nicht so schwierig. Sie haben in Belangen der Schule genauso ein Recht auf Ihren Standpunkt wie bei uns."

„Ich sähe es sicher gern, wenn die Kinder besser rechtschreiben lernen würden, anstatt sich nur auf das Rechtschreibprogramm im Computer zu verlassen."

„Sehen Sie – Sie haben sehr wohl eine Meinung dazu. Bei der Eltern-initiative könnten Sie sie auch vertreten."

„Aber dazu bin ich nicht qualifiziert."

„Aber natürlich sind Sie das – Sie sind ein Elternteil, Ihre Kinder gehen in die Schule, und ich weiß, daß Ihnen sehr viel daran liegt, daß sie dort etwas lernen. Was für Qualifikationen wollen Sie sonst noch mitbringen?"

„Trotzdem, ich weiß nicht."

„Ich glaube, Sie würden das sehr gut machen, und es wäre auch für uns gut, weil wir damit etwas zur Unterstützung der Schule beitragen würden. Unser Unternehmen ist sehr von den Vorteilen solcher Kontakte überzeugt und davon, daß die Elterninitiative viel Positives zur Leitung der Schule beitragen kann."

Schlüsselerkenntnisse

Eine gewisse Härte in der Gesprächsführung ist nicht nur bei Konfrontationen gefragt, sondern oft auch, wie in diesem Fall, wenn es gilt, jemandes Selbstvertrauen zu stärken, der das Gefühl hat, einer Aufgabe nicht gewachsen zu sein. Dabei ist es wichtig,

- potentielle Reaktionen vorauszusehen (was gleichzeitig bedeutet, daß man über alle notwendigen Informationen verfügen muß);
- zu versuchen, eventuelle negative Überlegungen durch positive vorwegzunehmen;
- den anderen durch logische Argumente, aber auch durch Vertrauen zu überzeugen;
- das Selbstvertrauen des Betreffenden zu stärken, indem man Fälle anführt, in denen er sich bewährt hat.

Die meisten Menschen verkaufen sich zu billig. Bei Leistungsbewertungen ist es tatsächlich oft so, daß sich Mitarbeiter selbst niedriger einschätzen, als es ihre unmittelbaren Vorgesetzten tun. Motivation, Lenkung und Ermutigung der Mitarbeiter gehören auch zu den Aufgaben der Unternehmensleitung, und im Interesse der Betroffenen ist dabei eine gewisse Härte in der Gesprächsführung oft am Platz.

Ängste, Tränen und Wutanfälle

DARAUF SOLLTEN SIE ACHTEN:

1 Um mit den verschiedensten Problemen fertigzuwerden, die in Gesprächssituationen auftauchen, muß man oft sehr innovativ sein und auf frühere Erfahrungen zurückgreifen können.

2 Auf gezielte rhetorische Fragen der Gegenseite darf man nicht hereinfallen, sonst verliert man seinen Handlungsspielraum.

3 Wenn man mit jemandem konfrontiert ist, der schwerwiegende persönliche Probleme hat, muß man sehr viel Fingerspitzengefühl und Geduld aufbringen, ihm mit Respekt gegenübertreten, und vor allem muß man sich Zeit nehmen.

4 Gute Absichten werden oft ausgenutzt. Auch wenn man es mit einem schwerwiegenden Problem zu tun hat, sollte Mitleid einen nie daran hindern, der Sache ganz auf den Grund zu gehen.

MIT FRAGEN IN DIE ENGE TREIBEN

Einer der schwierigsten Gesprächspartner ist jemand, der den Verlauf einer Unterhaltung oder einer Diskussion zu bestimmen versucht, indem er durch gezielte Erklärungen oder Fragen die Antworten herausholt, die seiner Strategie entgegenkommen. Wenn man nicht aufpaßt, wird man dem Fragesteller genau die Antworten geben, die er hören will und die ihm die Führung sichern. Indem man nur auf den anderen reagiert, gibt man als Verhandlungsführer die Initiative aus der Hand (eine Technik, die zum Beispiel gerne von Telefonmaklern angewendet wird, um z. B. Ferienwohnungen an den Mann zu bringen).

FALLBEISPIEL 13.1 **RHETORISCHE FRAGEN STEUERN DAS GESPRÄCH**

Ein ehemaliger leitender Mitarbeiter ruft nach seiner Entlassung einen früheren Kollegen an, um bei diesem vorzuarbeiten, damit er sich für seine geplante Wiederanstellung einsetzt.

1 *„Hallo Frank, wie sind die Umsätze?"*

„Nicht schlecht, aber die Rezession macht uns natürlich zu schaffen."

„Habe ich dir nicht gesagt, daß ihr für einen steigenden Umsatz sorgen müßt?"

2 *„Hast du."*

„Natürlich fehlen euch jetzt meine Kontakte, das kommt zur gegenwärtigen Rezession noch dazu. Ich nehme an, daß die Nachfrage von der Seite zurückgegangen ist?"

„Sie ist nicht gerade stürmisch."

„Es ist kaum zu erwarten, daß die Dinge besser werden – ihr werdet Probleme kriegen, wenn der Umsatz bis Jahresende nicht steigt, nicht wahr?"

3 *„Das kann man jetzt noch nicht sagen."*

„Aber jeder Monat, in dem man unter dem Umsatzziel bleibt, ist schlecht für den Cash-flow, das habe ich immer schon gesagt."

„Das ist sicher richtig."

„Ich könnte meine alten Kunden kontaktieren und ihnen um der alten Zeiten willen ein paar Aufträge abringen. Das würde euch doch sicher helfen, nicht wahr?"

Schlüsselerkenntnisse

1 Hier bleibt Frank kaum eine andere Wahl als zuzustimmen, da er bis dahin die Fragen nicht unterbrochen hat, die auf diese „Aussagefrage" hingeführt haben. Er reagiert auch nicht darauf, daß sein früherer Kollege hauptsächlich Dinge sagt, die sich entweder zwangsläufig als richtig erweisen oder aber einfach irrelevant oder falsch sind.

2 Franks ehemaliger Kollege ist insofern im Vorteil, als er einen Plan für die Unterhaltung hat und die Initiative an sich zu reißen weiß, um das Gespräch auf das von ihm angestrebte Ergebnis hinzulenken. Wenn Frank die Fragenkette nicht durchbricht, wird er letztendlich um ein „Angebot" nicht herumkommen.

3 Wieder versucht der Sprecher mit dieser rhetorischen Frage, die einfach nur Fakten enthält, seine Kompetenz herauszustreichen.

Die Konversation ist so angelegt, daß Frank praktisch keine andere Wahl hat als zuzustimmen, vor allem auch angesichts der in Aussicht gestellten Aufträge.

Auf Gespräche mit solchen Menschen muß man vorbereitet sein. Sollten Sie das nicht sein und auch nicht spontan richtig auf eine derartige Gesprächsführung reagieren können, schreiben Sie die Vorschläge auf und rufen Sie später zurück. So verschaffen Sie sich ein wenig Zeit zum Nachdenken. Dann könnte das Gespräch folgendermaßen verlaufen:

1   *„Hallo, Frank, wie sind die Umsätze?"*

„Wie erwartet nicht großartig, aber wir schaffen viele neue Kontakte und hoffen, den Ausfall mittelfristig wieder wettzumachen."

„Habe ich dir nicht gesagt, daß ihr für einen steigenden Umsatz sorgen müßt?"

„Nun, das ist nichts Neues – das ist wohl immer so, nicht wahr?"

2   *„Aber jeder Monat, in dem man unter dem Umsatzziel bleibt, ist schlecht für den Cash-flow, davor habe ich immer schon gewarnt."*

„Nochmals, das ist nichts Neues, und deshalb sind wir auch hinter jedem neuen Kontakt her, aber die Konkurrenz ist offenbar sehr stark. Deshalb kann ich mich jetzt auch nicht länger mit dir unterhalten, ich muß weitermachen. Ich rufe dich in ein paar Wochen wieder an."

Schlüsselerkenntnisse

1 Diese rhetorische Frage zielt in die Gegenrichtung!

2 Es kann einem oft sehr zupaß kommen, wenn man übt, wie man Unterhaltungen beendet. In diesem Fall ist es günstig, das Gespräch schnell zu beenden, bevor es zu einem Angebot kommt. Auch wenn das nicht ganz gelingt, wird es so zumindest leichter sein, die Initiative zu behalten oder sie dem anderen aus der Hand zu nehmen und ihn in eine reaktive statt eine aktive Position zu zwingen.

EINEN „DEAL" MACHEN

Die Art der Gesprächslenkung durch rhetorische Fragen wie im Fallbeispiel 13.1 kann noch einen Schritt weiter getrieben werden, indem Ihr Gesprächspartner die Verhandlung in drei Phasen unterteilt, die Sie als sein Gegenüber zunächst als voneinander unabhängig wahrnehmen werden. Erst im nachhinein werden Sie erkennen, daß sie Teile einer zusammenhängenden Strategie waren. Dabei stellt Ihr Gegenüber zunächst eine Frage und signalisiert seine Bereitschaft, zu einer angemessenen und vernünftigen Lösung zu kommen, auch wenn diese nicht seinen Absichten entsprechen sollte. Nachdem auch Sie Ihre Kompromißbereitschaft angedeutet haben, verhärtet sich seine Haltung plötzlich, und er äußert Drohungen für den Fall, daß Sie sich nicht auf das von ihm ursprünglich angepeilte Ziel einigen. In der dritten Phase wird dann schließlich ein Deal vorgeschlagen.

 **FALLBEISPIEL 13.2** — **1. ÜBERZEUGUNG, 2. DROHUNG, 3. DEAL**

Der erste Teil dieser gut vorbereiteten Falle ist das Gespräch aus dem Fallbeispiel 13.1, also ein Angebot, das scheinbar keinen Haken hat – in diesem Fall das Angebot, dem Umsatz durch persönliche Kontakte nachzuhelfen. So könnte die Unterhaltung auf folgende Weise geendet haben:

1. Überzeugung

1   *„Ich könnte meine alten Kunden kontaktieren und ihnen um der alten Zeiten willen ein paar Aufträge abringen. Das würde euch doch sicher helfen, nicht wahr?"*

„Sicher."

„Ich sage dir, was ich tun werde – vergessen wir, was gewesen ist, das war rein geschäftlich und nichts Persönliches. Ich rufe ein paar meiner alten Kunden an und sage ihnen, daß es zwischen uns keine Differenzen gibt und sie in ihrem eigenen Interesse weiterhin bei euch bestellen sollen. Damit wäre doch allen gedient, nicht wahr?"

2. Drohung

2   Ein oder zwei Tage nach dieser Unterhaltung ruft der ehemalige Kollege Frank wieder an.

„Frank, ich war gerade bei meinem Anwalt, und der sagt, daß ich eine Klage gegen das Unternehmen wegen ungerechtfertigter Entlassung sicher gewinnen würde, deshalb sollte ich sofort handeln, um meine Interessen zu wahren. Das ist nun aber wohl nicht im Interesse aller, oder?"

„Wohl nicht. Ich dachte, wir hätten uns geeinigt?"

„Das habe ich auch gedacht, aber er meint, um meine Interessen zu wahren, sollte ich sofort auf die Höchstsumme klagen. Das könnte das Unternehmen hart treffen, wo die Lage sowieso schon ziemlich ernst ist. Aber da ich ihn für seine Dienste bezahle, muß ich wohl auf ihn hören, nicht wahr?"

„Mußt du wohl."

3. „Deal"

3   *„Frank, ich habe mit einigen meiner Kunden gesprochen, und ich bin sicher, daß ich eine Reihe von Bestellungen zusammenbekommen würde, die dem Auftragsbuch und dem Cash-flow nächsten Monat gut-tun würden."*

„Wunderbar!"

„Ich habe außerdem noch einmal mit meinem Anwalt gesprochen, der eisern meint, daß ich recht bekommen würde."

„Hm, ja."

„Aber irgendwie scheint es doch sinnlos, daß wir uns vor Gericht streiten, wo wir dem Unternehmen durch meine Kontakte helfen könnten, oder?"

„Das würde ich meinen."

„Weshalb ich mir überlegt habe, doch nicht zu klagen."

„Das wäre eine gute Nachricht."

„Ja, und es würde uns allen Ärger ersparen. Trotzdem sollte ich auch etwas davon haben. Ich schlage deshalb vor, daß ihr mich als Gegenleistung für, sagen wir, sechs Monate als Berater engagiert, damit ich versuche, im momentanen Loch den Umsatz in Schwung zu bringen. Wenn ihr mich auf Provisionsbasis bezahlt, kostet euch das noch nicht einmal etwas."

Schlüsselerkenntnisse

1 Auf den ersten Blick scheint das allen Beteiligten zu helfen, aber natürlich dient das Angebot lediglich dazu, dem ehemaligen leitenden Angestellten einen Vorteil für einen späteren Zeitpunkt zu verschaffen.

2 Wieder wird eine rhetorische Frage dazu benutzt, um das Gespräch in die gewünschte Richtung zu lenken. Das Ganze kann natürlich auch ein Bluff sein. Der Anwalt hat eine solche Vorgangsweise vielleicht gar nicht empfohlen oder wurde noch nicht einmal zu Rate gezogen, trotzdem wurde die unterschwellige Drohung geäußert. Frank hätte dem durch einen Bluff seinerseits entgegentreten müssen: „Ach, wirklich – wir haben uns ebenfalls erkundigt, und unsere Juristen glauben, daß eine Klage keinerlei Aussicht auf Erfolg hätte" – anstatt sich auf den Kompromiß zu berufen, auf den man sich „geeinigt" hatte, und nur höflich zu antworten: „Du mußt das tun, was dir richtig erscheint."

3 Jetzt wird es eng, und so wie Frank sich bisher hat in die Zange nehmen lassen, wird er sich schwerlich aus der Affäre ziehen können.

Das Gespräch hätte auch anders verlaufen können, wie der folgende Wortwechsel illustriert:

„Frank, ich habe mit einigen meiner Kunden gesprochen, und ich bin sicher, daß ich eine Reihe von Bestellungen zusammenbekommen würde, die dem Auftragsbuch und dem Cash-flow in den nächsten Monaten gut-tun würden."

„Das ist schön, aber wir brauchen fixe Bestellungen, und zwar schriftlich und über einen unserer Vertreter. Wenn du mir also die Details schickst, werde ich sie an einen unserer Vertreter weiterleiten. Wir bezahlen dir natürlich für jeden zustandegekommenen Auftrag eine Kommission."

„Ich habe außerdem noch einmal mit meinem Anwalt gesprochen, der eisern meint, daß ich recht bekommen würde."

„Wie ich schon vorher gesagt habe, sind unsere Juristen anderer Meinung, aber du mußt das tun, was du für richtig hältst."

„Irgendwie scheint es doch sinnlos, daß wir uns vor Gericht streiten, wo wir dem Unternehmen durch meine Kontakte helfen könnten, oder?"

„Die zwei Dinge haben überhaupt nichts miteinander zu tun – wir können beide von den Aufträgen profitieren, die du an Land ziehst. Wenn du klagst, was für dich natürlich sehr kostspielig werden kann, werden wir uns damit zu gegebener Zeit und am gegebenen Ort auseinandersetzen. Ich sehe nicht, daß das eine mit dem anderen etwas zu tun hätte."

So strikt zwischen den beiden Aspekten des angeblichen Geschäfts zu trennen, macht es für den ehemaligen Kollegen unmöglich, weiter beharr-lich auf sein Ziel zuzusteuern, und schwächt seine Position in der Frage der Abfindung!

STREIKS

Die letzte Waffe in Auseinandersetzungen zwischen Arbeitnehmern und Arbeitgebern ist für erstere, die Arbeit niederzulegen. Ein Streik ist zweifellos eine effektive, wenn auch etwas überstrapazierte Waffe im Arbeitskampf. Wenn er aber die einzige Möglichkeit zur Konfliktlösung ist, heißt das, daß eine Partei oder auch beide Parteien nicht die Parameter erkennen, die den Handlungsspielraum der Gegenseite bestimmen. Dabei ist eine Auseinander-setzung und die Kompromißlosigkeit der Beteiligten freilich sehr oft das Ergebnis von etwas Vorausgegangenem.

FALLBEISPIEL 13.3 | DIE NASEN ABSCHNEIDEN ...

Ein Unternehmen sollte in zwei Teilen verkauft werden, und zwar so, daß in dem einen der Betrieb weiterliefe, in dem anderen aber die Beschäftigten entlassen würden. Das Ganze war sehr kompliziert, und die Verhandlungen waren heikel. Anfangs besuchte ein Direktor der Zentrale den Betrieb einige Male und hielt die Beschäftigten auf dem laufenden. Doch als sich die Geschäftsführung vor Ort auf sich gestellt sah, war sie nicht in der Lage, den Informationsfluß weiterhin aufrechtzuerhalten. Bei einem erneuten Besuch nach einigen Wochen wurde der Direktor von einer Delegation der Belegschaft erwartet. Es kam zu folgendem Gespräch:

„Wir können so nicht weitermachen – wir wissen nicht, woran wir sind."

„Entschuldigen Sie – es ist alles sehr kompliziert, aber wir haben versucht, Sie alle auf dem laufenden zu halten."

„Wir wurden überhaupt nicht auf dem laufenden gehalten – wir haben keine Ahnung, was läuft. Die Leute sind so verärgert, daß sie alles hinwerfen wollen."

„Verstehe ich das richtig, daß Sie noch nicht vom letzten Stand unterrichtet wurden, nämlich daß wir versuchen, das ganze Unternehmen so zu verkaufen, daß der Betrieb weiterläuft?"

„Wir wissen von absolut nichts, und die Leute sind so verärgert, daß sie heute die Arbeit niederlegen wollen – auch wenn sie dadurch um ihr Geld kommen, das ist ihnen egal."

„Können Sie die Leute dazu bringen, sich noch eine halbe Stunde bis zur Mittagspause zu gedulden, während ich dem nachgehe? Ich verspreche Ihnen, daß ich zur Mittagspause wieder bei Ihnen bin, und ich glaube, Sie wissen, daß ich Ihnen gegenüber immer mein Wort gehalten habe."

„Ja, das stimmt, aber nach all der Unsicherheit müssen wir wirklich bald etwas erfahren."

„Das kann ich verstehen."

Der Direktor fand heraus, daß die Geschäftsleitung vor Ort die Arbeitnehmer nicht informiert hatte, weil sie geglaubt hatte, dafür sei die Zentrale zuständig. Als der Ernst der Situation offenbar wurde, erklärte der Geschäftsführer des Betriebes, nun ginge er zu Tisch, und überließ alles weitere dem Direktor!

192

Der Direktor berief sofort eine Betriebsversammlung ein und erläuterte den Stand der Verhandlungen, die darauf hinauslaufen sollten, das Unternehmen so zu verkaufen, daß der Betrieb zum Teil weitergeführt und wenigstens einige Arbeitsplätze gerettet werden könnten.

„Ich kann nicht weiter ins Detail gehen, aber wir hoffen immer noch, die Fabrik so zu verkaufen, daß der Betrieb weiterlaufen kann, wodurch viele Ihrer Arbeitsplätze gerettet wären."

„Wie viele?"

„Wenn ich das wüßte, könnte ich es Ihnen sagen, aber ich weiß es nicht. Zwar nähern die Verhandlungen sich dem Ende, aber sie sind noch nicht abgeschlossen, und der neue Eigentümer kann zu dem Zeitpunkt noch nicht sagen, wieviele Leute er weiterbeschäftigen kann."

„Wie weit im voraus werden Sie das erfahren?"

„Ich erwarte, mindestens zwei Wochen im voraus, aber sobald wir etwas erfahren, werde ich es Sie wissen lassen, das verspreche ich Ihnen. Bitte glauben Sie mir, wenn ich Ihnen sage, daß das Letzte, was der voraussichtliche Käufer hören will, ist, daß seine zukünftigen Beschäftigten streiken. Das könnte den ganzen Handel gefährden. Ich weiß, daß das alles sehr schwierig für Sie ist, aber ich bitte Sie dringend, Geduld zu haben – in Ihrem eigenen Interesse. Wir versuchen schließlich, Arbeitsplätze zu retten."

„Nicht für jeden von uns – einige werden sowieso gehen müssen."

„Das stimmt, aber für diejenigen hat sich damit seit der ersten Versammlung nichts geändert, als wir Sie von der Schließung der Fabrik und Ihrer Entlassung unterrichteten. Wir sagten damals, daß alle entlassen werden müßten, wenn wir nicht einen Käufer finden. Jetzt haben wir einen möglichen Käufer gefunden, und ich habe ihn auch damit gelockt, daß Sie, seit Sie über die Situation unterrichtet sind, mit einer Produktionssteigerung reagiert haben. Wenn Sie nun streiken, wird dieser Eindruck zerstört, und der Vertrag könnte platzen. Ich kann Ihnen nicht garantieren, daß wir alle Arbeitsplätze retten, aber ich glaube, wir können einen Teil retten. Was ich Ihnen garantieren kann, ist, daß Sie weiterhin informiert werden und den neuen Eigentümer kennenlernen, sobald der Vertrag abgeschlossen ist. Ich werde auch dafür sorgen, daß Sie sofort informiert werden, sobald es etwas Neues gibt. Also, sind Sie damit einverstanden?"

Schlüsselerkenntnis

Der Direktor präsentierte den Arbeitnehmern die Fakten und gestand ihnen zu, sich zu entscheiden. In diesem Fall waren sie mit seinem Vorschlag einverstanden und applaudierten ihm. Dann gingen sie zurück an die Arbeit und steigerten tatsächlich die Produktivität. Die Hälfte der Arbeitsplätze konnte gerettet werden, und bis es zur Übergabe kam, wurde die örtliche Geschäftsleitung insofern übergangen, als der Direktor es übernahm, die Arbeitnehmer auf dem laufenden zu halten. Das entspricht nun natürlich nicht einem optimalen Management, aber die Umstände geboten dieses Vorgehen.

*T*RÄNEN

194

Wenn jemand die Beherrschung verliert, bedarf es großen Feingefühls und einiger Geduld, um das Gespräch trotz allem weiterzuführen und gleichzeitig die Emotionen zu beruhigen. Menschen verlieren aus den verschiedensten Gründen die Kontrolle über ihre Gefühle, besonders wenn sie eine schlimme Nachricht erhalten oder einen Schock erleben. Oft bricht dann jemand in Tränen aus. Damit ist aber in vielerlei Hinsicht schwerer umzugehen als mit Zorn, und oft wird man, wenn das möglich ist, das Gespräch unterbrechen, bis der Betreffende sich wieder gefangen hat.

 **FALLBEISPIEL 13.4** **EMOTIONSGELADENE GESPRÄCHE**

Gefeuert werden

1 Der Direktor führte im Beisein des Personalchefs ein Gespräch mit dem Produktionsleiter, der schon zu einem früheren Zeitpunkt wegen seiner mangelhaften Leistungen verwarnt worden war. Er versuchte zwar, die Sache einfühlsam zu handhaben, sagte ihm aber gleich zu Beginn, daß das Unternehmen unter den gegebenen Umständen keine andere Möglichkeit sehe, als ihn zu kündigen. Daraufhin brach der Produktionsleiter in Tränen aus.

Personalabbau

2 Die Geschäftsführung der Zentrale mußte eine Versammlung der gesamten Belegschaft eines Lagerhauses einberufen, wobei der Großteil der Beschäftigten Frauen waren. Die Geschäftsführung befürchtete, daß manche sehr emotional reagieren würden, da in dieser Gegend die Arbeitslosigkeit sehr hoch war. Deshalb besprach sie die Angelegenheit zuerst mit der dienstältesten weiblichen Angestellten. Man einigte sich darauf, daß diese bei der Versammlung anwesend sein sollte, um der Geschäftsführung zu Hilfe kommen zu können, falls einige der Frauen zusammenbrechen würden, wie es dann auch geschah.

Mitarbeiter zurückhalten

3 Mehrere Mitarbeiter sollten aufgrund von Rationalisierungsmaßnahmen ihren Arbeitsplatz verlieren. Eine der betroffenen Mitarbeiterinnen brach bei einem Gespräch mit dem Geschäftsführer in Tränen aus und wollte aus dem Zimmer stürmen. Der Geschäftsführer versuchte, sie zurückzuhalten, weil sie alle Einzelheiten der angebotenen Regelung hören sollte.

Schlüsselerkenntnisse

1 Die Würde des einzelnen zu achten, ist sehr wichtig. In diesem Fall gab der Personalchef dem Produktionsleiter ein Taschentuch und schlug vor, daß er mit dem Generaldirektor für fünf Minuten den Raum verlassen würde, damit sich der Produktionsleiter wieder fangen könne.

2 Mögliche Reaktionen vorauszusehen und auf alle Eventualitäten vorbereitet zu sein, ist in vielen Situationen eine große Hilfe, besonders wenn zu erwarten ist, daß die Emotionen sehr hoch gehen.

3 Alle Kündigungen bedürfen der schriftlichen Form, damit die Betroffenen etwas in der Hand haben, was sie nachlesen können, wenn sie später ruhiger sind. Keinesfalls sollte man versuchen, einen Mitarbeiter oder eine Mitarbeiterin zurückzuhalten – die Folge könnte eine Klage wegen tätlichen Angriffs sein.

ERNSTE PERSÖNLICHE PROBLEME

Es wird immer wieder Situationen geben, in denen die Unternehmensführung mit sehr gravierenden persönlichen Problemen von Mitarbeitern konfrontiert wird – dazu zählen etwa Tod, (versuchter) Selbstmord, Trennung von Ehepartnern, ein Unfall, ein Nervenzusammenbruch oder ein körperlicher Zusammenbruch usw., entweder des Mitarbeiters selbst oder eines Angehörigen. Derartige Ereignisse können schwerwiegende Auswirkungen auf den Betroffenen haben, und es wird in vielen Fällen schwierig sein, ein Gespräch zu führen, weil der Mitarbeiter unter zu großem emotionalen Druck steht. Die folgende Checkliste kann in solchen Fällen nützlich sein:

CHECKLISTE: PROBLEMGESPRÄCHE

1. Verschaffen Sie sich vor dem Gespräch eingehende Kenntnis der Fakten und möglichst vieler Einzelheiten über die betreffende Person.

2. Auch wenn ein Gespräch unter vier Augen vielleicht vorzuziehen wäre, sollte man dies mitunter vermeiden, wenn die Gesprächspartner nicht demselben Geschlecht angehören. Allerdings sollte auch nicht gegen den Willen des oder der Betroffenen ein Dritter hinzugezogen werden.

3. Seien Sie taktvoll, und nehmen Sie sich genügend Zeit, so daß gegebenenfalls auch eine kürzere oder längere Unterbrechung möglich ist.

4. Stellen Sie Erfrischungsgetränke bereit, und erlauben Sie das Rauchen.

5. Stellen Sie sicher, daß das Gespräch vertraulich bleibt und Sie nicht gestört werden.

6. Versuchen Sie, irgendeine Lösung anzustreben, auch wenn diese nur sehr vage ist.

7. Falls die persönlichen Probleme des Betreffenden sich nicht bessern, versuchen Sie dafür zu sorgen, daß er an einen Experten verwiesen wird – eine Selbsthilfegruppe, einen Arzt, einen Anwalt usw.

8. Halten Sie Ihre Eindrücke schriftlich fest, aber diskret, um der betreffenden Person weitere Aufregungen zu ersparen.

9. Halten Sie die unmittelbaren Vorgesetzten des Betroffenen auf dem laufenden.

10. Berichten Sie ihnen gegebenenfalls über Fortschritte.

Wenn ein Mitarbeiter verstorben ist, gibt es immer Dinge, die mit nahestehenden Hinterbliebenen zu regeln sind. Dann ist es oft ratsam, einen weniger direkt betroffenen Angehörigen ausfindig zu machen und mit ihm die Angelegenheit zu besprechen. Er kann zu einem passenden Zeitpunkt den Trauernden informieren. Allerdings sollte man das nur mit der Einwilligung des Betroffenen tun – und auf keinen Fall einfach *voraussetzen*, daß dies die beste Lösung ist.

197

FALLBEISPIEL 13.5 **DIE MEHRFACHE EHEFRAU**

Ein sehr aufgeregter Gastarbeiter erklärte der Personalleiterin, daß er in den letzten drei Tagen nicht fähig gewesen sei zu arbeiten, weil seine Frau gestorben sei. Die Personalleiterin zeigte großes Verständnis und tat alles in ihrer Macht stehende, um dem Mitarbeiter die Situation zu erleichtern. Als sich aber die Trauer über mehrere Wochen hinzog und seine Arbeitsleistung gleichbleibend gering war, wurde sie mißtrauisch. Nachforschungen ergaben, daß die Verstorbene eine von drei Frauen war, die der Mitarbeiter als „Ehefrauen" bezeichnete, daß er aber mit keiner der Frauen rechtmäßig verheiratet war.

Schlüsselerkenntnis

Ohne die menschliche Anteilnahme an der Trauer des Mitarbeiters abschwächen zu wollen, sollte die Strategie im Lichte neuer Fakten entsprechend geändert werden.

WUTANFÄLLE

Wenn Wutanfälle manchmal auch verständlich sind, ist der Grund dafür nicht immer gleich ersichtlich, und man wird der Sache nachgehen müssen.

FALLBEISPIEL 13.6 „MICH DÜNKT, SIE WIDER-SPRICHT ZUVIEL"

Eine Agentur vermittelte einer Familie ein Au-pair-Mädchen für den September. Anfang Oktober erklärte die Familie, daß sie mit dem Mädchen nicht zufrieden sei, da sie etwas gestohlen habe (die Frist, in der die Familie ohne Vermittlungsgebühr ein anderes Au-pair-Mädchen bekommen hätte, war bereits abgelaufen). In diesem Fall erklärte sich die Agentur jedoch bereit, von ihrer üblichen Praxis abzuweichen und gratis für einen Ersatz zu sorgen, aber die Familie gab an, vor Ablauf des Jahres keinen Ersatz zu wollen. Vier Tage, nachdem das neue Au-pair-Mädchen angefangen hatte, rief die Familie bei der Agentur an und beschwerte sich:

„Das Mädchen taugt zu gar nichts."

„Das tut uns leid – was stimmt denn nicht?"

„Sie taugt nichts im Haushalt, kann nicht mit Kindern umgehen und spricht kaum Deutsch."

„Erinnern Sie sich, daß wir Sie extra darauf hingewiesen haben, daß ihr Deutsch schlecht ist – deshalb ist sie nach Deutschland gekommen, um die Sprache zu lernen. Ich verstehe nicht, warum sie Schwierigkeiten mit Kindern haben sollte, sie ist die älteste von acht Geschwistern und hat daher eine Menge Erfahrung im Umgang mit Kindern."

„Das interessiert mich nicht, Sie haben mir ein Mädchen vermittelt, mit dem ich nichts anfangen kann."

„Meinen Sie nicht, daß Sie ein wenig voreilig sind? Es ist schließlich eine ziemliche Umstellung für ein junges Mädchen in einem fremden Land, und es braucht seine Zeit, bis sie und die Familie sich kennenlernen. Glauben Sie nicht, daß Sie ihr ein wenig Zeit lassen und sie ein wenig unterstützen sollten?"

„Nein, auf keinen Fall. Sie ist zu nichts zu gebrauchen, und dasselbe gilt übrigens auch für Ihre Agentur. Ich will sofort einen Ersatz."

Schlüsselerkenntnis

Wenn jemand so aufgebracht ist, muß man der Sache unbedingt nachgehen und den Grund für den Unmut in Erfahrung bringen. In diesem
Fall fand die Agentur heraus, daß das erste Mädchen nicht gestohlen
hatte, daß sie mit der Familie im Gegenteil sehr zufrieden war und bis
kurz vor Weihnachten geblieben war. Die Familie hatte die Geschichte
erfunden, um ohne Vermittlungsgebühr einen Ersatz zu bekommen.
Als aber das Mädchen, das dann als Ersatz kam, nicht die gleichen
Qualitäten hatte wie ihre Vorgängerin, kannte ihr Zorn keine Grenzen!

*K*RANKHEIT

Wenn sich eine Partei während einer Verhandlung plötzlich krank fühlt, wird
man fast immer, zumindest vorübergehend, die Verhandlung unterbrechen
müssen. Vorsicht ist geboten für den Fall, daß jemand auf diese Weise nur Zeit
gewinnen oder Mitleid erregen will. Desgleichen sollte man einem späteren
Vorwurf vorbeugen, man habe die Verhandlung zu einem Abschluß bringen
wollen, obwohl der Verhandlungspartner krank war.

FALLBEISPIEL 13.7 STREIT IN DER FÜHRUNGSSPITZE

Der Aufsichtsrat hatte dem Vorstandsvorsitzenden, Herrn X, sein Miß-
trauen ausgesprochen und seinen Rücktritt verlangt. Herr X hatte für den
Fall zugestimmt, daß bestimmte Regelungen hinsichtlich seines Arbeits-
vertrags getroffen würden. Als man sich über diese Regelungen geeinigt
hatte, brach Herr X zusammen. Die Sitzung wurde geschlossen. Nach
45 Minuten, in denen sich Herr X erholte und juristisch beraten ließ,
wurde die Sitzung auf seinen Wunsch wieder aufgenommen:

*„Ich wünsche, daß die Sitzung fortgesetzt wird, damit wir die Rege-
lungen treffen können."*

Der Vorsitzende des Aufsichtsrats, Herr Y, hielt das schriftlich fest.

„Sie haben die Einzelheiten der vorgeschlagenen Regelungen vor sich. Können Sie ihnen zustimmen?"

„Nein, ich möchte bestimmte Garantien."

„Ich glaube nicht, daß das möglich ist."

„Ich habe mich juristisch beraten lassen, und das wurde mir geraten."

„Damit sind Sie gegenüber dem Unternehmen im Vorteil, das dazu nicht die Möglichkeit hatte. Es wäre daher wohl besser, die Entscheidung auf ein anderes Mal zu verschieben."

An diesem Punkt wurde Herr X von einem Anruf seines Anwalts unterbrochen. Nachdem sie einige Zeit lang miteinander gesprochen hatten, bat er Herrn Y, direkt mit seinem Anwalt zu sprechen.

„Darauf bin ich nicht vorbereitet – es ist Ihr Anwalt, und ich kann nicht direkt mit ihm sprechen, das wäre ethisch nicht vertretbar."

„In Anbetracht meines Gesundheitszustandes wäre ich Ihnen aber sehr dankbar."

„Wenn Sie darauf bestehen, spreche ich mit ihm, aber ich kann mich auf nichts festlegen."

Herr Y sprach kurz mit dem Anwalt, wobei er ganz unverbindlich blieb und als erstes hervorhob, daß seiner Meinung nach das Gespräch ethisch nicht vertretbar sei. Die Sitzung wurde daraufhin wieder aufgenommen.

„Ich habe große Bedenken, ob wir versuchen sollen, zu einer Einigung zu kommen, zumal Herr X gerade zusammengebrochen ist. Man könnte uns beschuldigen, Zwang auszuüben …"

„Aber ich wünsche ausdrücklich, daß wir die Sache klären."

„Das wollen wir alle, allerdings erst, wenn Sie ganz wiederhergestellt sind. Deshalb schlage ich vor, daß Sie sich bei vollen Bezügen beurlauben lassen, bis Sie sich ganz erholt haben, und wir uns dann, wenn Ihr Arzt es Ihnen erlaubt, wieder mit der Angelegenheit befassen."

Schlüsselerkenntnis

In manchen Situationen verhindern mögliche rechtliche Komplikationen, umgehend zu einem Ergebnis zu kommen. Hätte man in dieser Situation etwas entschieden, hätte das möglicherweise zu einem weiteren Konflikt geführt – die Entscheidung aufzuschieben, war richtig.

Techniken der erfolgreichen Gesprächsführung

DARAUF SOLLTEN SIE ACHTEN:

1 Um das Ziel, das man sich gesetzt hat, auch zu erreichen, muß man alle verfügbaren Verhandlungstechniken und -strategien voll ausschöpfen.

2 An Schikanen sollte man im Interesse der Schadensbegrenzung pragmatisch herangehen.

3 Schweigen ist oft eine sehr wirkungsvolle Taktik – die Gegenseite steht unter Druck, das Schweigen zu brechen und sich zu erklären oder sich zu etwas zu verpflichten.

In den bisherigen Kapiteln wurden die Prinzipien und praktischen Richtlinien für eine erfolgreiche Gesprächsführung in verschiedenen kritischen Situationen dargestellt sowie ihre Anwendung in einer Reihe von Fallbeispielen erläutert. Nun sollen die wichtigsten Grundsätze nochmals zusammengefaßt werden, damit man sieht, wie sie in der Praxis zusammenwirken können.

In allen in diesem Buch entworfenen Szenarien geht es darum, daß auf die eine oder andere Weise verhandelt werden muß. „Verhandeln" heißt, daß man in einem Gespräch eine Einigung herbeizuführen versucht, um den Status quo zu verändern oder in einer bestimmten Sache einen Fortschritt zu erzielen. Das kann bedeuten, daß man versucht, scheinbar Unvereinbares zu vereinen, eine gemeinsame Basis für etwas zu finden oder einen Kompromiß zu erarbeiten, der vielleicht für keine der beiden Seiten die ideale Lösung darstellt, aber mit dem doch beide Seiten leben können.

DIE GRUNDLAGEN ERFOLGREICHEN VERHANDELNS

1. Klären Sie die Sachlage, um eine Ausgangsbasis für die Verhandlung zu haben.

2. Erkennen Sie an, daß man alles von zwei Seiten betrachten kann.

3. Nehmen Sie die Sichtweise der Gegenseite ernst.

4. Stellen Sie Ihre eigenen Präferenzen etwas zurück, um zu einem Konsens zu kommen.

5. Steuern Sie konsequent auf das angepeilte Ziel zu, achten Sie aber darauf, daß der Weg dorthin nicht durch festgefahrene Positionen versperrt wird.

6. Seien Sie zu Kompromissen bereit, um das angestrebte Ziel zu erreichen.

Um wirklich zu einem Konsens zu gelangen, müssen beide Seiten mit derselben Offenheit an die Sache herangehen. Das ist leider sehr oft nicht der Fall. Wenn es an dieser Objektivität fehlt, schlagen Verhandlungen oft in Konfrontationen um.

RICHTLINIEN FÜR EINE ERFOLG- REICHE VERHANDLUNGSFÜHRUNG

Eine Verhandlung kann entweder schriftlich oder mündlich geführt werden. Dabei kann man ganz unterschiedlich vorgehen, wie aus den folgenden Richtlinien für erfolgreiches Verhandeln deutlich wird. Ihre Grundhaltung sollte jedoch in beiden Fällen von Offenheit geprägt sein.

Mündliche Verhandlungen

1. Nennen Sie die Namen der Anwesenden und die Interessenschwerpunkte jeder Partei.

2. Zählen Sie alle Punkte auf, die behandelt werden müssen, und stimmen sie diese Punkte mit der Gegenseite ab.

3. Stellen Sie einen Zeitplan für das Gespräch auf. Wird sofort eine Entscheidung benötigt? Falls nicht: Bis wann muß eine Entscheidung vorliegen?

4. Wenn sofort eine Entscheidung getroffen werden muß, behandeln Sie ausführlich jeden Punkt der Tagesordnung, so daß alle Beteiligten ausreichend Zeit haben, sich mit allen Aspekten auseinanderzusetzen, und versichern Sie sich, daß auch alle genau verstehen, worum es bei jedem Punkt geht.

5. Wenn das Gespräch nur der Informationsfindung oder -vermittlung dient, wird es genügen, die einzelnen Punkte weniger detailliert zu behandeln, um allen Beteiligten Gelegenheit zu geben, sich über ihre Position bzw. ihre Vorgehensweise klar zu werden.

6. Fassen Sie alle Entscheidungen, die getroffen worden sind, bzw. alle wichtigen Punkte zusammen, die dann beide Seiten nochmals getrennt beraten und die bei einem weiteren Treffen nochmals besprochen werden.

7. Wenn zusätzliche Informationen benötigt werden, legen Sie fest, wer diese wem und bis zu welchem Zeitpunkt vorzulegen hat.

8. Wenn ein weiteres Treffen stattfinden soll, setzen Sie Tag und Uhrzeit dafür fest.

Schriftliche Verhandlungen

1. Setzen Sie sich mit allen Aspekten der schriftlichen Erklärungen der Gegenseite auseinander, und notieren Sie sich Fragen, die sich Ihnen dabei stellen.

2. Verlangen Sie eine Klärung dieser Fragen. Das sollten Sie grundsätzlich schriftlich tun, nachdem auch die ursprüngliche Erklärung schriftlich erfolgt ist. Allerdings wird es oft zeitsparender sein, hierzu ein persönliches Treffen zu arrangieren; die Antworten auf die Fragen sollten dann im Verhandlungsprotokoll festgehalten werden.

3. Gehen Sie sicher, daß auf beiden Seiten hinsichtlich aller Punkte völlige Klarheit herrscht.

4. Stellen Sie falsche Informationen oder Vermutungen richtig.

5. Überprüfen Sie, welche Folgen jeder einzelne Punkt haben könnte, der in einem Angebot oder Vorschlag enthalten ist.

6. Verfassen Sie eine Darstellung Ihrer eigenen Position, formulieren Sie einen Gegenvorschlag u.ä., den Sie dann der Gegenseite unterbreiten.

7. Setzen Sie eine Frist für die Beantwortung Ihres Schreibens und für weitere Stellungnahmen fest.

■ Die grundsätzliche Haltung

Unabhängig davon, ob eine Verhandlung mündlich oder schriftlich geführt wird, sollten Sie als Verhandlungsführer in jedem Fall gelassen sein, prägnant argumentieren und sich zumindest nach außen hin offen zeigen. Diese Offenheit ist manchmal notwendig, um später bestimmte Taktiken und Tricks anwenden zu können.

VERHANDLUNGSTAKTIKEN

In den Fallbeispielen der vorangegangenen Kapitel wurde eine ganze Reihe von Taktiken und Strategien vorgeführt, aber natürlich gibt es noch viele andere Möglichkeiten. Einige davon finden Sie auf den folgenden Seiten:

1. Nicht-Enthüllen In allen Verhandlungen wird immer auch zumindest ein wenig geblufft; das gehört sozusagen dazu. Oft will eine der beiden Parteien oder wollen sogar beide nicht sofort alle Fakten auf den Tisch legen, von denen sie Kenntnis haben, um möglichst viel Verhandlungsspielraum zu behalten, oder sie wollen nicht sofort kundtun, auf welches Ziel sie eigentlich hinarbeiten. Wann der richtige Zeitpunkt gekommen ist, um bestimmte Fakten zu enthüllen, richtet sich nach dem Verhandlungsklima und nach dem Verhandlungsverlauf sowie nach dem Verhalten der Gegenseite und hängt weniger von den Fakten als solchen ab.

2. **Fehlinformation** Auch die Informationen, die man der Gegenseite gibt, können ein Bluff sein. Selbst wenn das dem Prinzip von Objektivität und Offenheit zuwiderläuft, gibt es Fälle, in denen man nur so das Ziel wird erreichen können. Möglicherweise wird der Gegenseite dadurch sogar ein Schlupfloch geboten, so daß sie ohne Gesichtsverlust ihr Einverständnis geben kann.

3. **Das Gesicht wahren** Sehr oft wäre eine Seite wohl bereit, ihre Zustimmung zu geben und würde das vielleicht sogar gerne tun, würde sie nicht einen Gesichtsverlust befürchten. Besonders oft kommt das bei Verhandlungen vor, die in der Öffentlichkeit verfolgt oder im Namen anderer Personen geführt werden, wie etwa Tarifverhandlungen. Nachdem das angepeilte Ziel in einer Einigung besteht, muß die andere Seite unter Umständen die Verhandlung so führen, daß es zumindest den *Anschein* hat, als hätten beide Seiten gewonnen.

4. **Druck** In vielen Verhandlungen muß auf die eine oder andere Weise Druck ausgeübt werden. *Latenten* Druck auszuüben könnte heißen, die Verhandlungsergebnisse schnell zusammenzufassen und die andere Seite so zu einer raschen Zustimmung zu bewegen; wenn man aber *tatsächlich* Druck ausübt, versucht man die Gegenseite in die Defensive zu drängen. Dabei besteht allerdings die Gefahr, daß eine unerwartet heftige Reaktion der Gegenseite letztlich jede Möglichkeit zunichte macht, das gesteckte Ziel zu erreichen.

5. **Macht demonstrieren** Man kann auf die Gegenseite schon dadurch Druck ausüben, daß man die Macht ausspielt, die man aufgrund seiner Position hat. Es *kann* zwar gutgehen, ist aber riskant und kann heftige Gegenreaktionen auslösen, die Schaden anrichten.

6. **Drohungen** Drohen Sie niemals, wenn Sie nicht bereit sind, die Drohung auch wahrzumachen. Auch wenn eine Partei durch eine Drohung ihre Entschlossenheit demonstriert, so kann sie diese Drohung nur einmal aussprechen, und dann kann es passieren, daß die Gegenseite ihrerseits mit einem Bluff reagiert. Wenn man auf Drohungen nicht verzichten will, sollte man zunächst sachte beginnen und erst nach und nach den Druck verstärken, bis hin zu einer ernsthaften Drohung.

7. **Das erste und letzte Angebot** Hinter diesem Konzept verbirgt sich eine Drohung, die den Sinn einer Verhandlung ad absurdum führt. Eine Seite erklärt damit nämlich: „Alles, was Sie jetzt noch sagen, ist überflüssig, weil dieses mein letztes Angebot ist." Ist das Angebot großzügig, mag es angenommen werden. Allerdings nimmt man auf diese Weise dem Verhandlungspartner gleichsam jede Möglichkeit, „seine Existenzberechtigung zu beweisen". Deshalb bedarf es zugleich einer Strategie, die es ihm ermöglicht, sein Gesicht zu wahren.

8. **Die Gegenseite reden lassen** In diesem Fall sagt man so wenig wie möglich, so wie die Filmschauspielerin im Fallbeispiel 2.3 auf Seite 34 auf eine heftige Verbalattacke eines „Fans" lediglich mit der Frage „Und?" reagierte. Das heißt, daß man gerade soviel sagt, daß das Gespräch nicht abreißt, aber eigentlich nichts dazu beiträgt. In einer Interviewsituation bedeutet das: „Lassen Sie jemanden sagen, was er will, sorgen Sie nur dafür, daß er weiterredet." Das heißt, wer immer weiterspricht, ohne unterbrochen zu werden, gibt mehr und mehr von seinen Ansichten und Vorhaben preis.

9. **Schweigen** Schweigen lastet oft schwer, und nur wenige Menschen können der Versuchung widerstehen, das Schweigen mit eigenen Worten zu füllen. Auch in diesem Fall enthüllt die Gegenseite, indem sie zu sprechen beginnt, einiges von sich und liefert dem Schweigenden so unter Umständen Munition für einen Gegenschlag.

10. **Ködern** In diesem Fall veranlaßt man die Gegenseite nicht durch Schweigen zum Reden, sondern dadurch, daß man eine bestimmte Erklärung abgibt, die zum Beispiel Empörung hervorruft – wiederum mit dem Hintergedanken, dem anderen mehr Informationen zu entlocken, um zu erfahren, wie wichtig ihm die ganze Sache ist.

11. **Mißverstehen** Eine Taktik, bei der man absichtlich Äußerungen der Gegenseite mißversteht, um zu prüfen, wie wichtig ihr die Sache ist.

12. **Der Gute und der Böse** Hierbei handelt es sich um angewandte Psychologie, wie man sie aus Filmen kennt: Zwei Polizisten, die einen Verdächtigen verhören, sind scheinbar verschiedener Meinung. Einer ist der „Gute", der versucht, als „einfühlsamer" Zuhörer eine Beziehung zu dem Verhörten aufzubauen und sich sozusagen mit ihm gegen den „Bösen" zu verbünden. Das Ziel ist, den Verhörten dazu zu verleiten, sich dem „Guten" gegenüber zu Enthüllungen hinreißen zu lassen.

WENN JEMAND DIE BEHERRSCHUNG VERLIERT

Von der Taktik, in Konfliktsituationen scheinbar die Beherrschung zu verlieren, war bereits die Rede. Manchmal wird es aber auch Situationen geben, in denen die Gegenseite tatsächlich die Beherrschung verliert und man als Verhandlungsführer sofort eine Lösung herbeiführen muß.

Am besten ist es in solchen Situationen, das Gespräch für, sagen wir, zumindest eine Stunde zu unterbrechen – oder besser noch länger, damit sich die Gemüter wieder beruhigen können und die Gegenseite dann hoffentlich gelassener weiterverhandeln kann. Menschen verhalten sich ganz unterschiedlich, wenn sie die Beherrschung verlieren. Viele werden jeder vernünftigen Erklärung unzugänglich oder widersetzen sich jedem Versuch von anderer Seite, die Lage unter Kontrolle zu bringen. Der einzige, der wirklich dazu imstande wäre, ist der Betroffene selbst; aber der sieht unter Umständen gar keinen Anlaß, sich zu beruhigen. Deshalb sollte man eine schriftliche Erklärung, die man in der ersten Erregung zu Papier gebracht hat – was man durchaus tun kann –, niemals gleich abschicken, sondern sie nochmals überarbeiten, wenn sich alles wieder normalisiert hat.

Beschwichtigungsversuche schlagen oft fehl, und der Vorschlag, die Fortsetzung des Gesprächs auf einen späteren Zeitpunkt zu verschieben, bringt manch einen noch mehr in Rage. Trotzdem ist es meist unumgänglich, in der Verhandlung fortzufahren. Das kann zusätzlich erschwert werden, wenn der Grund für die Aufregung nicht unbedingt einleuchtet oder man über die Hintergründe nur unzureichend informiert ist. Also wird man versuchen, den Gesprächspartner mit Geduld und Ausdauer langsam zu beruhigen und nach und nach herauszufinden, was hinter der Aufregung eigentlich steckt. Das alles ist natürlich leichter gesagt als getan. Die folgenden Techniken sollen Ihnen in Situationen helfen, in denen Ihr Gesprächspartner die Beherrschung verloren hat:

1. Bleiben Sie selbst in jedem Fall ruhig. Wenn beide Seiten die Beherrschung verlieren, ist es unwahrscheinlich, daß man noch zu einer Einigung findet – die Situation wird sich im Gegenteil eher verschlimmern.

2. Notieren Sie sich die Fakten, den Standpunkt der Gegenseite und relevante Beobachtungen, wenn Sie solche machen, ohne daß Sie sich aber dazu

207

äußern. Jeder Kommentar von Ihrer Seite würde die Situation nur verschlimmern. Der Druck, unter dem Ihr Gesprächspartner steht, wird um so schneller nachlassen, je länger er reden kann, ohne unterbrochen zu werden.

3. Bringen Sie die Gegenseite dazu, über den strittigen Punkt zu reden, indem Sie neutrale Fragen stellen und versuchen, auf diese Weise möglichst die Ursachen für die Aufregung zu klären.

4. Bieten Sie Ihrem Gesprächspartner etwas zu trinken an, gestatten Sie ihm zu rauchen u.ä. – das wird ihn auch weiter beruhigen –, jedoch möglichst ohne seinen Redefluß zu sehr zu stören, da jede Unterbrechung seinen Unmut erneut anfachen könnte.

5. Sobald eine angemessene Zeit verstrichen ist (wie lange das ist, richtet sich ganz nach den Umständen), wird es oft möglich sein, eine Pause von zum Beispiel fünf Minuten vorzuschlagen, so daß sich die Gemüter noch weiter beruhigen können.

6. Wenn das Gespräch dann wieder aufgenommen wird oder wenn der erste Redefluß versiegt ist – und es nicht möglich ist, das Gespräch zu vertagen –, gehen Sie dazu über, die Fakten, wie Sie sie notiert haben, durch Nachfragen zu überprüfen und gegebenenfalls richtigzustellen. Auf diese Weise gelangt man nicht nur zu einer genaueren und ausgefeilteren Darstellung der Sache, sondern Ihr Gegenüber wird, nachdem einige Zeit seit dem ersten Zornausbruch vergangen ist, inzwischen vielleicht in der Lage sein, die Sache objektiver zu beurteilen. An diesem Punkt können Sie als Verhandlungsführer eventuell Vermutungen und Behauptungen, die Ihnen falsch scheinen und nicht verifiziert werden können, in Frage stellen.

7. Nach dieser Phase (Punkte 1 bis 6 werden vielleicht 30–40 Minuten in Anspruch nehmen – je länger diese Phase dauert, desto mehr können sich die Gemüter beruhigen – es kann aber auch das Gegenteil eintreten!) sollten Sie erkannt haben, was den Widerstand der Gegenseite hervorgerufen hat. Da Sie Ihrem Kontrahenten Zeit gegeben haben, sich mit der Sache auseinanderzusetzen, ist es nur fair und folgerichtig, wenn auch Ihnen dazu Gelegenheit gegeben wird. Schlagen Sie also vor, daß man nun Ihnen etwas Zeit gewährt, in Ruhe einige Überlegungen anzustellen, die Fakten zu prüfen usw., bevor man weiter verhandelt.

8. Wenn Ihr Gegenüber Punkt 7 akzeptiert, werden Sie wahrscheinlich das Gespräch vertagen können. Das sollte an sich schon zur Beruhigung der Situation beitragen, und wenn Sie die Diskussion wieder aufnehmen, wird Ihr Gegenüber die Sache objektiver sehen. Es kann aber auch passieren, daß Punkt 7 abgelehnt wird, weil man auf einer sofortigen Klärung besteht. Dann bleibt Ihnen, selbst wenn es Ihnen gelungen ist, den andern etwas zu besänftigen, nichts anderes übrig, als sofort eine Entscheidung herbeizuführen.

9. Sollten Sie unter Druck eine Entscheidung fällen müssen, achten Sie darauf, daß Sie keinen Präzedenzfall schaffen. Treffen Sie möglichst nur eine vorläufige Entscheidung, die zu einem späteren Zeitpunkt noch näher geklärt und/oder genehmigt werden kann.

10. Wenn zunächst nur eine vorläufige Entscheidung möglich ist, setzen Sie fest, wann die Sache nochmals verhandelt und eine endgültige Entscheidung getroffen werden soll.

ZIELDEFINITION

Bei jedem Konflikt sollte man sich überlegen, wie auch in Punkt 10 der Richtlinien angeführt, was als nächstes zu erwarten ist. Der Sinn einer erfolgreichen Gesprächsführung liegt darin, durch Abklärung von Fakten und Umständen gemeinsam ein erwünschtes Ergebnis zu erzielen. Es liegt auf der Hand, daß sich zunächst zwei völlig gegensätzliche Standpunkte gegenüberstehen, da jede Seite ihr eigenes Ziel verfolgt; es muß also ein Konsens ausgehandelt werden, dessen Ergebnis ein gemeinsames Ziel ist. Dieses muß, sobald es feststeht, eindeutig formuliert werden. Im Interesse der Sache – und zum Vorteil des Unternehmens bzw. auch der bestehenden Beziehung – muß man dann konsequent auf die Erfüllung dieses Ziels hinarbeiten. Andernfalls ist der Aufwand an Zeit und Kraft nicht gerechtfertigt und bringt allen Beteiligten nur Nachteile.

ANALYSE DER KONFLIKTSITUATION

Jede Konfliktlösung setzt die Definition des angestrebten Ziels und die Einigung auf diese Definition voraus. Dazu genügt es jedoch nicht, lediglich die unterschiedlichen Standpunkte aufzulisten. Vielmehr bedarf es zunächst einer Klärung der Ursachen, und es wird sich oft herausstellen, daß der Konflikt durch bestimmte Ereignisse oder Handlungen – oder auch das Unterbleiben von beidem – ausgelöst wurde. Nur wenn man sich mit diesen Ursachen auseinandersetzt, wird man Mißstände abstellen und positive Veränderungen herbeiführen können. Wichtig dabei ist, den Konflikt nicht in wechselseitige Schuldzuweisungen ausarten zu lassen. Es gilt, so bald wie möglich mit der Gegenseite Einvernehmlichkeit herzustellen:

◆ damit die Objektivität gewahrt bleibt und, wie auch im Konfliktgespräch selbst, das gesteckte Ziel erreicht wird; und

◆ damit in Zukunft niemand davor zurückschreckt, Probleme zur Sprache zu bringen, weil er Repressalien gegen den möglichen Verantwortlichen fürchtet.

Es heißt oft, daß Unfälle nicht geschehen, sondern verursacht werden. Ganz ähnlich könnte man sagen, daß Konfliktsituationen (die insofern als Unfälle zu betrachten sind, als sie Klima und Betriebsablauf im Unternehmen stören) nicht einfach geschehen, sondern immer *verursacht* werden.

Die Fallbeispiele in diesem Buch zeigen deutlich, daß ein wenig Vorbedacht viele der beschriebenen Problemsituationen vermieden hätte. Darauf wurde in der Analyse der jeweiligen Fälle auch ausdrücklich hingewiesen. So hat zum Beispiel im Fallbeispiel 7.4 auf Seite 102 der Firmenchef nicht bedacht, daß er es schwer haben würde, seine Ideen durchzusetzen, wenn er die Mitarbeiter nicht in die Entscheidung einbezieht; denn von deren gutem Willen hängt es ab, ob seine Anweisungen auch tatsächlich ausgeführt werden. Daß das Konzept fehlschlug, lag nicht an den Mitarbeitern am unteren Ende der Hierarchie, sondern an ihm selbst, weil er sich nicht von Anfang an darum bemüht hat, sie für die Sache einzunehmen. Im Fallbeispiel 8.4 auf Seite 118 entstand der Konflikt nicht etwa, weil der Kunde, eine Agentur, böswillig war, sondern weil das Unternehmen seine Geschäftsbedingungen mangelhaft erläutert und bekanntgemacht hatte. In beiden Beispielen mußten die Personen, die in erster Linie das Problem verursacht hatten, es letztendlich auch lösen. Mit anderen

Worten: es wäre erst gar nicht zu diesen Konflikten gekommen, wenn die Beteiligten von Anfang an die jeweiligen Umstände bedacht hätten; und daraus sollte man für die Zukunft lernen.

NICHT ZWEIMAL DENSELBEN FEHLER MACHEN

Darin besteht genaugenommen der Nutzen einer systematischen Auseinandersetzung mit Problemlösungen. Natürlich geht es immer darum, ein Ziel zu erreichen, aber aus der Erfahrung sollte man lernen, wie sich künftig derartige Schwierigkeiten vermeiden lassen.

Dazu müssen zunächst einmal die Hauptursachen einer Konfliktsituation objektiv analysiert und eventuelle Mängel behoben werden, und alle notwendigen Veränderungen – oder was sonst erforderlich ist – sind in die Wege zu leiten. Meistens werden Sie als Verhandlungsführer diese Aufgabe zu übernehmen haben, doch wird es mitunter im Interesse größerer Objektivität vorzuziehen sein, eine dritte Partei damit zu betrauen. In jedem Fall kommt es aber darauf an, allen Beteiligten klar zu machen, daß es darum geht, eine bestimmte Konfliktsituation in Zukunft zu verhindern, und nicht darum, jemandem alle Schuld für etwas zuzuschieben, was in der Vergangenheit passiert ist.

Schätzungen zufolge müssen Unternehmen durchschnittlich zwischen 5 und 9 Prozent ihres Umsatzes für Kosten aufwenden, die durch Unfälle verursacht wurden, und das macht oft mindestens genausoviel aus wie der Gewinn, den sie erzielen. Man kann annehmen, daß Problemsituationen ebensoviel kosten wie Unfälle oder noch mehr, weil sie viel öfter auftreten, wenn auch die damit verbundenen Kosten normalerweise versteckte Kosten sind. Die Amerikaner ziehen gerne das Bild eines Eisbergs heran, um zu illustrieren, daß auf jeden Dollar eines versicherten Verlustes zwischen 5 und 20 Dollar unversicherter Verluste kommen, die sich auf die eine oder andere Weise auf das Unternehmen auswirken. Verluste, die durch die Lösung von Problemsituationen verursacht werden, dürften einen ähnlichen Multiplikationseffekt haben. In Anbetracht dieser Zahlen ist es für Unternehmen auch wirtschaftlich sinnvoll, den Ursachen für Konfliktsituationen auf den Grund zu gehen (vor allem, wenn es zu mehreren ähnlichen Konflikten gekommen ist), damit sich diese möglichst nicht wiederholen.

211

■ Problemen vorbeugen

Das bedeutet nun aber nicht, daß man warten sollte, bis eine Konfliktsituation eintritt, bevor man etwas unternimmt, wodurch man sie vielleicht von vornherein hätte verhindern können. So konnte zum Beispiel der Händler im Fallbeispiel 8.6 zwar sein Gesicht und seinen guten Ruf wahren, aber ein Hinweis auf der Verpackung, etwa „Nicht für Kinder unter 3 Jahren geeignet", hätte diesen und auch künftige ähnliche Vorfälle verhindern können. Im Fallbeispiel 10.3 wäre es durch firmeninterne Kundendienstrichtlinien oder durch eine regelrechte Schulung der Mitarbeiter zu vermeiden gewesen, daß aus der ursprünglichen neutralen Anfrage eines Kunden eine Beschwerde wurde, die an die Zentrale ging und die Zweigstelle in eine sehr unangenehme Lage brachte.

Wenn man immer wieder darauf hinweist, wie wichtig es ist, Problemsituationen möglichst von vornherein zu vermeiden, führt das vielleicht auch dazu, daß Verwaltungs- und Führungsstrukturen des Unternehmens verbessert werden und daß eine eher ganzheitliche Betrachtung der Arbeitsbedingungen, Strategien, Verfahren und Haltungen dazu beiträgt, die Führungsqualitäten einzelner Mitarbeiter zu steigern.

212

FEHLINFORMATIONEN

Leider befinden wir uns bei der Lösung von Konfliktsituationen nicht immer auf sicherem Boden. In vielen Fällen kann man logisch argumentieren, positiv reagieren, ausreichend Zeit investieren und so fort, und doch werden alle Bemühungen durch Fehlinformationen, wie etwa Gerüchte oder Übertreibungen, zunichte gemacht. Gerüchte sind normalerweise insofern kontraproduktiv, als sie Unsicherheit schaffen, Vorurteilen Vorschub leisten und die Fakten verzerren. Oft brodelt die Gerüchteküche, obwohl die Beteiligten um aufrichtige Kommunikation bemüht sind. Unglücklicherweise sind Gerüchte so vielköpfig und so zählebig wie die sagenhafte Hydra, der für jeden abgeschlagenen Kopf zwei neue Köpfe nachwuchsen, und sie haben zwei Gesichter; sie vermitteln nämlich Informationen, tun dies aber auf eine Art und Weise, daß das gegenseitige Vertrauen erschüttert und daß statt dessen Unbehagen verbreitet wird.

Beständige und zuverlässige Kommunikation kann hier einiges bewirken, und zwar insofern, als auf diese Weise Gerüchte als alternative Informationsquelle, wenigstens bis zu einem gewissen Grad, in Frage gestellt werden und deshalb weniger Schaden anrichten können.

Durch absichtlich übertreibende Äußerungen, die sozusagen eine stilistische Funktion haben, aber nicht wörtlich genommen werden dürfen, wird oft bewußt oder unbewußt ein Eindruck hervorgerufen, der in der Realität unhaltbar ist. Derart modifizierte Informationen stimmen zwar im Kern, rufen aber Erwartungen wach, die niemals erfüllt werden können. Wenn sich dann herausstellt, daß Behauptungen oder Vorschläge jeder Grundlage entbehren, führt das natürlich zu Problemen. Im Kommunikationsprozeß sich einer übertreibenden Ausdrucksweise zu bedienen, ist deshalb meist kontraproduktiv.

*T*OTALES KOMMUNIKATIONS-MANAGEMENT

213

Das Bemühen, die Kommunikation mit allen Parteien zu fördern, spiegelt oft auch ein anderes Ziel wider, nämlich die Qualität der Unternehmensführung und der Unternehmensleistung zu verbessern. Die Kriterien für diese Qualitätssicherung sind in den ISO-9000-Normen festgehalten. Unternehmen, die diese Normen umsetzen, können bedeutende Output-, Effizienz- und Produktivitätssteigerungen verzeichnen sowie eine größere Akzeptanz ihrer Produkte und Dienstleistungen auf dem Markt, da immer mehr Kunden Unternehmen vorziehen, die diese Normen erfüllen. Daß dies nur dann der Fall ist, wenn die Kommunikation zwischen allen Beteiligten funktioniert und Problemsituationen konstruktiv gelöst werden, scheint klar. Wenn ein Arbeitgeber schon im Umgang mit seinen Mitarbeitern bestimmte Qualitätskriterien nicht erfüllt, wird er es kaum seinen Kunden gegenüber können, was noch wichtiger wäre.

„Der Schlüssel zum Wettbewerbsvorteil sind Menschen" meint Tom Lloyd in seinem Buch *The Nice Company*. „Nice" – wörtlich „nett" – bezieht sich in dem Fall darauf, daß man bereit ist, langfristig zu denken, dem guten Ruf des Unternehmens große Bedeutung beimißt und sich um partnerschaftliche Beziehungen bemüht. Langfristiges Denken setzt Ziele und bestimmte Qualitätsstandards voraus; Qualität setzt voraus, daß man auf den guten Ruf bedacht ist, eine partnerschaftliche Beziehung läßt sich in keinem Bereich ohne

Kommunikation aufbauen. Die wichtigsten partnerschaftlichen Beziehungen in unserem Zusammenhang sind die Beziehungen des Unternehmens zu seinen Mitarbeitern, Lieferanten, Kunden und so fort. Auch wenn diese Beziehungen in der Regel störungsfrei funktionieren, kann es zu Konflikten kommen, wenn das gute Einvernehmen gestört wird, sei es durch Mißverständnisse, unbedachte Äußerungen oder andere Geringfügigkeiten. An diesem Punkt beginnt auch erst die eigentliche Arbeit – nämlich die Auseinandersetzung mit der Konfliktsituation.

SCHIKANEN

Das Ziel dieses Buches ist, Vorschläge und Anregungen für die Lösung von Problemsituationen zu geben, wobei davon ausgegangen wird, daß es sich bei den Beteiligten um vernünftige Menschen handelt. Allerdings kann es auch vorkommen, daß jemand nur deshalb einen Konflikt heraufbeschwört, weil er das Unternehmen unter Druck setzen und davon in irgendeiner Weise profitieren möchte. Das werden aber in erster Linie Menschen sein, die mit dem Unternehmen nichts zu tun haben. Solche Menschen nützen es dann aus, wenn man nicht bereit ist, noch mehr Zeit und/oder Energie in die Suche nach einer Lösung zu investieren. Derartige Konflikte, die auf eine Schikane zurückgehen, wird man meist nicht gütlich beilegen können; oft wird man einen harten Verhandlungsstil wählen müssen, um zu verhindern, daß das Unternehmen schließlich nachgibt und einen erheblichen Aufwand an Zeit und Kosten betreibt, nur um der Schikane ein Ende zu setzen.

Allerdings kann es auch Fälle geben, in denen man unter allen Umständen einen negativen Präzedenzfall vermeiden möchte; dann nimmt man die Kosten lieber auf sich. Hier sind die Ziele, die beide Seiten anstreben, einander diametral entgegengesetzt, und selbst wenn man damit scheinbar gegen das Prinzip verstößt, Druck niemals nachzugeben, kann es sich manchmal als die pragmatischere Lösung erweisen. Zu kämpfen, wenn man gewinnen kann, ist eine Sache; zu kämpfen, wenn man nicht gewinnen kann, führt nur zum Einsatz von immer mehr Mitteln. In solchen Fällen ist es realistischer, sich auf die Schadensbegrenzung zu konzentrieren, als zu versuchen, einen aussichtslosen Kampf zu gewinnen.

DAS MANAGEMENT VON VERÄNDERUNGEN

Man wird nicht erwarten, daß Unternehmen, außer vielleicht ganz kleine, Problemsituationen immer vermeiden können. Im Gegenteil, da ein Unternehmen ständig in Veränderung begriffen ist, entstehen immer neue Möglichkeiten für Konflikte. Oft wird man nicht vorhersehen können, wie sich bestimmte Veränderungen auswirken, obwohl es gerade zu einem erfolgreichen Management von Veränderungen (was einigen Schätzungen zufolge bis zu 90 Prozent der gesamten Managementfunktion ausmacht) gehört, daß *alle* diesbezüglichen Aspekte berücksichtigt werden, um eben Konflikte möglichst zu vermeiden. So hätte es im Fallbeispiel 8.4 einer der ersten Schritte der neuen Unternehmensleitung sein müssen, entweder die Geschäftsbedingungen ihrer Vorgänger zu übernehmen oder, noch besser, nachdem diese offenbar nicht ihren Vorstellungen entsprachen, neue Geschäftsbedingungen auszuarbeiten und diese auch allen Inserenten mitzuteilen. Wenn man so grundlegende Dinge vernachlässigt, wie es die Folgen von Veränderungen sind, schafft man Voraussetzungen, die zwangsläufig zu Konfliktsituationen führen, und erschwert eine vernünftige Lösung.

Nochmals die Grundregeln

DARAUF SOLLTEN SIE ACHTEN:

1 **Konfliktsituationen lassen sich auf ein Minimum reduzieren, wenn man Strategien und Vorgehensweisen entwickelt, die von den Mitarbeitern auch konsequent umgesetzt werden.**

2 **Indem man sich schon im vorhinein über mögliche Probleme und entsprechende Strategien/Vorgehensweisen Gedanken macht, wird die Lösungsfindung meist vereinfacht und eine Einigung leichter zu erzielen sein.**

Im Interesse einer konstruktiven Kommunikation mit Kunden, Lieferanten, Mitarbeitern und Eigentümern haben Unternehmen umfassende Strategien zu entwickeln und dafür zu sorgen, daß diese auch von den verantwortlichen Mitarbeitern umgesetzt werden. Die Mitarbeiter, die mit den genannten Zielgruppen umzugehen haben, haben stets die Folgen ihres Handelns zu bedenken und müssen dafür geschult sein, in schwierigen Situationen im Sinne der Unternehmenspolitik zu reagieren und sich auch bei Folgewirkungen entsprechend zu verhalten. Solche Strategien haben den Vorteil, daß man sie im Konfliktfall als Richtlinien oder Handlungskriterien heranziehen kann und sich viele Probleme fast automatisch lösen, indem sie sozusagen „weggeplant" werden.

| **FALLBEISPIEL 15.1** | **DIE GRUNDREGELN VERSTEHEN** |

Einer Personalchefin bereitete der geringe Restbetrag in ihrem Sozial-
budget Sorge. Sie stellte fest, daß im laufenden Jahr ein viel höherer
Betrag für Strümpfe erstattet worden war, die an Büromöbeln zerrissen
wurden, als im vorangegangenen Jahr. Die Mitarbeiterinnen schienen
diese Regelung zu mißbrauchen, also entwarf sie eine Richtlinie, wonach
die Mitarbeiterinnen bei der Benutzung bestimmter Einrichtungsgegen-
stände vorsichtig zu sein hätten und daß in Zukunft die Kosten für
Strümpfe nur noch ersetzt würden, wenn der entsprechende Einrichtungs-
gegenstand schadhaft wäre. Die Kostenforderungen gingen rapide zurück.

Die für verschiedene Bereiche entwickelten Unternehmensstrategien (siehe
Seite 218 ff.) müssen zu detaillierten Richtlinien und Checklisten für konkrete
Situationen ausgearbeitet werden, damit die Mitarbeiter, die die Unternehmenspolitik umsetzen sollen, in Zweifelsfragen jederzeit darauf zurückgreifen
können. Auf diese Weise lassen sich nicht nur Konfliktsituationen auf ein
Minimum beschränken, sondern es ist auch leichter, im Einzelfall Lösungs-
wege zu finden.

Das Strategiepapier sollte Richtlinien für den Umgang mit Mitarbeitern,
Lieferanten, Kunden, der Öffentlichkeit, den Medien, Eigentümern usw.
enthalten. Es empfiehlt sich, das Papier nach diesen Personengruppen zu unter-
teilen, damit jeder Teil relativ kurz gehalten werden kann. Die einzelnen
Abschnitte sollten aber doch ausführlich genug sein, um den Personen, die die
Strategie umsetzen müssen, als Anleitung dienen zu können.

*D*ER UMGANG MIT MITARBEITERN

Sämtliche Fragen der Mitarbeiterführung zu behandeln, die zu einer umfassenden Personalpolitik gehören, würde weit über den Rahmen des vorliegenden Buches hinausgehen. Die im folgenden skizzierten Richtlinien für den
Umgang mit Mitarbeitern weisen nur auf einige grundsätzliche Kommunika-
tionsprinzipien hin, die, wenn sie konsequent befolgt werden, wesentlich dazu
beitragen können, Konflikte auf ein Minimum zu reduzieren und eine erfolgreiche Zusammenarbeit zu ermöglichen.

1. Das Unternehmen erkennt die Wichtigkeit jedes einzelnen Mitarbeiters an und ist bemüht, sicherzustellen, daß alle Mitarbeiter zu jeder Zeit umfassend über die Aktivitäten und Pläne des Unternehmens informiert sind, und zwar soweit, daß die Entwicklung bzw. Vermarktung von Produkten, Dienstleistungen und so fort nicht beeinträchtigt ist.

2. Das Unternehmen ist bemüht, jeden Mitarbeiter soweit zu unterstützen, daß er in seinen Leistungen ein für ihn zufriedenstellendes Niveau erreichen kann, sowie für alle Mitarbeiter Informations- und Schulungsmaßnahmen zur Verfügung zu stellen.

3. Das Unternehmen ist sich dessen bewußt, daß es seine Ziele am effektivsten erreicht, wenn die Mitarbeiter in Entscheidungsprozesse und Entwicklungen eingebunden sind, und fördert alle Mittel und Wege, damit das geschieht. Leitende Mitarbeiter und Führungskräfte sollen ausreichend Zeit für die aktive Kommunikation mit den ihnen Unterstellten einplanen, um deren stetes Engagement zu sichern und etwaige Probleme mit der Geschäftsleitung nachhaltig zu lösen. (Anmerkung: Die Vorgehensweise für die Lösung solcher Probleme ist möglicherweise durch die Richtlinien für Beschwerdefälle geregelt, doch geht das hier beschriebene Prinzip noch um einiges weiter.)

4. Die Mitarbeiter werden dazu ermutigt, sich aktiv für die Tätigkeit des Unternehmens zu interessieren und ihre unmittelbaren Vorgesetzten anzusprechen, wenn sie Informationen oder Rat brauchen. Sollten sie keine zufriedenstellende Antwort erhalten, werden sie dazu aufgefordert, ihr Anliegen den Richtlinien für Beschwerdefälle entsprechend weiterzuverfolgen, wie sie im Handbuch für Mitarbeiter niedergelegt sind.

Beide Parteien werden dazu angehalten, dem Standpunkt der Gegenseite aufgeschlossen gegenüberzustehen, damit ein aktiver Dialog stattfinden kann, Mißverständnisse bereinigt werden können und möglichst auf ein gemeinsames Ziel hingearbeitet wird.

Mit diesen Prinzipien legt das Unternehmen allgemeine Richtlinien für den Konfliktfall fest. Erhalten die Mitarbeiter zusätzlich ein Handbuch, das alle Grundregeln enthält, so kann man sich bei Diskussionen über Fehlverhalten oder Vergehen darauf beziehen. Die meisten werden ohnehin bestrebt sein, sich an die Richtlinien zu halten, um sich nicht einen schlechten Ruf einzuhandeln. Niemand wird dann mehr so leicht sagen können: „Das wußte ich nicht", und schon allein dadurch wird sich die Anzahl der Konflikte verringern.

DER UMGANG MIT LIEFERANTEN

Alle Unternehmen, und erst recht die produzierenden, sind im wachsenden Ausmaß von ihren Lieferanten abhängig. Mit der steigenden Zahl von Lieferantenkontakten erhöht sich natürlich auch das Konfliktpotential. Die Beziehungen des Unternehmens zu seinen Lieferanten müssen geregelt werden, sowohl im Interesse der Mitarbeiter, die die Verhandlungen mit den Lieferfirmen führen, als auch im Interesse dieser Firmen. Die wichtigsten Grundregeln:

1. Das Unternehmen bezieht Produkte und Rohmaterialien von einer Reihe von Lieferanten, die es als fixe Lieferanten betrachtet, sobald die Geschäftsbeziehung mehr als zwei Jahre besteht. Das Unternehmen bezieht seine Produkte grundsätzlich von zumindest zwei Lieferanten, teilt die von einem Lieferanten angebotenen Preise aber nicht ohne dessen schriftliches Einverständnis anderen Lieferanten mit.

2. Lieferanten erhalten detaillierte Spezifikationen des benötigten Produkts sowie Angaben hinsichtlich Lieferzeit und Preis, und es wird von ihnen erwartet, daß sie nach Auftragserhalt das Produkt zu dem Preis, in der Qualität und zu den sonstigen Bedingungen liefern, die in den Spezifikationen niedergelegt sind.

3. Alle Lieferungen werden stichprobenartig dahingehend überprüft, ob sie den Spezifikationen entsprechen. Im Fall von Abweichungen behält sich das Unternehmen das Recht vor, die ganze Lieferung abzulehnen oder neue Bedingungen auszuhandeln, falls die Materialien unter Vornahme entsprechender Anpassungen verwendet werden können.

4. Für den Fall, daß Auftrag und Lieferung nicht übereinstimmen (etwa hinsichtlich der Mengen), behält sich das Unternehmen das Recht vor, die Lieferbedingungen neu zu verhandeln.

5. Alle Rechnungen für Lieferungen werden der Vereinbarung gemäß und sofort bei Fälligkeit bezahlt.

6. Die Geschäftsbedingungen des Unternehmens werden auf Anfrage zur Verfügung gestellt und sind auf der Rückseite der Spezifikationen und des Auftragschreibens abgedruckt. Abweichungen von diesen Bedingungen

sind nur mit vorheriger schriftlicher Genehmigung durch eine zuständige Führungskraft erlaubt.

7. Fixe Lieferanten werden gebeten, jedes Jahr für die Spezifikationen (die sich ändern können) neue Angebote zu erstellen.

Wenn diese Richtlinien den Lieferanten bekanntgegeben werden, wird es seltener zu Mißverständnissen und Konfliktsituationen kommen, weil jeder Lieferant von Anfang an weiß, wie die angestrebte Geschäftsbeziehung aussehen soll und welches Verhalten von ihm erwartet wird.

DER UMGANG MIT KUNDEN

Das Ziel eines Wirtschaftsunternehmens ist, mit Produkten und/oder Dienstleistungen, die für ihre Kunden einen Wert besitzen, Gewinne zu machen. Unternehmen stehen nie still – entweder sie wachsen und florieren, oder sie schrumpfen und verschwinden irgendwann vom Markt. Um zu wachsen, muß ein Unternehmen in der Regel in der Lage sein, jedes Jahr mehr Kunden zufriedenzustellen oder zumindest mit denselben Kunden mehr Einnahmen zu erzielen. Das eine oder das andere dieser Ziele (oder auch beide) wird es nur erreichen, wenn es seine Kunden hinsichtlich Wert, Qualität, Lieferservice usw. zufriedenstellt. Folgende Grundregeln gelten für den Umgang mit Kunden:

1. Das Unternehmen erklärt sich bereit, Produkte von guter Qualität und entsprechendem Wert zu dem vom Kunden gewünschten Zeitpunkt herzustellen.

2. Sollte ein Problem auftauchen, wird sich das Unternehmen bemühen, objektiv und konstruktiv damit umzugehen, um eine Lösung zu finden und zugleich aus einem unzufriedenen einen zufriedenen Kunden zu machen.

3. Alle Reklamationen und Beschwerden – welche Ursache oder Berechtigung sie auch haben mögen – werden höflich und konstruktiv behandelt. Diese Politik kann in Einzelfällen so weit gehen, daß ein Kunde sogar dann eine Schadenersatzzahlung erhält, wenn seine Forderung unberechtigt oder unverhältnismäßig hoch ist.

4. Kunden sollten stets höflich behandelt und, sofern der Zeitpunkt passend ist, eingeladen werden, das Firmengelände oder -gebäude zu besichtigen (mit Ausnahme jener Betriebsbereiche, die als sensibel oder geheim einzustufen sind und entsprechend geschützt werden müssen).

Die Unternehmenspolitik in Hinblick auf Reklamationen oder Beschwerden von Kundenseite kann nicht so genau spezifiziert werden wie im Hinblick auf den Umgang mit Mitarbeitern und Lieferanten. Wenn die Beziehungen zu Kunden auch von zentraler Wichtigkeit sind, weil letzten Endes alle Löhne und Gehälter in einem Unternehmen von den Kunden stammen, sind sie meistens relativ locker. Dennoch ist eine positive Grundhaltung sehr wichtig. Vielfach reagieren Unternehmen auf Reklamationen defensiv und versuchen, die Verantwortung für schlechten Service von sich zu schieben oder mangelhafte Qualität oder fehlerhafte Produkte irgendwie zu rechtfertigen. Meist tun sie das aus der Befürchtung, einen Präzedenzfall zu schaffen, doch übersehen sie dabei, daß Präzedenzfälle hinfällig sind, wenn die Gründe für eine Reklamation oder Beschwerde behoben werden.

DER UMGANG MIT DER ÖFFENTLICHKEIT

Jedes Unternehmen ist ein Teil der Gesellschaft, ohne die es nicht existieren könnte und gegen die es eine Verpflichtung hat, ebenso wie auch der Umwelt gegenüber, auf die viele Unternehmen keinen geringen Einfluß nehmen. Das Unternehmen definiert sich effektiv als Teil der Gesellschaft, indem es mit dieser im allgemeinen – und mit seinen Mitarbeitern bzw. potentiellen Mitarbeitern im besonderen – kommuniziert. Denn ohne sie hätte es schließlich kein Unternehmensziel, keine Beschäftigten und keine Kunden. Deshalb sollte jedes Unternehmen, unabhängig von seiner Größe, sich verpflichtet fühlen, seinerseits etwas in die Gesellschaft einzubringen. Folgende Unternehmenspolitik empfiehlt sich in Hinblick auf die Öffentlichkeit:

1. Das Unternehmen verpflichtet sich als verantwortungsvolles Mitglied der Gesellschaft zur Achtung der allgemeinen Öffentlichkeit, der Bevölkerung seiner Region und der Umwelt, in der es arbeitet.

2. Das Unternehmen nimmt an Programmen teil, die die Beziehungen zwischen Industrie und Bevölkerung fördern, und unterstützt auch sonst kommunale Initiativen, indem es seine Mitarbeiter etwa zur Teilnahme an Umweltverbesserungsprojekten ermutigt und ihnen dafür einzeln oder blockweise Arbeitstage zur Verfügung stellt. Es ermutigt die Mitarbeiter außerdem dazu, ihre Kollegen von den Ergebnissen solcher Aktivitäten zu informieren.

3. Das Unternehmen erkennt die Bedeutung von Umweltfragen an und verpflichtet sich, Verfahren und Prozesse einzuführen, die so wenig wie möglich (und am besten überhaupt nicht) der Umwelt schaden. Es steht Vorschlägen, wie sein Betrieb umweltverträglicher gemacht werden könnte, aufgeschlossen gegenüber, von welcher Seite diese Vorschläge auch kommen, und wird praktikable Vorschläge umsetzen.

4. Das Unternehmen wird darauf hinarbeiten, den Anfall von Emissionen und Abfallprodukten zu reduzieren oder zu vermeiden und die Ausnutzung der vorhandenen Ressourcen zu maximieren.

5. Die Standpunkte von Interessengruppen und Umweltschutzgruppen werden objektiv beurteilt und bei Entscheidungen über Umweltfragen berücksichtigt.

6. Sponsorship und Kontakte mit Schulen. Das Unternehmen ist bemüht, Bildungseinrichtungen im allgemeinen zu unterstützen, und im besonderen …

7. Behörden oder offizielle Stellen, die Zugang zu Informationen verlangen, werden mit Höflichkeit und in Übereinstimmung mit den Richtlinien, die diesen Zugang festlegen, behandelt. Da viele Behörden das Recht auf Informationen seitens des Unternehmens haben, wird man unter Umständen Richtlinien aufzustellen haben, die eigens den Verkehr mit Behörden regeln.

DER UMGANG MIT EIGENTÜMERN

Wie mit Eigentümern umzugehen ist, hängt davon ab, in welcher Beziehung die Eigentümer zu dem Unternehmen stehen. Aktiengesellschaften haben ihren Aktionären sowie Gläubigern und anderen Parteien gegenüber klar definierte Verpflichtungen; bei anderen Gesellschaften mit beschränkter Haftung bestehen ähnliche, wenn auch nicht so umfangreiche Verpflichtungen, während Körperschaften wie etwa Kommunalbehörden ihren „Eigentümern" (das heißt, den Steuerzahlern) gegenüber gar nicht gesetzlich verpflichtet sind. Allerdings entwickeln immer mehr Behörden zweckmäßige Strukturen, um die Bevölkerung zu unterrichten – über ihre Tätigkeit und über die Verwendung der öffentlichen Gelder, die sie ja sozusagen treuhänderisch verwalten. Wie mit „Eigentümern" umzugehen ist, hängt immer vom Zeitpunkt und den jeweiligen Umständen ab. Deshalb können auch nur wenige allgemeingültige Grundregeln aufgestellt werden:

1. Das Unternehmen erkennt das Recht der „Eigentümer" an, in Form von Geschäftsberichten über bestimmte Zeiträume umfassend über die finanzielle Lage des Unternehmens unterrichtet zu werden.

2. Diese Informationen werden auf eine Weise zur Verfügung gestellt, die auch Nicht-Fachleuten verständlich ist, und es wird eine Auskunftsstelle eingerichtet, die für weitere Fragen zur Verfügung steht.

3. Das Unternehmen verpflichtet sich zur vollständigen Bekanntgabe aller Informationen, sofern sie nicht persönliche Belange berühren oder Unternehmensinterna betreffen, die nicht zur Veröffentlichung geeignet sind.

*D*ER UMGANG MIT DEN MEDIEN

An vielen Unternehmen hat die Öffentlichkeit aufgrund ihrer Produkte, Herstellungsverfahren oder Dienstleistungen großes Interesse. Das öffentliche Interesse an Unternehmen, die sowohl Vermögen produzieren als auch Vermögen verbrauchen, sollte nicht unterschätzt werden. Dafür sind mehrere Gründe anzuführen:

◆ die Privatisierung staatlicher Unternehmen;
◆ die Macht und Einflußmöglichkeiten von Unternehmen und anderen Körperschaften, die zunehmend erkannt werden;
◆ die Skandale und Katastrophenfälle, in die Unternehmen und deren Führungskräfte involviert sind; und
◆ die große Zahl von Aktionären.

Zeitungsberichte über Unternehmen sind vom Wirtschaftsteil auf die Seiten mit allgemeinen Themen gewandert und finden sich oft sogar auf der Titelseite. Unternehmen brauchen Strategien für den Umgang mit den Medien und müssen einen oder mehrere Sprecher haben, die diese Kunst beherrschen. Grob skizziert könnte die diesbezügliche Unternehmenspolitik so aussehen:

1. Das Unternehmen erkennt das natürliche Interesse an, das die Medien im Namen der Öffentlichkeit an seinen Aktivitäten haben, und stellt alle Informationen, die nicht als vertraulich anzusehen sind, Vertretern der Medien regelmäßig zur Verfügung.

2. (XY und sein Stellvertreter) fungieren als Unternehmenssprecher, sie werden regelmäßig von den für die verschiedenen (Abteilungen, Produkte usw.) Verantwortlichen über das Wesentliche unterrichtet.

3. Werden andere Mitarbeiter von Medienvertretern angesprochen, verweisen sie diese an den Unternehmenssprecher.

4. Der Sprecher bemüht sich im Kontakt mit den Medien stets um Ehrlichkeit und sorgt dafür, daß die Berichterstattung in den Medien korrekt ist.

5. In jeder Medienbranche werden Kontakte zu Personen gepflegt, die regelmäßige und jeweils aktualisierte Hintergrundinformationen über das Unternehmen erhalten.

RECHT AUF WERTSCHÄTZUNG

Wenn man bei der Formulierung der Unternehmenspolitik davon ausgeht, daß individuelles und konstruktives Eingehen auf Menschen sehr wichtig ist, muß man auch anerkennen, daß Menschen ein Recht auf Wertschätzung haben. Wird dieses Recht mißachtet, wird jedes Bemühen um eine aktive Kommunikation, die auf Problemlösungen und Fortschritt gerichtet ist, unglaubwürdig. Das gilt nicht nur für die Lösung größerer Probleme, sondern auch für das ganz alltägliche Verhalten. Briefe nicht zu beantworten, ein Gespräch wegen eines unwichtigen Telefonats zu unterbrechen, zum vereinbarten Termin ohne Angabe von Gründen keine Entscheidung zu treffen, einen Kunden am Telefon warten zu lassen, ohne sich zu entschuldigen, und so weiter, heißt, unbedacht und leichtfertig mit Menschen umzugehen und die vom Unternehmen formulierten Grundsätze zu untergraben. Selbst die klügste Unternehmenspolitik kann nur Erfolg haben, wenn sie auch umgesetzt wird. Die Vorgaben und Standards zu erfüllen, die man sich selbst gesetzt hat, ist dabei ein wichtiger Teil. Viele Problemsituationen entstehen nur, weil die eigenen Vorsätze mißachtet werden.

Standards zu setzen und dafür zu sorgen, daß sie auch eingehalten werden, schafft für alle Beteiligten große Vorteile. Wenn Mitarbeiter sehen, daß eine auf dem Papier bestehende Verpflichtung zu Kommunikation tatsächlich umgesetzt wird, daß das Unternehmen seiner Verpflichtung der Bevölkerung und der Umwelt gegenüber sowie im Aus- und Weiterbildungsbereich nachkommt, seinen Beschäftigten Achtung entgegenbringt und ähnliches mehr, werden sie ihrerseits das Unternehmen, in dem sie arbeiten, achten und stolz darauf sein. Mitarbeiter, die auf die Leistungen ihres Arbeitgebers (eigentlich *ihre* Leistungen) stolz sein können, werden sich eher für das Unternehmen engagieren und zu seinem Erfolg beitragen, und mit solchen Mitarbeitern wird es auch seltener zu Konflikten kommen. Lieferanten, die in die Pläne des Unternehmens einbezogen werden, deren Rechnungen pünktlich bezahlt werden und die man als Partner behandelt, werden eher mit besseren Preisen und verstärktem Engagement reagieren. Kunden, denen man mit Respekt begegnet, deren gerechtfertigte Reklamationen höflich entgegengenommen werden, die wissen, daß sie sich auf Qualität und Wert verlassen können, werden sicher wiederkommen.

ZUSAMMENFASSUNG

Die genannten Strategien legen einen qualitativen Rahmen fest und dienen als Kriterien zur Leistungsbeurteilung. Ihre Umsetzung muß mit Hilfe von Meetings, Diskussionsrunden und Briefings vorangetrieben werden. Inwieweit die gesteckten Ziele auch erreicht werden können, hängt wesentlich davon ab, wie dabei vorgegangen wird. Wie wichtig eine konstruktive, offene und objektive Diskussion ist, ist in den vorangegangenen Kapiteln deutlich geworden, wenn auch die Knackpunkte eines jeden Falles immer erst entdeckt werden müssen. Welche Vorgehensweise jeweils am geeignetsten ist, hängt immer sehr von den Umständen ab; die in der Checkliste in Kapitel 3 (siehe Seite 38) enthaltenen Grundregeln haben aber in jedem Fall Gültigkeit.

Ein wichtiger Faktor bei jedem Gespräch ist die Zeit, die man sich zum Nachdenken nimmt. Im Westen fühlen sich die Menschen ständig unter Druck, etwas voranzutreiben. Im Osten trifft das Gegenteil zu. Dort legen die Menschen sehr viel Wert darauf, lange über ein Problem nachzudenken, bevor sie etwas unternehmen, was Gesprächspartner aus dem Westen oft als ungebührlich lange empfinden. Das heißt aber nicht, daß im Osten insgesamt mehr Zeit zur Umsetzung eines Plans aufgewendet wird, sondern nur, daß mehr Zeit investiert wird, um die Herausforderung, das Projekt oder das Problem zu durchdenken, Schwierigkeiten und Alternativen zu überlegen, und weniger Zeit dem tatsächlichen Handeln gewidmet wird (und der Beseitigung von Problemen, die sich aufgrund ungenügender Vorüberlegungen und Vorausplanung ergeben haben!).

FALLBEISPIEL 15.2 | FEUER!

Der Bürogehilfe stürmte in größter Panik in das Büro des Chefs und schrie: „Feuer! Feuer! Feuer!" Der Chef stürzte aus dem Büro, griff einen Eimer mit Wasser, der an einem Haken im Gang hing, und rannte los … aber wohin?

Er hatte nicht die geringste Ahnung, wo das Feuer ausgebrochen war, wie ernst es war und um welche Art von Feuer es sich handelte. Es konnte alles sein, von einer Zigarettenkippe, die in einem Metallbehälter glühte, bis hin zu einem Inferno in der Farbenabteilung, vom Kopiergerät, aus dem es rauchte, bis zur Kaffeemaschine, deren Isolierung geschmolzen war, von einem Feuerwerkskörper, den Schuljungen ins Bürogebäude geworfen hatten, bis zu einem lodernden Feuer in der größten Maschinenanlage der Fabrik, um die herum Tonnen leicht brennbarer Materialien lagerten.

Zu große Eile ...

Nur in einem der geschilderten Szenarien des Fallbeispiels 15.2 hätte der Chef mit einem Eimer Wasser etwas ausrichten können. In den meisten anderen Fällen wäre es angebrachter gewesen, das Gebäude zu evakuieren und professionelle Hilfe zu holen, wobei Wasser die Situation sogar hätte verschlimmern können. Lebensrettende Maßnahmen, wenn jede Sekunde zählt, wären nicht möglich gewesen, weil die verantwortliche Person nicht über die nötigen Informationen verfügte, um eine Entscheidung zu treffen. Es wäre besser gewesen,

◆ den Bürogehilfen zu beruhigen und herauszufinden, wo das Feuer ausgebrochen war, welche Ursache es hatte und wie groß es war, und
◆ aufgrund dieser Informationen über geeignete Maßnahmen zu entscheiden.

Die Lehren, die man aus diesem simplen Beispiel ziehen kann, liegen auf der Hand, sind aber doch wert, nochmals festgehalten zu werden. Wenn man sich klar darüber ist, daß man ein Problem zuerst eingehend analysieren muß, bevor man zur Lösungsfindung schreiten kann, ist man der Lösung schon ein großes Stück näher:

◆ Entscheidungen, die auf fehlender oder ungenügender Information und/ oder vorgefaßten Meinungen beruhen, werden fast immer fehlschlagen.
◆ Wenn man sich die Zeit nimmt, ein Problem gründlich zu durchdenken, liegt die beste Entscheidung oft in den möglichen Alternativen.
◆ Die Zeit, die man in die *Vorbereitung* investiert, ist mindestens so wichtig wie die Zeit, die man zum *Handeln* aufwendet, wenn nicht wichtiger.
◆ Wenn man gründlich über Dinge nachdenkt, kann man oft sehr innovativ und kreativ reagieren, wozu man sonst, wenn man nur spontan reagiert, kaum in der Lage wäre.
◆ Nimmt man sich zuwenig Zeit für die Vorbereitung, braucht man oft mehr Zeit zum Handeln, so daß die insgesamt aufgewendete Zeit schließlich größer ist.

227

■ Harte Kostenrechnung

Auch wenn sich die meisten Konfliktsituationen lösen lassen, sollte man nicht übersehen, daß das Unternehmen in jedem Fall – ob es seine Vorstellungen durchsetzt oder nicht – verliert, weil die Auseinandersetzung mit dem Konflikt und die – hoffentlich erfolgreiche – Lösungsfindung Zeit und Mittel verschlingen. Jeder Konflikt verursacht Kosten, die sich direkt oder indirekt auf den Gewinn oder die verfügbaren Ressourcen des Unternehmens auswirken. Wenn beide Parteien demselben Unternehmen angehören (etwa im Falle von Konflikten zwischen Mitarbeitern), kommen Konfliktsituationen gleich doppelt so teuer. Wenn zwei Mitarbeiter das Unternehmen zusammen pro Stunde 50 DM kosten und das Unternehmen eine Umsatzrendite von 10 Prozent zu verzeichnen hat, müssen 500 DM mehr umgesetzt werden, um die Kosten einer Stunde Konfliktgespräch zu decken – eine harte Kostenrechnung, vor allem, wenn man sich dabei das Bild des Eisbergs ins Gedächtnis ruft.

Wenn Ihnen auch die in diesem Buch vorgestellten Prinzipien und Richtlinien bei der erfolgreichen Bewältigung von Konfliktgesprächen helfen werden, sollte das Ziel letztlich doch sein, daß Sie solche Gespräche erst gar nicht zu führen brauchen – indem Sie dafür gesorgt haben, daß sich die Situation nicht wiederholt, die den Konflikt verursacht hat. Darin liegt vielleicht sogar der größte Nutzen einer erfolgreichen Gesprächsführung.

Register

Im FALKEN Verlag sind zahlreiche Titel zu den Themen Bewerbung/Beruf/Karriere erschienen. Bitte fragen Sie in Ihrer Buchhandlung.

Dieses Buch wurde auf chlorfrei gebleichtem und säurefreiem Papier gedruckt.

Die Deutsche Bibliothek – CIP-Einheitsaufnahme

Martin, David M.:
Erfolgreiche Verhandlungstaktiken : schwierige Situationen
perfekt meistern / David M. Martin. Im, The Institute of
Management. – Niedernhausen/Ts. : FALKEN, 1997
  (FALKEN & Pitman Management)
  Einheitssacht.: Tough talking <dt.>
  ISBN 3-8068-4971-4

ISBN 3 8068 4971 4

© der deutschen Ausgabe 1997 by FALKEN Verlag, 65527 Niedernhausen/Ts.
© der Originalausgabe „Tough Talking" 1993 by David M. Martin. Published by arrangement
with Pitman Publishing, a division of Pearson Professional Limited, London.

Umschlaggestaltung: Peter Udo Pinzer
Layout: Klaus Ohl, Wiesbaden
Redaktion: Christel Fischer, Wiesbaden
Koordination und Schlußredaktion: Dr. Petra Begemann
Herstellung: Albert Brühl
Fotos: Inhaltsverzeichnis und Kapitelaufmacher: Tony Stone, München (Stuart McClymont);
S. 196: Christian Wauer, Wiesbaden

Die Ratschläge in diesem Buch sind von dem Autor und vom Verlag sorgfältig erwogen und
geprüft, dennoch kann eine Garantie nicht übernommen werden. Eine Haftung des Autors
bzw. des Verlags und seiner Beauftragten für Personen-, Sach- und Vermögensschäden ist
ausgeschlossen.

Satz: Raasch & Partner GmbH, Neu-Isenburg
Druck: Offizin Andersen Nexö Leipzig
ein Betrieb der INTERDRUCK Graphischer Großbetrieb GmbH, Leipzig

817 2635 4453 6271